학문의 조건

한국에서 학문이 가능한가

나남출판

정 범 모

서울대학교 사범대학 졸업
미국 시카고대학 철학박사
서울대학교 사범대학 교수 및 학장
한국교육학회장, 충북대학교 총장, 한림대학교 총장
대한민국 학술원 회원, 한국행동과학연구소 회장
현재 한림대학교 석좌교수

■ 저서
《교육과정》, 《교육평가》, 《교육심리통계적 방법》,
《가치관과 교육》, 《교육과 교육학》, 《미래의 선택》,
《인간의 자아실현》, 《한국의 교육세력》, 《창의력》,
《한국의 내일을 묻는다》, 《교육난국의 해부》(편저) 등

나남신서 · 1123

학문의 조건
한국에서 학문이 가능한가

2006년 1월 10일 발행
2006년 1월 10일 1쇄

저자_ 鄭範謨
발행자_ 趙相浩
편집_ 방순영 · 배종연
디자인_ 이필숙
발행처_ (주) **나남출판**
주소_ 413-756 경기도 파주시 교하읍
출판도시 518-4
전화_ 031) 955-4600 (代)
FAX_ 031) 955-4555
등록_ 제 1-71호(79. 5. 12)
홈페이지_ www.nanam.net
전자우편_ post@nanam.net

ISBN 89-300-8123-1
ISBN 89-300-8001-4 (세트)
책값은 뒤표지에 있습니다.

나남신서 · 1123

학문의 조건

한국에서 학문이 가능한가

정 범 모

NANAM
나남출판

The Climate for Intellectual Inquiry

by

Bom Mo Chung

NANAM

NANAM Publishing House

머 리 말

이것은 방담이다. 울적한 마음에서 내키는 대로 붓 가는 대로 써내려 간, 조금은 거칠고 껄끄러운 방담이다. 애당초 나는 이 글을 '한국에서 학문이 가능한가' 라는 약간 도발적인 발상을 시작으로 쓰기 시작했다. 내가 한평생을 두고 몸 담아온 한국의 대학사회, 학계에 아직도 남아 있는 교학(敎學)의 방만성과 기강해이와 더불어 어딘지 학구의 진정한 내재적 동기가 흐려져 있고, 그 의연한 독립적 사고의 기풍도 엷어져 있다는 자책·자괴가 섞인 울적함 때문이다.

한국의 대학과 학계에 관한 이 자가비판에서 나는 어떤 특정 학자, 특정 학회, 특정 대학을 비판하려는 생각은 조금도 없다. 나의 비판대상은 지난 세월 어쩌다 빚어진 대학과 학계의 정신풍토다. 그 힘겨운 풍토 속에서도 학문의 길에 전념하고 있는 내가 아는 많은 학자 교수들에게 나는 도리어 경의를 표하면서 이 책의 논의가 그분들의 고충을 대변하는 것이기를 바란다.

이것은 나의 참회록이다. 이런 제목의 이런 책을 쓰는 것이 내가 무슨 대수로운 학자나 된다고 학자연하려는 것은 아니다. 도리어 지난 세월 학자라는 이름의 구실을 다하지 못한 참회록이다. 주제는 한국 대학과 학계의 비판이지만, 나 자신이 지난 반세기 동안 한국 대학교수였고 한국 학계의 일원이었기에 그 비판은 나 자신에게도 적용되기 때문이다. 그렇다고 내가 지난날 내가 걸어온 학문의 세월을 후회하는 것은 아니다. 도리어 거기에 내 나름의 자부심, 자긍심을 간직하고 있다. 다만 이 책 속의 비판은 나 자신에게 해당되는 것도 많다는 것을 자인하면서, 지난날 잘못한 일, 못 다한 일, 미처 정신을 차리지 못한 일들의 자탄이 후학에게 참고가 되기를 바랄 뿐이다.

지난 반세기 동안 한국은 정말 큰일을 많이 해냈다. 밖에서도 기적이라고 찬사를 아끼지 않았던 비약적 경제발전과 민주주의 표상인 평화적 정권교체는 특히 빛난다. 그것은 흡족하게 자찬해서 마땅하다. 대학, 학계도 따지고 보면 그간 많이 발전했다. 대학과 대학생 수도 기하급수적으로 팽창했고, 광복 때 국학분야를 제외하고는 거의 황무지였던 여러 학문분야에 각종 학회도 많아지고 커졌다. 이것도 자찬해도 무방하다.

그러나 이제 세계를 전망하고 미래를 응시한다면 거기엔 자탄 또한 피할 수 없다는 것이 이 책을 쓴 동기다. 이제 한국은 훨씬 넓은 세계의 한복판에 내던져져 있고, 미래는 훨씬 빠른 속도로 엄습해 오고 있기 때문이다. 지식의 첨단에 있어야 한다는 한국의 대학·학계가 그 거친 풍랑을 항해해야 한다면, 여기 이러한 자기성찰과 자기비판은 내일의 항로수정에 불가결하다고 나는 믿는다.

인간의 역사에서 지식 발달곡선은 수만·수천 년을 두고 잔잔한 물결 같더니, 지난 수백 년 해를 거듭할수록 점점 더 성난 파도처럼 치솟아 오르면서 기하급수적으로 팽창해갔고, 그 힘도 점점 더 막강해지고 있다. 이런 속에서 지금 세계는 지식으로써 살벌한 진화론적 생존경쟁을 벌이고 있다. 앞으로 미래엔 그 경쟁이 더 격화될 것이다. 문자 그대로 군사력 아닌 IQ 전쟁, 지력(知力) 전쟁, 창의력(創意力) 전쟁의 시대에 접어들었다. 새로운 많은 지식을 생산해 내고 그것을 넓게 전파하는 나라는 살아남고, 그렇지 못한 나라는 도태되게 마련인 세계다. 이런 세계 속에서, 지식생산을 떠맡아야 하는 한국의 학문·학구의 풍토가 지금 과연 어떤 상황에 있는 것인가? …

지난 역사에서 나의 세대는 온갖 불찰에도 불구하고 그 시대적 역할을 할 만큼은 했다고 자부한다. 치욕의 식민지, 처참한 전란, 기한(飢寒)의 빈곤, 요지경 정치요동 속에서도 그래도 여기까지 배를 난파 없이 몰고 왔다고 자위한다. 그러나 배는 이제 상처투성이다. 그 상처들을 수선하면서 세계와 미래 속으로 항해를 계속할 것을 후학에 호소하려는 것이 이 글의 목적이다.

나는 학문의 즐거움과 힘을 믿는다. 그리고 그 즐거움과 힘을 찾고 가르치는 대학의 보람도 믿는다. 가끔 환상을 좇는 상아탑이라는 비난을 받지만, 학문은 자고로 인간이 인간다울 수 있는 자아실현 기쁨의 원천이고, 사회가 사회다울 수 있는 문화문명의 원동력, 그리고 국가생존의 원동력이라고 믿는다. 나는 그 학문이 이 땅 한국에서 탐스럽게 만발할 수 있기를 희구한다.

이 책은 작지만 10장으로 나누어 썼다. 첫 1·2 두 장은 학문발전의 문제의식을 말하는 서론이고, 이어 다음 3·4·5 석 장은 학문이란 도대체 무엇인가를 되새겨본 간주곡이며, 그 다음 6·7·8 석 장이 이 책의 본론으로서 학문을 진작할 수 있는 정신풍토가 어떤 것이냐를 생각해 본 부분이고, 마지막 9·10 두 장은 대학과 지식인의 내일을 생각하는 결론 부분이라는 것도 참고로 이 서두에 밝혀둔다.

학문의 길에 길벗이 있다는 것은 언제나 정말 반갑고 고맙고 든든한 일이다. 이 글의 초고에 많은 귀한 제안을 주신 李星珍 교수, 金炯國 교수, 權鈞 교수, 全相仁 교수, 趙相浩 사장의 두터운 우의에 다시 감사하고, 초고를 정리한 한국행동과학연구소 朴民義 과장의 노고에도 또다시 고마움을 되새긴다.

2006년 1월

鄭範謨 적음

나남신서 · 1123

학문의 조건

한국에서 학문이 가능한가

차 례

제 1 장

배움과 가르침의 길

스위스에 있는 IMD (국제경영개발원) 가 2004년 여름에 한국을 포함한 세계 상위 60개국의 국가경쟁력 비교 연구를 발표했다.

한국의 종합적 국가경쟁력 순위는 60개국 중 35위였다. GDP 11위, 월드컵 4위, 휴대폰 1위의 그늘이다. 한때 같이 '네 마리의 용'이라고 불렸던 싱가포르, 홍콩, 대만은 각기 2위, 6위, 12위로 저만치 앞서 갔다. 우리보다 후진국이라고 생각하던 중국과 인도마저 24위, 34위로 앞섰다.

그 발표에서 특히 나의 눈길을 끈 것은 부문별 경쟁력에서 한국 대학의 경쟁력이 거의 꼴찌인 59위라는 사실이었다. 한국의 대학은 내가 일평생을 몸담고 있는 곳인데…. 갑자기 일종의 자책감, 자괴감에 잠겼다.

내가 평생을 두고 배우며 가르친다고 애써온 대학이 이런 수준밖에 안 되는 것인가? 어딘지 평가기준이 잘못된 것이 아닌가 의심해 보고도 싶지만 이름 있는 IMD가 그렇게 허술한 곳도 아닐 것이고, 사실 따지고 보면 이런 외부평가를 기다릴 필요도 없이 국내에서도 그간 대학에 대한 비판의 목소리는 엄청 높지 않았던가? 그 동안 신문 등 여러 매체에서 우리는 다음과 같은 이야기를 너무 자주 들었다.

외국 대학생들은 주중(週中)에 매일 15시간 이상 공부하는데, 한국 대학생은 술에 취한 주중(酒中)에 찔끔 공부한다, 대학가·대학로에는 문화는 죽고 유흥만 살았다, 그렇게 놀아도 학생은 졸업이 되고, 놀아도 교수는 견뎌난다, 기업들은 좀 쓸모 있고 실력 있는 학생을 길러내 달라고 아우성이다, 안식년으로 연구차 미국 대학에 간 한국 교수들이 연구는 안 하고 골프만 친다고 주변의 빈축을 사고 있다, 대학교수가 남의 논문을 버젓이 표절한다, 대학교수가 부정입학에 개입했다, 대학교수가 거액의 연구비를 횡령했다, 고등교육 재정 중 정부 부담금 비율이 형편없이 적다 등.

특히 최근, 이 책 초교 교정의 마무리를 하고 있을 무렵, 기어이 '황우석 사건'이 터졌다. 아직 그의 원천기술 자체 여부는 판결이 나오지 않았으나, 그의 맞춤형 줄기세포 논문은 고의조작임이 밝혀졌다. 그것은 한국 학계(學界)의 신인도(信認度)와 자존심을 국내·국외에서 산산조각을 낸 직격탄이었다. 한국, 한국의 학계, 한국의 대학계에 어쩌다, 정녕 어쩌다 이런 일까지 …! 그것이 황 교수 개인만의 성벽 탓이었을까, 아니면 너, 나를 포함하는 한국학계 풍토 전반의 탓이었을까 …?

한국 대학이 세계 상위 60개국에서 59위라는 말은 곧 한국의 학문 수준, 학문탐구의 수준도 세계 59위라는 말이다. 대학은 학문하는 곳이고, 다른 어떤 곳보다도 한 나라의 학문이 가장 활발하게 진행되고 있어야 할 곳이기 때문이다. 현대사회에서 국력(國力)의 근원이 지력(知力)이라는 사실은 췌언(贅言)이 필요 없다. 그리고 인간의 별명이 호모 사피엔스, 곧 이지(理知)의 인간인 것은 '앎'이 곧 인간의 격조를 올린다는 것을 뜻한다. 그렇다면 대학, 학문에 뒤처져 있다는 것은 국력이 뒤져 있고 인간의 격조도 뒤져 있다는 말이 아닌가?

나는 명색이 대학교수고 학자다. 내가 한평생을 보낸 한국 대학과 학문의 수준이 이밖에 안 되는 것인가? 따라서 나의 학문수준, 학문탐구수준도 이것밖에 안 된다는 말인가? 선비의 나라를 자칭해온 한국, 광복 후 그리고 6·25 전쟁의 폐허 속에서도 희망에 설레며 출발했던 한국 대학, 그 장장 60년 '성장'의 현실이 이 정도밖에 안 되는 것인가? 한국의 대학들이 무엇을 잘못했고, 정부는 무엇을 잘못했으며, 교수·학자들은 무엇을 잘못했고, 그리고 또 나 자신은 무엇을 잘못해서 이 지경이 되었을까?

나는 1950년대 초 처음 미국 유학갔을 때, 가끔 써보는 비망록에 '내가 한국에 돌아가면 공부하러 나처럼 미국까지 오지 않아도 되는 학계·교육계를 만들리라'라는 맹세를 적어 넣은 적이 있다. 제법 당찬 자기맹세였다. 지금도 그 비망록을 가지고 있다. 그러나 나는, 그리고 내 세대는 이 자기맹세를 지켜 이루어내는 일에 실패했다. 한국 대학이 세계 59위 … !

나는 문득 내가 어쩌다 하고많은 직업 중에 왜 하필 대학교수가 되어 이런 자괴감에 젖게 되었는지를 뒤돌아보게 된다. 커서 어떤 길을 걸어가느냐는 어릴 적 경험이 크게 좌우한다고 한다. 자라나는 시절의 무슨 사건들이 나를 학문의 길에 들어서게 하고 평생을 배움과 가르침의 길로 몰아갔는지, 내가 어떤 길을 걸어왔는지, 뭐가 즐거웠고 뭐가 속상했는지 등 지난날 나의 교수·학자로서의 여정을 회고하게 된다. 그런 회고 속에서 학문의 길이 어떤 것이고 어떠해야 하는 것인지를 되새겨 보게도 된다.

아버지의 서가

아버지 책꽂이엔 책이 많았다. 물론 나이가 어려 뭐가 무슨 책인지 알 도리는 없었고 그림이 없는 책은 관심도 없었지만, 그 속에 무슨 얘기가 들어 있는지는 언제나 좀 궁금했다. 중·고등학교 시절에 들어서면서 문리가 틔기 시작하자, 많은 책 제목들이 가벼운 호기심을 자극했다. 한문(漢文)으로 된 고색창연한 책도 많았지만, 일제 강점시대라 대부분 일본말로 된 책이었다. 지금도 기억에 남는 것 중엔 기다랗게 꽂혀 있는 '세계사상전집', '세계문학전집'이 있다. 나이 들면서 나도 그 중에서 이 책 저 책 꽤 많이 뒤졌다. 아버지의 서가는 나에게 한 문화적·학문적 자극제였을 것이다.

지금 와서 생각해 보면 우리 집안, 우리 아버지는 일제 강점으로 몰락한 선비 집안이어서, 넉넉지 않은 생활에도 '글공부'의 전통은 남아 있었던 모양이다. 가끔 저녁에 아버지께서 낭랑하게 한문을 읽으시는 독송소리를 들으면서 꿈길에 들기도 했다. 나중에 커서 알았지만, 그때 아버지께서 즐겨 독송하시던 글들은 이태백의 〈도리원서〉(桃李園序), 왕발의 〈등왕각서〉(滕王閣序), 중장통의 〈낙지론〉(樂志論) 등 주로 중국 역대 문장가들의 시문을 실은 《고문진보》(《古文眞寶》)라는 책 속의 글들이었다. 나도 내 아들 딸, 손녀 손자들이 어렸을 때 가끔 자장가로 〈등왕각서〉를 독송해 주면 곧잘 색색 잠들곤 했다.

이 글들이 대개 세상을 등지고 풍류 속에 산다는 뜻이었던 것은 나라 잃은 아버지 세대의 시름을 달래기 위함이었을 것이다. 나는 지금도 그 책을 내 서가에 꽂아두고 있다. 내가 학문의 길에 들어서게 된 데에는 그때 아버지 독송소리의 여운이 작용했을지도 모른다. 아이들을 부귀와 인연이 먼 학문의 길에 들어서지 않게 하려면 집에는 책이 별로 꽂혀 있지 않고 글 독송소리는 없는 것이 좋을지도 모른다.

또 하나, 어릴 때 유치원의 기억이 잊혀지지 않는다. 지금 생각해 보면, 그 옛날 벌써 유치원이 있었다는 사실이 희한하고, 또 넉넉하지도 않은 처지에 부모님이 나를 거기에 보내신 것도 범상한 일은 아니었다. 그때 유치원의 희미한 기억들 속에서도 하나 또렷한 것은 유치원이 무척 재미있었다는 추억이다. 아마 다양한 활동이 아이들의 호기심을 자주 자극했던 모양이다. 그래서 그 재미의 기억이 지금도 남아 있는지도 모른다. 그 재미의 기억이 그 후 나의 행동에 영향을 주었을까?

아버지 세대는 말하자면 '지성어'(知性語), 즉 공부하는 글, 의사표현을 하는 글이 주로 한문(漢文)이었다. 성장하는 시절에 주로 한문으로 공부하셨기 때문이다. 장성하신 후, 일제시대 거의 모든 사람들이 그랬듯이 일본말도 하시고 일본어로 된 책도 많이 보셨지만, 한문이 더 익숙하셨을 것이다. 아버지 형제분의 서신왕래도 한문으로 하셨다. 어떤 언어학자가 언어는 세계를 내다보는 창(窓)이라고 말했다. 언어란 그 창틀에 맞춰 삼라만상을 지각하고 거기에 의미를 부여하는 창문이라는 뜻이다. 말이 다르면 지각과 의미, 따라서 의식구조도 조금은 다를 수밖에 없다는 것이다. 아버지 세대는 부득이 한문, 중국문화의 영향을 짙게 받지 않을 수가 없었을 것이다. 그러나 아버지 세대만은 아니다. 나의 세대, 다음 세대, 내일의 세대에도 한국사람은 한자문화에서 쉬 벗어나지 못할 것이다. 한국어 속에 깊숙이 자리잡고 있는 수

많은 낱말들의 어원이 한자이기 때문이다. 한글전용을 하든 한자혼용을 하든, 한국어 이해에 한자 이해는 필수일 것이다.

내가 자라나던 시절의 '지성어'는 일본어였다. 초·중등학교에서 일본어로 공부했기 때문이다. 그리고 일본어는 한자를 혼용하기 때문에 한자를 그런 대로 배우고 썼으나, 나의 한문이해는 아버지 세대에 비하면 얼치기다. 우리 세대에서 일본말, 일본문화의 영향을 부정할 도리는 없을 것 같다. 반일·배일을 해도 공부는 일본말로 할 수밖에 없었기 때문이다. 우리 세대만이 아니다. 지금도 여러 학문에서 우리가 우리말인 줄 알고 쓰고 있는 '사회', '경제', '철학', '물리학', '자유' 등 많은 용어들은, 자존심은 좀 상하지만, 일본학자들이 서양문화를 받아들이면서 한자를 빌려 만들어낸 번역어들이다. 문화도 학문도 섞이면서 변하고 발전하게 마련이다.

스무 살 때 맞은 광복 후 나의 '지성어'는 갑자기 영어로 변했다. 주로 일본을 통해서 들어오던 서양학문이 이제는 직수입으로 쏟아져 들어왔고, 특히 내가 전공하려는 교육학, 심리학은 당시 일본도 한국도 거의 처녀지였기 때문이다. 광복과 더불어 한국말로 강의하고 한국어로 책을 쓰기 시작하면서, 나도 내 전공영역의 많은 영어를 한국말로 번역해야 했다. 이제는 한국말로 가르치고 배우는 것이 자연스럽고 정상적이라는 생각에서였다. 한자문화권에서 공부한 나의 배경 때문에 자연히 한자식 번역어가 많을 수밖에 없었다. 정 생소한 술어이거나 참고해야 할 경우에는 술어 뒤에 영어를 괄호 속에 병기도 해야겠지만, 웬만하면 다 한국어로 하는 것이 자연스러웠다. 그래서 나는 요새도 학술논문에서 이제는 익숙해져 뻔히 서로 알고 있는 술어들의 영어를 괄호 안에 넣어서 여기저기 너무 많이 부기한 것에 대해 약간의 거부감을 느낀다.

하기는 지금 세계는 어느새 영어 일색이 되었다. 국제 상거래의 90%가 영어로 이루어지고, 세계 인터넷 공용어도 영어고, 웬만한 국제회의, 국제학술회의의 공용어도 영어 일색이다. 그러니 국학(國學) 이외의 모든 학문은 그 지성어로 영어를 피할 도리가 없어 보인다. 그러나 후진양성을 위해서라도 한국어를 지성어로 발전시키는 노력은 있어야 하는 것이 아닌가?

한편으로 생각하면, 나의 세대처럼 한국말, 한문·한자, 일본어, 영어, 한때는 독어와 불어에까지 전전하지 않고, 한 가지 영어만 공부하고 사용하면 되는 미국인이나 영국인이 부럽다. 그만큼 여러 가지 언어학습에 시간을 '허비'하지 않아도 되기 때문이다. 그러나 다른 한편으로 생각하면, 여러 가지 언어를 알게 되고, 따라서 여러 가지 문화에 접할 수 있다는 것은 도리어 지적으로 그만큼 더 풍부한 자산이 될 수 있다는 추리도 해볼 수 있다.

더 말할 나위 없이, 내가 가지고 있는 앎의 세계의 기본개념들은 거의 다 나의 초·중등학교 시절에 형성되었을 것이다. 동화작용, 원자, 중력…, 방정식, 기하, 삼각함수…, 정부, 헌법, 자유…, 충효, 윤회, 철학… 등.

나는 초·중등학교 시절 우등생 축에 끼었다. 책방에 주저앉아서 또는 돈 주고 사서 책은 꽤 많이 읽었다. '공부 잘한다'고 주위에서 가끔 칭찬도 받았다. 공부하는 취미가 그런 칭찬으로 자주 '강화'를 받았던 셈이다. 그것이 나를 공부의 길로 몰았을까? 그런 칭찬이 없었더라면 나는 다른 길에 들어섰을지도 모를 일이다.

초등학교 5, 6학년 때 특히 이과(理科)가 재미있어서 이과 교과서에 실려 있는 여러 가지 도해를 혼자 열심히 베꼈던 생각이 난다. 맑게 개인 밤하늘에 북극성, 북두칠성, 카시오페이아, 오리온좌, 백조좌, 직녀성 등 별자리도 꽤 자주 찾았다. 그때 길러졌는지 나는 지금도 월간지나 주간지에 천문학에 관한 글에는 관심이 많이 간다. 아마 그때 선생님이 유난히 이과수업을 재미있게 가르치셨기 때문이었을 것이다.

중·고교 시절 나는 당시 초등학교 교사 양성기관이었던 경성사범학교라는 7년제 학교에 다녔다. 전 교과를 가르쳐야 하는 초등학교 교사의 양성이 목적이기 때문에, 지금 생각해보면, 그 교육내용은 폭넓은 전인교육(全人教育)이었다. 국·영·수, 지리·역사·수신(공민), 물리·화학, 박물(생물)은 물론, 음악(오르간, 피아노), 미술·공작실습·농장실습에, 스포츠는 정구, 농구, 배구, 럭비, 수영, 아이스하키, 그리고 유도, 검도, 교련도 다 조금씩 맛보고, 선택해서 심화할 수도 있었다.

일제시대였기 때문에 '황국신민' 교육이었던 것만 빼고, 나는 그때 사범학교에서 배운 그런 전인교육을 지금도 후회하지 않는다. 그 때문에 나는 여러 문화활동에 관심도 취미도 호기심도 많아졌고, 정신적 시야도 넓힐 수 있었다고 믿는다. 나는 지금도 전공은 교육학·심리학이지만, 사회학·문화인류학·정치학·철학·역사영역 등의 논문도 자주 집적댄다. 그래서 나는 가끔 내 자신을 'academic playboy', '학문 난봉꾼'이라고 불러본다. 좋건 나쁘건 중·고교시절 그렇게 공부했던 탓에 어쩔 수 없는 버릇이다.

자연과학에 대한 관심은 사범학교 시절에도 계속되었다. 2학년이 되면, 과외활동으로 어떤 과목을 선택해서 방과 후에 '취미 심화' 활동을 해야 했다. 지리·역사부, 박물부, 미술부, 음악부, 공작부 등이 그것이다. 나는 과외활동부로 '물리화학부'를 택했다. 방과 후면 상급생 부원과 같이 많은 실험을 해보았다. 중학 2학년의 꼬마가 어머니가 지어주신 흰 가운을 입고 이런저런 화학실험을 하고 있노라면, 제법 과학자나 된 듯한 환상에 젖어보기도 했다. 밤이슬에 젖어가면서 운동장 한가운데에서 망원경으로 천체관찰로 밤을 지새우기도 했다.

교사가 될 생각은 별로 없었고, 장차 자연과학자이기를 꿈꾸고 있었다. 과학분야의 책도 많이 사 보았다. 지금도 특히 생생하게 기억에 남아 있는 것이 천문학분야 에딩톤의 《팽창하는 우주》, 상대성이론을 해학적으로 설명한 가모프의《이상한 나라의 톰킨스》다.

한 번은 방과 후 혼자 화학교실에서 시험관, 플라스크 등을 연결해서 실험장치를 만들어 놓고 그것으로 염소(鹽素)에 관한 실험을 하다가 잘못 건드려 실험장치를 박살냈다. 다음 날 화학 선생님께 이실직고하고 머리를 조아렸다. "괜찮아, 과학자가 되려면 더 많이 깨야 해!"가 선생님의 말씀이었다. 나는 눈물이 나도록 고마웠다. 그 선생님은 학생에게도 실험의 자유, '실수'의 자유를 관대하게 허용했다.

4학년 때 일본에서 대단히 유명하다는 어떤 공학박사가 경성제국대학에 와서 강연한다는 소식을 듣고, 아주 드문 기회라고 물리화학부 몇몇 학생들이 들으러 갔다. 강연은 중고등학생이 알아들을 수 있는 내용은 아니었다. 그러나 강하게 인상에 남은 것은 그가 술어는 거의 다 영어를 사용하여, 강연이 반 일본어 · 반 영어인 지경이었다는 점이다. 한참 2차 세계대전중, 영어는 적성(敵性)언어라고 학교에서도 가르치기를 중단했던 때였다. '공부를 하려면 영어를 해야 하는구나!'라는 생각, '학문에는 국경이 없구나!'라는 생각이 뇌리에 박혔고, 그것이 그 후 나의 사고방식에 영향을 주었는지도 모른다.

조국 광복과 더불어 환희 속에서도 많은 것이 어리둥절했고 많은 것이 급변했다. 일제의 징병으로 끌려갔다 돌아와 보니, 잠시 '경성사범전문대학'으로 이름을 바꾼 학교는 벌써 좌 · 우익 학생들의 정치운동 도가니가 되어 있었다. 이 상황에서 나의 반응은 '일제시대에 우리는 조국을 너무 모르고 자랐다, 지금 제일 급한 것은 조국 조선을 알고 배우고 마음속에 되찾는 일'이라는 생각이었다.

그래서 다른 학생들의 정치운동엔 아랑곳하지 않고, 생각을 같이하는 친구들 열댓 명과 같이 조선의 역사 · 문학 · 문화 · 지리 등에 관한 서적을 찾아 나누어 읽고, 같이 독후의 초록을 써내서 책으로 묶어, 돌아가며 서로 읽은 다음 담론도 하곤 했다. 물론 인쇄 같은 것을 할 수 없었고, 제각기 육필로 쓴 것을 몇 권의 책으로 묶어낸 것들이었다. 우리는 그 모임을 '죽순회'(竹筍會)라 이름지었다. 죽순처럼 부쩍부쩍 자라나자는 뜻이다. 그 활동은 2~3년 계속되었다. 이런 일을 꾸민 데에도 내 기질이 작용했을까?

국대안(國大案)과 더불어, 경성사범학교는 서울대학교 사범대학으로 편입되었고, 격렬한 정치데모의 후유증 속에서 대학생활은 궁색하고 을씨년스러울 수밖에 없었다. 그런 속에서도 공부가 관심이었던 학생들은 정말 열심히 공부했다. 그것밖에 달리 할 일이 없었다.

광복 후 학문에 대한 나의 관심이 바뀌었다. 광복에 따른 혼돈 속에서 물리학, 화학 공부를 할 수 있는 시설과 기자재가 없기도 했지만, 국권을 되찾은 새 나라에는 어디인지 자연과학보다 더 급하고 긴요한 것이 있을 것 같았다. 나는 그것을 '교육'에서 찾았다. 거기엔 내가 사범학교에 다녔다는 사실, 광복 직전 교생실습 시간에 내 수업을 해면이 물 빨아들이듯이 열심히 들어 깊은 인상을 남겼던 아이들의 영롱한 눈동자들, 광복 직후 쏟아져 들어온 미국 교육학·심리학의 원서들, 그리고 사범대학에 새로 오신 김기석, 김계숙, 김석목 세 분 철학 교수님의 명강의 등이 복합적으로 작용했을 것이다. '고대 희랍철학', '근세철학', '칸트철학', '윤리학' 등 그때 그분들의 명강의 덕으로 대학시절 나의 주된 교육적 관심은 철학적인 것이었고, 이것저것 철학책도 꽤 많이 뒤졌다.

4학년 졸업 때 졸업논문을 쓰게 되어 있었다. 나는, 제목은 잊었지만, 어떤 교육철학적 주제를 정하고, 철학공부에서 주워 듣고 주워 읽은 것을 동원해서 꽤 현학적으로 두둑한 논문을 써냈다. 논문에 관한 구두심사도 있었다. 심사 받으러 교수실에 들어갔더니 교수 세 분이 앉아 있었고, 그 중 교육학과 교수 한 분이 "이크, 대철학자가 들어오시는구먼!" 하고 농을 던졌다. 다른 두 분도 따라 웃었고, 나도 멋쩍게 웃었다.

자라나는 계절의 이런 경험들이 없었더라면 내가 학문의 길에 들어서지는 않았을 것만 같다.

거짓말 안 하기, 속지도 않기

나는 대학졸업 후 1년간 어떤 고등학교에서 가르치다가 1950년에 미국유학을 떠났다. 알차게 공부하려면 그 길이 제일일 것 같았다. 도미 전날 환송모임에서 교수 한 분이 "얼른 공부 마치고 교육학과에 돌아오라"고 당부하셨다. 그렇게 교수 · 학자의 길을 '선약'받은 것은 곧 별 수 없이 학문의 길에 들어선다는 예약을 했던 셈이다. 광복 후에 쏟아져 들어온 여러 심리학 서적이 재미도 있었고, 교육학 공부엔 심리학 소양이 필수일 것 같아서, 먼저 미국 남부 루이지애나 대학의 대학원 심리학과를 지망했다. 처음 경험하는 미국의 대학은 여러 가지로 신기로울 수밖에 없었다. 특히 기억에 남는 몇 가지 감회가 있다.

대학시절 명색이 '궁극적'인 것을 추구한다는 철학적 접근에 심취했던 나는 '과학적'으로 연구한다는 심리학이 필요는 하지만 대수롭지 않은 것으로 여겼다. 그러나 심리학의 1년 공부는 그 생각을 싹 가시게 했다. 그 까닭은, 사람들이 별 생각 없이 으레 그러려니 수긍해 버리기 쉬운 입언(立言), 예컨대 'IQ가 높으면 공부 잘한다' 또는 '폭정이 심하면 혁명이 일어나게 마련이다'라는 말들이 '정말 그러냐, 혹시 그것이 그럴듯한 거짓말은 아니냐'를 실증 또는 반증하기 위해서 수많은 시간과 노력을 쏟고 수천 · 수만 달러의 돈을 쓰는 '과학적' 연구에 머리가 수그러질 수밖에 없었기 때문이다.

과학적 연구란 결국 경솔하게 거짓말을 안 하려는 도덕적 행위로 내 마음에 각인(刻印) 되었다. 과학적 연구란 물질문명·기계문명의 피상적 현상만을 다루면서 대수롭지도 않은 자료를 수집하고 계산하는 것이 그 본질이 아니라, 근본적으로 나의 말이 거짓말이 아니기를 힘들여 확인하고, 남의 그럴듯한 말이 거짓말인지 아닌지를 애써 확인하는 노력을 의미한다는 것을 경외스럽게 느꼈기 때문이다.

기실 과학만 아니라, 역사학도 철학도 모든 학문은 다 입언 또는 명제로 구성되어 있는데, 그 입언이나 명제가 거짓이라면 그것은 무의미하거나 기만(欺瞞) 이다. 과학 그리고 모든 학문은 '거짓말과의 전쟁'인 셈이다. 단순한 경험과 피상적 관찰에 의한 상식적 명제에는 거짓말이 수두룩하기 때문이다.

번개, 천둥이 신의 노여움이라는 것도 실은 거짓이고, 땅이 끝없이 평평하다고 수천·수만 년 믿어왔던 명제도 거짓이었고, 태양이 지구를 돈다는 천동설도 거짓이었다. 선정(善政)을 펴겠다는 폭군의 달콤한 약속도 흔히 거짓으로 판명된다. 어쩌면 현상적·표면적·액면가적 현실에는 그럴듯한 거짓이 '진실·진리'보다 더 많고, 더 드러나 보이는 것인지도 모른다.

아버지 서가의 그 많았던 책들 그리고 지금 내 서가의 많은 책들, 그 속에 있는 수백만의 입언들 중에도 거짓 아닌 것보다 그럴듯한 거짓이 더 많을지도 모른다. 과학 그리고 모든 학문은 바로 그것을 가려내려는 노력이다.

사람들의 거짓말에는 두 가지가 있다. 진실 아닌 거짓인 것을 뻔히 알면서도 거짓말하는 경우다. 이것은 도덕적 의미의 거짓말이다. 악의(惡意)의 소치다. 그런 몹쓸 거짓말이 횡행하는 사회는 '신뢰'가 없는 사회며, 따라서 온갖 차질을 겪게 마련인 사회다.

또 하나의 거짓은 진실이라고 굳게 믿으면서 하는 말인데 실은 진실이 아닌 거짓인 경우다. 해가 지구를 돈다고 믿고 그리 말하는 경우, 굿하면 병이 낫는다고 믿고 그리 말하는 경우다. 이것은 지적 의미의 거짓말이다. 무지(無知)의 소치다. 그런 어리석은 거짓말이 횡행하는 사회는 '미신', 오신(誤信)의 사회며, 이런 사회도 온갖 차질을 겪을 수밖에 없다.

비도덕적 거짓말도 문제지만, 우리 주변에는 비지적(非知的)인 그럴듯한 거짓말이 더 많고 더 문제인 것은 아닌가? 내가 하는 말, 내가 듣는 말, 악의 없이 그저 '순진하게' 어른들 따라, 관습, 대중, 임금님 따라 그저 그러려니 받아들이고 남에게도 전하고 주장하는 그 많은 말 중에는 무지의 거짓말이 실은 엄청나게 많은 것이 아닌가?

과학이나 학문이 진리를 추구한다는 것은 세상엔 하도 그럴듯한 무지의 거짓이 많기 때문에, 그런 거짓을 경솔히 말하지도 않고 그런 거짓에 쉽게 속지도 않겠다는 노력이다.

오늘까지도 어떤 사람들은 나를 황송하게도 교육연구 '과학화의 선도자'라고 '칭찬'하는가 하면, 반대로 어떤 사람들은 나를 교육연구의 철학적 접근을 무시하는 편협된 '과학화의 원흉'이라고 나무라기도 한다. 둘 다 나에겐 합당하지 않은 논평이다. 선도자나 원흉이 될 뜻도 없었고, 교육을 과학적으로만 연구해야 한다고 말한 적도 없다.

다만 학문이란 거짓말을 하지도 않고 거기에 말려들지도 않으려는 거짓말과의 전쟁이며, 그 전쟁에서 과학적 접근은 강력한 무기의 하나라고 믿고 있을 뿐이다. 다른 철학적·윤리적·예술적 무기도 필요하고, 이런 무기를 전공하는 분들이 제각기 그 무기를 더 빛나게 연마해 주기를 바랄 뿐이다.

처음 미국 유학생활을 보낸 루이지애나에서 1년 동안 나는 틈틈이 일종의 비망록을 써 나갔다. 제목만 적은 것이 노트 한 권이 되었다. 대부분 귀국 후 해야 할 일, 하고 싶은 일의 제목들이었다. 그 중의 하나, "내가 돌아가면 한국에 나처럼 공부하러 이국만리에까지 오지 않아도 되는 학계(學界), 교육계를 만들리라!"는 자기맹세였다. 비록 스칼라십으로 오기는 했으나, 비싼 돈을 들여 아무래도 서투른 외국말로 가족과 떨어져 공부해야 하고, 배우는 내용도 부득이 미국 문화를 배경으로 하는 것이 어찌 생각하면 억울했기 때문이다.

귀국 후 나는 이 자기맹세에 충실하려고 내 나름으로는 꽤 부지런했다. 유학 가지 않아도 세계수준의 교육과 학문을 할 수 있는 한국! 지금 와서 생각하면 그 맹세는 너무 순박한 환상적인 포부였다. 나는 그 일에 성공하지 못했다. 그 후 장장 50여 년간 그리고 지금도 유학행렬은 계속 늘어만 갔기 때문이다. 왜 이렇게 되었을까? 그것이 정 극복할 수 없었던 대세였을까?

내 제자였던 친구가 1970년경 미국유학을 가서 얼마 후 내게 편지를 썼는데, 그 속에 옛날 나의 자기맹세와 똑같은 포부가 적혀 있었다. 그 친구도 지금은 대학교수를 정년퇴직 했으니, 그도 그의 포부달성에 실패한 셈이다. 명색만 석·박사가 아니라, 명실공히 외국박사를 능가하는 고급인력을 언제 가서야 한국이 자체 생산할 수 있을까?

루이지애나 대학에서 나의 눈을 크게 뜨게 해준 공부로는 통계학, 정신분석학, 성격이론의 세 강의가 특히 기억에 남는다. 다 나에겐 신기하고 희한하고 재미있었다. 통계학은 '거짓말 안 하기'의 첨단무기 같았다. 그러나 때로는 통계가 거짓말하기 수단이 되기도 쉽다. 정신분석학은 저녁에 하는 강의여서 더 기억에 남아 있는지도 모른다. 강의내용이 어떤 신기한 전혀 딴 세상 얘기같이 뇌리에 박혀 들어왔다. 성격이론에서는 사람을 이해하려는 접근방법이 그렇게도 많구나 하는 감탄도 느껴보았다.

대학원 생활에서 하나 강렬한 인상을 받은 것은 교수와 학생이 동양의 사제(師弟) 같지 않고, 친구(벗) 같다는 점이다. 교수에게서 '아버지'

같은 권위주의는 찾을 수 없고, 다 '형님'이나 벗 같았다. 학생도 교수에게 별 스스럼이 없었다. 스스럼없이 질문하고 반론도 폈다. 동양인인 내 눈에는 버릇없는 태도로 보였으나, 교수들은 그것을 아무렇지도 않은 듯 태연하게 받아들이는 것이 처음에 무척 신기했다. '학문이 그런 건가, 민주주의가 그런 건가?'

루이지애나 대학 1년 수학 후 나는 미국 북부의 시카고 대학 교육학과로 옮겼다. 시카고 대학 불룸(B. S. Bloom) 교수의 후견 덕이었다. 루이지애나 대학에서 두 번째 학기 어느 날, 내 종당의 관심이 교육학인 것을 알고 있는 어느 교수의 주선으로 그곳을 방문중인 불룸 교수를 만났다.

그는 이야기 도중 내게 시카고 대학에 올 생각이 있느냐고 물었고, 내가 그렇다고 했더니, 시카고 대학에 오면 뭘 하겠느냐라고 다그쳐 물었다. 나는 이런 것도 배우고 저런 것도 공부하고 싶다고 장광설을 늘어놓았다. 잠자코 듣던 그는 내 말이 끝나자 이렇게 말했다.

"시카고 대학은 네가 와서 무엇을 배워 얻어가는 곳이 아니라, 무엇인가를 연구해서 공헌하고 가야 할 곳이다. 그런 각오라면 시카고 대학에 오라."

나는 순간 기대하지 않았던 약간의 충격을 느꼈다. 속으로 '사람 겁주는 방법도 여러 가지 있구나' 생각했다. 반면 내게 그런 기대를 해주는 것이 나를 인정해 주는 것 같기도 해서 기분이 언짢지는 않았다. 그보다 그의 말은, 학구(學究)의 길은 수동적이어서는 안 되고, 자발적·독립적 사고가 중요하다는 것을 강하게 나에게 일깨워 주었다.

나는 시카고 대학 1년을 무척 바쁘게 보냈다. 한 학기 정규등록인 3과목 9학점 등록하고, 욕심껏 두 강의를 더 청강했다. 게다가 불룸 교수가 권하는 대로 경험 겸 부수입 겸 1주일에 12시간 교무처 시험과(試驗課)에서 연구조교로 일하느라 눈코 뜰 새 없었고 잠도 부족했다.

교무처 시험과란 대학생들의 학기말 성적과 각 과목 종합고사의 성적을 채점・정리・통계분석해서 각종 보고를 하고 연구를 진행하는 부서였다. 발명되어 나온 지 얼마 안 된다는, 커다란 책상 크기만한 동체의 전자계산기(*calculator*)로 일하는 것이 신기했다. 그 동체 뚜껑을 열어보면, 수천・수만의 작은 진공관들이 사방팔방에서 반짝반짝거리는 것이 '사람의 뇌도 꼭 저렇게 움직이겠지' 하는 생각이 들었다. 이야기인즉, 영국 심리학자 7명이 탁상 전동(電動) 계산기로 7일 걸려 푼 계산문제를 이 전자계산기로 한 명이 한 시간에 풀었다고 했다. 오늘날 컴퓨터의 전신이다.

어느 날 나는 불룸 교수와 이야기를 나누던 중 날마다 너무 바빠서 정신이 없다고 투덜댔다. 그랬더니, "바빠야지, 넌 미국에 놀러온 게 아니지 않느냐, 장학금 받고 여기 와서 빈둥빈둥 놀기만 하는 외국 대학생을 미국교수들은 말은 안 하지만 곱게 보지 않는다. 너같이 정신없이 지내는 학생에게 미국교수들은 보람을 느낀다"라고 얘기해줘서 나에겐 엄청난 격려사가 되었다.

귀국을 몇 주 앞두고 나는 불룸 교수에게 지능검사 등 여러 가지 표준화 검사의 샘플을 좀 얻었으면 좋겠다고 말했다. 그는 왜냐고 물었다. 나는 귀국 후 나도 그런 표준화검사를 만들고 싶은데 그때 참고하려 한다고 대답했다. 그는 정색하고 말했다.

"네가 미국에 와서 공부하는 것은 표준화검사 연구제작의 원리를 배워서 그 원리에 따라 한국문화 현실에 적합한 소재로 표준화검사를 만들어내기 위한 것이지, 미국의 표준화검사를 모방하려는 것이 아니지 않느냐!"

나는 "그저 있으면 참고하려고 했을 뿐"이라고 얼버무렸지만, 뇌리에는 중요한 교훈으로 각인되었다. 이론은 같아도 그 이론의 실제화는 현실에 따라 다르고 또 달라야 한다는 교훈이다. 테스트 샘플은 결국 안 가지고 왔다.

불룸 교수는 1962년에서 1964년까지 2차로 유학 갔을 때에도 지도 교수였다. 2차 유학 때도 단시일에 박사학위를 끝내려니 정신없이 바빴다. 외국어 시험도 치러야 했는데 학과에서는 외국어로 독일어나 프랑스어를 선호했다. 그러나 옛날에 배워서 희미해진 독일어를 다시 들추어내서 시험 준비하려니 힘이 들었다. 그래서 규정상 택할 수 있게 되어 있어 일본어를 택할까 생각하고 불룸 교수와 상의했다. 이야기를 듣고 나서 불룸 교수는 나를 빤히 쳐다보더니 "정말 쉬운 길을 택하고 싶으냐?" 라고 말하면서 나를 노려보았다. 그것은 공부하는 길에서 그렇게 편법을 쓸 것이냐 라는 책망으로 들렸다. 나는 "일본어를 택해도 된다기에 그저 한 번 생각해본 겁니다" 라고 얼버무렸다. 학문의 길에서는 어떤 편법을 써서는 안 된다는 말이다.

논문에 필요한 자료의 통계처리는, 이번엔 진공관을 쓴 계산기가 아니라 집적회로를 쓴 계산기(*computer*)로 하게 되었다. IBM의 3세대 컴퓨터라고 했다. 컴퓨터센터에 수시로 자동차를 몰고 가서 자료를 입력·출력해야 했다. 자료출력 시간이 된 어느 겨울날 밤 두 시경에 기대한 대로 흐뭇하게 출력된 자료를 안고 50㎝가량 쌓인 눈에 휘영청 달이 밝아 교교한 적막의 밤길을 걸어오거나 차를 몰고 오노라면 '이것도 연구하는 삶의 멋인가!' 하고 느껴보기도 했다.

시카고 대학에서는 '과외' 소득도 많았다. 특히 캠퍼스의 이 학과 저 학과에서 초빙한 외부의 유명학자들의 강연이 많았다. 나는 될 수 있는 대로 많이 들었다. 실존주의 신학자 틸리히(Tillich), 문화인류학자 미드(Mead), 사회학자 파슨즈(Parsons), 교육학자 타일러(Tyler)의 강연은 지금도 꽤 선명하게 기억에 남아 있다.

불룸 교수는 퍽 따뜻하고 자상한 분이었다. 그러나 학문추구의 길에서는 추상 같은 규율을 요구했다. 나는 그분에게서 학문 외에 많은 것을 배웠다. 불룸 교수는 철두철미하게 학구밖에 모르는 학구의 화신 같았다. 휴일에도 대학에 자주 나와 있었고, 취미라고는 일요일 아침

부인과 근처 호숫가를 산책하는 일이 고작이었다. 말을 나누면 언제나 지적 도전감을 자극하는 풍부한 시사를 던지곤 했다. 학문 · 학구에 관한 한 나는 그분에게서 많은 것을 배웠다.

불룸 교수의 한국인 제자들이 1970년대 중반 그분을 약 2주간 한국에 초빙해서 관광에도 모셨고, 여기저기에서 여러 차례 강연회도 가졌다. 우리는 그분이 여러 가지로 고마웠을 뿐만 아니라, 스승대접은 깍듯이 하는 한국인인지라 그분을 자연스럽게 극진히 모셨다. 나는 시간이 허락하는 한 그분을 따라다녔고 강연 통역도 맡았다. 가는 곳마다 옛날 나의 제자였던 사람 또는 전에 내 강연을 들었던 사람들이 오래간만에 만난 나를 스승으로 극진히 대했고, 불룸 교수는 그런 장면도 자주 보았다. 그들은 '선생님의 선생님'인 불룸 교수를 더 공경스럽게 대접했다.

떠날 때 비행장 출구에서 불룸 교수는 내게 "한국은 교사의 천국이네!"라고 말하면서 눈물까지 글썽했다. 우리 한국인에겐 평범하고 자연스러운 스승 대접이 그분에겐 퍽이나 감동적이었던 모양이다. 다른 나라에도 많은 제자들이 있지만, 한국만큼 극진히 스승대접을 해준 나라도 별로 없었을 것이라는 생각이 들었다. 학문 · 학구의 여정의 어디엔가는 스승과 제자의 깊은 인간적 교감이 있어야 하는 것이 아닌가?

학문이란

나는 1950~1952년의 제 1차 유학을 끝내고, 곧바로 6·25 전쟁 당시 피난수도 부산에서 서울대 사범대학 교직에 들어섰다. 전란, 폐허, 가난 속에서도 부산의 판잣집 교실에서 교수들은 무척 열심히 가르쳤고, 학생들도 정말 열심히 배웠다.

교정도 없는 산비탈을 깎아 맨흙바닥에 대패질도 잘 안 된 널빤지로 세운 판잣집 교실은, 아침이면 널빤지 틈 사이로 햇빛이 새 들어오면서 맨땅에서 이는 흙먼지를 뽀얗게 비치곤 했다. 학생 책상도 의자도 거친 널빤지로 급조한 네 사람이 앉는 긴 책상 긴 의자였다. 나는 집에서 학교에 가려면 30분 걸어나와서 족히 한 시간 반은 만원버스에 시달려야 했다. 학생들이 원해서 아침과외로 영어원서를 강독하는 날이면 새벽 다섯 시 반에 집을 나와야 했다. 교재로 쓸 책은 없었다. 정 필요한 교재는 밤늦게까지 유지(油紙)를 철판 위에 놓고 철필로 글씨를 긁은 것을 등사기로 복사해서 나누어주었다. 그런 등사기 복사는 이미 없어진 지 오래다.

남도(南都) 부산도 겨울은 꽤 매서웠다. 그러나 아무 데도 난로 하나 있을 리가 없었다. 기대도 안 했고 불평할 엄두도 내지 못했다. 그래서 그저 열심히 배우고 열심히 가르치기만 했는지도 모른다. 가난은 사람들을 순진하게 열심히 살도록 하는 것일까?

1953년엔가 서울환도 후에도 사정은 별로 나아지지 않았다. 어엿한 교사(校舍)는 있었으나, 나머지는 모두가 을씨년스러웠고 궁상맞았다. 그래도 교수들은 열심히 가르쳤고, 학생들은 열심히 배웠다. 하도 나라가 가난해서 달리 유혹받을 만한 일도 별로 없었기 때문이었을까? 데모도 없었고, 축제도 없었고, 술타령도 없었고, '엠티'도 없었다. 공부밖에 할 일이 없었다.

나도 폐허와 가난 속에서 지금 생각해도 엄청 열심히 가르치고 쓰고 연구프로젝트를 진행하곤 했다. 학생들 교재가 궁해서 급한 대로 초고 속으로 그때 써낸 《교육평가》, 《교육통계》, 《교육과정》 세 권의 책은 집에서 사과궤짝 판자를 뜯어서 내가 못질해서 만든 '책상'에서 써냈다. 교육이나 심리학을 연구하려면 우선 아이들의 여러 심리특성을 알아야 하기에, 인간파악의 도구로서 지능검사와 기타 심리검사가 우선 급선무로 보였다. 많은 학생들이 그 연구에 참여했다. 학생의 연구참여는 그후 줄곧 내 연구의 원칙이 되었다.

나도 '뭣도 모르고' 열심히 가르치고 열심히 썼고 또 학생들과 같이 각종 표준화검사 연구제작 프로젝트 등 여러 연구프로젝트에도 매달렸다. 주로 아세아 재단의 지원으로 연구비를 받을 수 있었던 것은 행운이었다. 나라에 연구비라곤 거의 없었다. 연구실 방이 없어 옛날 숙직실에 '교육심리연구실'을 차려놓았다. 공식조교는 생각도 못했다. 그래서 연구조교로는 학부 3, 4학년 학생 중에서 연구참여를 자원하는 학생을 조교로 했다. 조교 보수는 있건 없건 다 열심히 일했다. 어쩌다 연구비가 나오면 수당이 생겼고, 그땐 학생들이 '오늘은 소나기가 내렸다'고 농을 했고, 연구비가 떨어져도 일은 계속했다.

학생들은 연구참여를 새로운 학습경험의 기회로 알고 자랑으로 여기는 것 같아 나도 기뻤다. 연구프로젝트를 중심으로 벌어지는 사제동행(師弟同行)은 나에게도 학생에게도 흐뭇한 경험이었다. 나는 지금도 그때 별 깊은 생각 없이 그저 그렇게 하게 된 사제동행이 대학의 교육과 연구의 한 본질적 모습이라야 한다고 생각한다. 그렇게 가르치고 쓰고 같이 연구하는 것이 그저 직분이려니 생각했고 또 그것이 그저 신이 나고 재미있었다.

1962년에서 1964년까지의 제2차 유학은 여러 가지로 소득이 알차고 유익했다. 전공영역과 그 주변영역의 여러 참신한 학문내용에 관한 소득도 컸지만, 특히 학구(學究) 일반에 대한 어떤 '관'(觀)을 터득한 듯한 느낌이 큰 소득이었다. 그 중, 과학철학에 관한 여러 학자들, 예컨대 포퍼(Popper), 쿤(Kuhn), 카플란(Kaplan), 브로드벡(Brodtbeck) 등의 주장에 접한 것은 '학문이란 무엇인가'라는 문제를 요연하게 밝혀주는 듯, 일종의 돈오(頓悟)의 감마저 느꼈다.

'개념'이란 무엇이고 '의미'란 무엇인지, '법칙'이란 뭐고 '설명'이란 뭐고 '인과율'이란 무엇인지, 이론과 실제는 어떤 관계에 있으며, 진리와 허위는 어떤 관계고, 귀납·추리·실증이 뭐며, 거기에 어떤 문제들이 개재되어 있느냐 등이 감이 잡히는 듯했다. 그런 문제에서 내가 잡은 감은 다음 장들에서 밝힐 것이다.

전에는 '뭣도 모르고' 열심히 공부하고 연구했던 단순성을 넘어서, 이제 내가 공부한다, 연구한다, 학문한다는 것이 무슨 뜻이고 무슨 뜻이라야 하는지 알 듯했다. 1차 유학 때엔 깨닫지 못했고, 뒤늦게 이제와서 이런 '돈오'에 이른 것이 좀 후회스럽기도 했다. 나는 그렇게 감잡은 바를 '연구방법론'이라는 대학원 강의로 정리해본 적도 있다.

또 하나 큰 소득은 시카고 대학의 학적 풍토(學的風土)에 흠뻑 젖어본 경험이다. 애당초 1951년 시카고 대학에 가기로 했을 때, 불룸 교수는 "시카고 대학은 네가 무엇을 배워 얻을 곳이 아니라, 네가 시카고 대학에 무엇인가 학적 공헌을 해야 할 곳으로 생각해야 한다"고 말했다. 겁주는 말같이 들렸으나, 그러나 그때 1년을 정신없이 바쁘게 지내느라고 그런 능동적인 학적 분위기를 실감할 여유가 별로 없었다.

역시 바쁘게 지냈지만 제 2차 유학에서는 대학이란 교수도 학생도 동등하게 같이 학적 탐구에 진력하는 곳이라는 어떤 상호기대 같은 분위기를 실감할 수 있었다. 대학신문에도 걸핏하면 '탐구정신'(*spirit of inquiry*)을 교지(校旨)처럼 반복하였다. 각 학과의 뉴스레터나 게시판에는 언제나 누가 무슨 연구를 하고 있는지 그 소식을 홍보하였다. 학생들은 교수를 '학문의 동물'(*academic animal*)이라고 불렀다. 공부·연구밖에 모르고 진리를 찾느라고 으르렁대는 동물들이라는 뜻이다. 학생들 자신도 실은 학문의 동물이나 다름없었다.

서로 만나면 거의 언제나 화제는 연구였고, 어떤 새로운 아이디어를 주고받고 도전·응전하는 것이 대부분의 대화내용이었다. 대개 오전 여덟 시에 등교하고 열 시쯤부터 약 20분 동안 커피타임이 있어서 교수나 대학원 학생들이 티룸에서 다과를 나눈다. 그때 잡담·한담의 내용은 주로 '내가 이런 문제를 연구하고 있는데…', '이런 어려움이 있는데…', '이런 책을 읽었는데…' 등으로 시작하는 학구 아이디어를 주고받는 내용이었다. 거기에서 섣불리 정치이야기나 영화이야기 같은 세상사 이야기를 꺼냈다가는 '여기에 무슨 이런 자가 다 있어!'라고 핀잔먹기 알맞은 분위기다. 모두가 '아카데믹 애니멀'들이었다.

한 번은 교내 엘리베이터를 기다리느라고 서서 잠깐 신문을 읽고 있었는데, 누가 뒤에서 내 어깨에 손을 얹었다. 뒤돌아보니 게첼즈(Getzels)라는 꽤 유명한 교수였다. 그는 반농담조로 말했다.

"연구하고 생각해야 할 문제도 많을 텐데, 신문에서 세상잡사를 읽을 시간이 다 있느냐?"

그의 농담에서 수많은 노벨상 수상자를 낸 시카고 대학의 학문적 산실 분위기가 느껴졌다. 시카고 대학은 일종의 학문의 절간이었다. 도시 한복판에 자리잡고는 있었으나, 정신적으론 세속에서 멀리 떨어진 깊은 산 속의 절간 같았다. 교수는 상좌승이고 학생은 수도승이었다.

1964년 여름에 귀국해서 다시 한국의 대학에 몸담았다. 한국의 대학은 시설 등 여건이 여전히 가난하기도 했지만, 그보다 먼저 정신풍토가 가난해진 것을 귀국하자마자 느낄 수 있었다. 군사정권이 들어선 이후 대학의 정신풍토가 더 일그러졌던 것이다.

캠퍼스는 1960~1970년대, 1980년대까지도 학생데모로 몸살을 앓았다. 그 불가피성 여부는 둘째치고, 학생데모의 공방과 그 억압·화유 속에서 대학들은 밖으로는 강압적 정부간섭을 받기 시작했고, 안으로는 대학 학사(學事)가 극도로 문란하고 방만해지면서 대학은 대학이기를 멈추었다. 공부에 전념하는 학생들이 없지는 않았으나, 대학 전반의 풍토는 교육하고 학구하는 곳이 아니라 반정부 투쟁의 전초기지 비슷하게 되었고, 고함과 최루탄, 유흥과 술, 방만과 관용이 뒤섞인 실없고 명색뿐인 '졸업장 공장'으로 전락했다. 지금 현재까지도 그 후유증은 남아 있고, 그것이 세계 60개국 중 59위라는 처지에 이른 큰 원인 중 하나라고 해야 한다.

그런 중에도 나는 한편 '교육심리연구실'에서 대학원 학생들과 같이 '국가발전의 가치관', '국가발전과 교육', '성취동기와 그 훈련과정' 등의 주제로 연구프로젝트를 진행할 수 있었다. 또 한편 '한국행동과학연구소'를 창설해서 학습개발·아동발달·검사개발·사회개발의 연구부서를 두고 꽤 활발한 여러 가지 연구프로젝트를 직접 지휘도 했고 간접적으로 참여도 했다. 이 모든 연구프로젝트는 거의 다 외원(外援) 기관의 연구비 지원으로 가능했다. 내 기억에 1970년대 중반쯤부터 정부의 연구비 지원도 꽤 넓어진 것으로 알지만, 그것을 얻으려면 절차가 너무 복잡해서 한두 번 시도하다가 단념했고, 아이디어만 좋다고 생각하면 복잡한 절차 없이 선뜻 지원해주는 외원기관에 더 친근감을 느꼈다. 정부의 연구지원을 어떻게 현명하고 유효하게 운영하느냐는 예나 지금이나 현안이라고 해야 한다.

1978년 한 대학의 행정책임자로 전직한 다음부터는 나는 경험적·

실증적·실험적 연구프로젝트와는 거리가 멀어졌고, 그 직을 그만두고 교수직으로 돌아온 후 지금까지도 주로 사변적 연구가 내 학문활동의 대부분이다.

기나긴 배움과 가르침의 여정에서 몇 가지 감회를 정리해 보았다. 나는 이렇게 걸어온 길을 후회하지 않는다. 도리어 많은 것을 고맙게 여긴다. 그러나 아쉬움도 많다. 그 아쉬움을 호소하려는 것이 다음 장부터의 글이다.

제 2 장

한국 대학의 가위눌림

한국의 대학은 실질적으로는 1945년 광복 후에 출범했다. 광복 후 일제가 남기고 간 대학은 경성제국대학뿐이었고, 그나마 거기 조선인 학생수는 극소수였다. 여타 고등교육기관으로는 지금의 초급대학 격인 전문학교들이 몇몇 있었다. 한국의 대학은 광복, 건국, 전란, '수복'을 겪으면서 급팽창을 거듭했다. 인문·실업고교를 합한 졸업생들의 대학진학률이 1990년에 30%, 1995년에 50%, 2000년에 70%였고, 2005년엔 자그마치 80% 이상을 기록하고 있다. 이는 이른바 선진국과 비등하거나 능가하는 비율이다. 지금 대학의 외형은 1950년대의 중학교보다 더 큰 대형사업으로 커졌다. 문제는 그 속이다.

나의 대학교수 시절은 한국 대학의 성장 내지 팽대와 그 역사를 같이했다. 광복 때 나는 당시 전문학교 격인 경성사범학교를 다니고 있었고, 그 이듬해에 자동적으로 국립서울대학교 사범대학의 학생이 되었고, 그 후 줄곧 지금까지 대학에 몸담고 있기 때문이다. 지금도 이

나이에 석좌교수라는 이름으로 대학에 적을 두고 있다.

1950년대 한국의 대학은 그래도 희망차게 출범했고, 후일에 비하면 훨씬 활기에 넘쳐 있었다는 것이 나의 회고다. 비록 대학의 교실, 실험실은 을씨년스러웠고 모든 것이 궁했고, 더구나 6 · 25 전쟁중에 '판잣집 교실'이 상징하는 철저한 폐허 속이었으나, 대학교수와 대학생의 학구열과 학습욕은 광복 후 지금까지 60년 동안 그때가 제일 발랄했다고 나는 단언한다. 그것은 아마도 나라를 되찾은 감격, 새로운 민주국가 건설의 갈망, 전란의 폐허에서 재기하려는 의욕이 교수와 학생들 사이에 유언무언중의 결의로 작용했기 때문이었을 것이다.

교수들은 턱도 없이 적은 봉급으로 열심히 가르쳤고, 학생들은 가난과 어려움을 무릅쓰고 판잣집 교실에서 열심히 공부했다. 하기는 철저한 폐허 속에서는 달리 욕심을 내거나 할 수 있는 일이 별로 없었던 시절이었다. 그래서 그저 '순진하게', '뭣도 모르고' 열심히 가르치고 열심히 배우는 일밖에 몰랐을지도 모른다. 1950년대에 교수였고 대학생이었던 이들은 이런 나의 회고에 동의할 것으로 믿는다.

그렇게 희망차게 출범했던 한국의 대학, 그 후 60년이라는 세월에 성숙했어야 했던 한국의 대학이 어쩌다 국제적으로 60개국 중 59위라는 평가를 받고 국내에서도 온갖 비난의 화살을 받아야 하는 지경에 이르렀을까?

우리는 여기에서 한국의 대학을 문제삼는다. 그러나 그 전에 한국의 대학은 그 짧은 역사, 그것도 가난과 동란과 소란의 역사 속에서 이만큼의 발전을 이룩한 것은 우선은 자위 · 자축해야 마땅하다. 그러나 문제는, 아직 안으로도 많은 문제를 안고 있지만, 밖의 세계가 가만히 있지 않는 데에 있다. 정치 · 경제 · 사회 · 문화 거의 모든 영역의 만사(萬事)에서 '글로벌 스탠더드', '세계적 표준'을 적용하는 치열한 국제적 지식 경쟁, 지력 경쟁, 창의력 경쟁의 이른바 세계화 조류 속에 한국 대학도 급속히 빨려 들어가고 있다는 데에 있다.

서두에 인용한 IMD의 대학경쟁력의 국제비교가 그 단적인 예다. 세계화에 따른 대학 재조정의 문제는 세계의 모든 대학이 안고 있는 공통의 과제다. 하지만 한국의 대학은 그 이상의 문제와 고민을 안고 있다는 것도 사실이다.

우리는 지난 60년의 한국 대학역사에서 그 문제와 고민의 연유를 찾아보아야 한다. 그런 자기반성에서 갱생의 길도 열릴 수 있을 것이다. 나는 특히 네 가지 연유에 주목한다. 즉, ① 대학관(大學觀)의 혼동, ② 학원 데모의 역사, ③ 정부의 관료권위주의, ④ 전통적 관학관(官學觀)이 그것이다.

한국의 대학들은 아직도 지난날의 역사가 빚어낸 업보에 시달리고 있다. 그것은 가히 한국 대학들을 짓누르고 있는 가위와 같다. 그것은 꿈결에서 가슴을 짓누르는 사나운 가위를 떨쳐내기가 힘들 듯이 거기에서 깨어나기 어려운 가위다. 그러나 그 업보, 그 가위는 어떻게든 기필코 반성하고 극복해야 하는 것이 한국 대학의 우선적 과제다.

대학관의 혼동

광복 후 일제가 남기고 간 것은 일본식 경성제국대학이었다. 일본식 제국대학은 19세기 독일형 대학을 모델로 한 것이다. 광복 후 한국 대학의 실질적 방향설정은 그 제국대학 출신의 몇 안 되는 한국학자일 수밖에 없었고, 그분들은 자연 일본이 수입했던 독일형 대학관에 따라 사고하고 행동할 수밖에 없었다. 이와 대조적으로 광복과 더불어 미군정이 제도화한 한국의 대학은 미국형 대학관이 그 모델이었다. 두 대학관은 공통점도 있지만, 두드러진 차이점이 많다.

한국 대학은 두 대학관의 혼동·혼미에서 오는 갈등과 부실을 오늘날까지도 극복하지 못하고 있다. 특히 두 대학형에는 제각기의 규율이 있는데, 한국 대학은 두 대학형의 규율 중에서 쉬운 것, 편한 것만 취하고 어려운 것, 힘든 것은 마다하는 '놀고 먹는' 대학형이라는 것이 문제다.

우선 일반적 체제로 보아 19세기 독일형 대학은 귀족형·엘리트형이었고, 미국형 대학은 민주형·대중형이라는 차이가 있다(여기에서 언급하는 독일형이란 제국주의 시대 일본이 본뜨고 남겨놓은 19세기 독일형 대학이다. 오늘의 독일대학은 많이 달라졌다).

독일대학은 당시 짐나지움(*Gymnasium*)이라는 귀족 고등학교의 엄격한 교육을 견뎌내고 넓은 교양을 지니고 졸업한 엘리트만 갈 수 있는 곳이었다. 짐나지움은 오늘날에도 어떤 논자가 '세계최상의 초등교육은 일본학교, 최상 중등교육은 독일학교, 최상 고등교육은 미국 대학'이라고 말했을 정도로 튼실한 중등학교다.

이에 비해 미국형 대학은 누구나 갈 수 있는 대학이다. 가장 상징적인 예는 2차 대전에 참전한 모든 귀환병사에게 대학입학 자격과 장학금을 준 이른바 G. I. Bill 이라고 불리는 제도였다. 역사적으로도 오늘날 종합대학이 된 미국 주립대학들의 전신은 생업에 종사하는 그리고 종사하려는 모든 사람이 갈 수 있는 농업·공업대학이었다. 미국의 대학들은 아주 다양하다. 한국 대학들처럼 반드시 다 엘리트 양성, 지도자 양성을 내세우거나 지향하지는 않는다. 톱 클래스의 몇몇 엘리트 대학이 있는가 하면, 전국에 무수한 '지역대학'(*community college*) 들이 있어, 다양한 사회층의 다양한 직업능력과 교양의 필요를 충족시키고 있다고 스스로 자랑한다.

따라서 학생의 입장에서는 독일대학은 들어가기가 힘들었고, 그러나 일단 들어가기만 하면 견뎌내고 졸업하기는 따 놓은 당상으로 쉬웠다. 별로 공부를 열심히 하지 않아도 졸업할 수 있었다. 엄선된 엘리트 학생들이기에 공부를 심하게 다그칠 필요가 없었던 셈이다. 반면 미국 대학은 들어가기는 쉬워도 힘든 공부를 견뎌내고 졸업하기는 그리 쉽지 않다. 낙제나 중도탈락은 예사다. 술마실 시간도 연애할 시간도 별로 없이 공부에 전심해야 한다. 주말에야 겨우 숨 좀 돌린다.

한국의 대학은 이에 비하면 둘의 쉬운 것만 골라서, 들어가기도 쉽고 졸업하기도 쉬운 대학이 되고 만 셈이다. 이른바 일·이·삼류라는 대학차 때문에 입시준비는 거세지만, 대학차를 생각하지 않으면 대학입학은 아주 쉽다. 입학한 다음엔 웬만큼 출석만 하면, 강의도 쉽고 숙제도 별로 없고 공부 못해서 퇴학당하는 일은 거의 없다. 세계의 대학 중 한국의 대학만큼 졸업하기 쉬운 대학도 드물 것이다.

독일대학에서는 교수되기도 무척 어렵지만, 한 번 교수가 되면 실질적으로 종신제로 신분보장이 된다. 교수가 되려면, 대개 7~8년 때로는 10년 이상 '사설강사'(*Privatdozent*)라는, 공식 봉급은 없이 강의 때마다 학생들의 수강료를 걷어 챙겨야 하는 고된 경력을 쌓아 거기에서 명성을 얻어야 하고, 그 다음 교수회의 심사와 교육부의 심사까지 받아야 한다. 교수되기 전에 수많은 시련을 겪어야 한다. 오늘날에도 독일에서는 박사학위 다음에 하빌리타치온(*Habilitation*)이라는 더 어려운 논문심사를 거쳐야 대학교수 자격을 취득한다. 평균 40세가 되어야 취득할 수 있는 어려운 과정이라고 한다. 따라서 교수가 되면 사회적 존경도 크게 받는다. 본래 많은 시련을 겪고 학구의 성벽이 몸에 밴 사람들이기에 놀라고 해도 놀지 못하고 , 적당히 지낼 줄도 모르는 사람들이었던 셈이다.

반면 미국의 대학은 그 수가 많아 교수자리도 많아서, 어지간한 자격과 학위만 있으면 대학원 졸업 후 곧바로 쉽게 교수가 될 수 있다. 그러나 교수자리를 지켜내기가 어렵다. 대개 종신제 아닌 계약제고, 연구실적이 부진하든지, 강의준비가 부실하다든지, 학생들의 교수평가가 저조하다든지, 근무상황이 부실하다든지 하면 가차없이 재계약에서 탈락한다. '써내든지 멸망하든지'(*publish or perish*)도 이런 사정에서 나온 말이다. 한 추정에 의하면, 미국 대학에서는 일반적으로 조교수가 부교수로 진급할 때 대략 30~50%는 탈락하고, 부교수가 교수될 때도 30~50%가 탈락한다고 한다. 탈락의 불안 때문에 대학 조교수는 배우자 후보로도 별로 인기가 없다고 한다. 살벌한 생존경쟁이다.

한국의 대학은 교수신분에서도 쉽고 편한 것만 취한 셈이다. 급속도로 팽창하는 대학에 교수자리도 많았고, 웬만한 학위면 미국처럼 곧바로 교수가 될 수 있었다. 독일처럼 힘든 '하빌리타치온'도 없다. 그러나 한 번 교수가 되고 나면, '적당히' 지내도 되는 실질적으로 독일과 같은 종신제다. 미국처럼 진급에서 탈락도 없다. 해만 차면 자동적으로 진급한다. 한국의 대학교수처럼 안정된 종신직장도 드물 것이다. 학구와 교육에 대한 내적 동기가 여간 강한 대학교수가 아니면 적당히 놀고 지내도 '먹고살기'에 최적의 직장이다. 이런 이유에서 많은 사람이 대학교수를 선호하는 것 같다.

심각한 것은 학사(學事)의 문제다. 독일대학에서는 학생이 이미 엄격한 짐나지움의 졸업자고 신분도 귀족이었으니, 대학입학 자체가 이미 엘리트가 되었음을 보장하는 셈이다. 따라서 애써 힘들여 가르칠 필요도 없었고 애써 공부에 전념할 필요도 없었다. 따라서 학사는 좋게 말해서 낭만적이었고, 나쁘게 말해서 방만했다. 일제시대에도 대학생이 되면 술집에 카페에 망토를 휘날리며 스스로를 현시(顯示)했다. 대학생 사각모가 '김수일과 심순애'의 로맨스에 등장하는 것이 대학낭만의 상징이었고, 대학에서 주로 술 마시고 노래하고 사랑을 즐기는 어떤 독일 황태자 학생을 묘사한 영화 〈황태자의 첫사랑〉이 그 상징이다.

강의는 휴강해도 좋고, 휴강이 많은 교수가 명교수라는 생각마저 있었다. 거기엔 이미 엘리트인 대학생에게 일일이 미주알고주알 꼬박 강의하는 것은 교수의 권위에도 학생의 '권위'에도 맞지 않는다는 의식, 대학생활은 자유분방한 낭만에 차 있어 '청춘을 구가'해야 할 시기라는 의식이 깔려 있었다. 이에 따라 학사전반이 낭만적이고 방만했다.

반면, 미국의 대학에선 예나 지금이나 휴강은 생각할 수도 없다. 부득이한 경우엔 반드시 누군가가 반드시 대강(代講)해야 한다. 학사는 학사일정대로 한치 어김없이 진행되고, 학점취득, 졸업 등에 관한 일반 학사도 규정대로 진행된다. 미국 대학에서는 교수도 학생도 바쁘다. 놀 시간이 별로 없다.

한국의 대학은 학사규율을 독일형에 따르고 있는 경향이 농후하다. 아직도 휴강은 남아 있고, 놀고 술마시고 축제하고 '엠티' 가도 학점이

나오고 졸업이 된다. 그래도 한국 대학학사의 방만성은 1950년대 말에는 상당히 개선되어 갔고, 대학학사가 점차 정연해져 가는 분위기였다고 나는 회고한다. 그러나 좀 후에 논할 학원데모의 역사로 그 방만성은 다시 더 심해진다.

대학의 경영에서도 큰 차이가 있다. 독일대학은 경영권한이 정부에 있었다. 당시 독일은 황제국가였기에 대학은 '제국대학'이었고, 일본대학도 그것을 본뜬 '제국대학'이었다. 교수임명의 최종결정자도 교육부 장관이었다. 기실 대학기능에서 교육과 연구를 결합시키고, 학문의 자유를 기치로 하는 독일형 대학을 확립한 사람은 독일 교육부장관 훔볼트(Humbolt)였다. 그 훔볼트형 대학은 근대 대학의 전형으로서 후일 많은 나라들에게 모방대상이 되었다. 좋게 말해서 정부가 모든 잔일을 돌보아주고 보호해 줄 테니 대학은 마음대로 교육과 연구에 전심하라는 격이었다. 왕권의 비호하에 낭만을 누렸던 셈이다. 따라서 대학총장은 거의 실권도 없고 별 필요도 없는 명예직에 지나지 않았다. 따라서 교수회에서 행정력이 있건 없건 덕망 있고 인기 있는 교수를 총장으로 선출해도 별 상관이 없었다.

미국 대학에서는 사립이건 주립이건 그 경영책임은 정부가 아니라 이사회에 있다. 총장임명, 교수임명, 예산, 기타 주요 정책결정의 법적 권한이 이사회에 있다. 이사회는 대학마다 차이가 있으나 대개 공익을 대표하는 저명 사회인사로 구성된다. 대학행정의 실질적 권한은 대부분 총장에게 위임된다. 따라서 미국의 대학총장들은 명예직이 아니라 대단히 바쁘다. 유능한 학자, 유능한 경영자, 유능한 정치가를 겸해야 하는 힘든 자리다. 따라서 이사회가 위촉하는 천거위원회에서 물색·숙의해서 총장을 '초빙'한다. 대개 총장은 그 대학 내부가 아닌 외부인사 중에서 초빙하는 것이 불문율이다. 거기엔 자칫 일기 쉬운 교수들 사이의 바람직하지 못한 '학내정치', 캠퍼스 폴리틱스를 없게 하려는 뜻도 있다. 총장은 별 실적이 없으면 임기 후 갈아버리고, 실적이 좋으면 계속 연임한다.

여기에서 앞에 언급한 훔볼트가 독일대학에 불어넣고 후일 많은 나라 대학의 전범이 된 '학문의 자유'(*academy freedom*)에 관해서 몇 마디 더 보태야겠다. 학문의 자유는 대학자치(大學自治)라는 아이디어와 밀접히 관계되기 때문이다. 훔볼트에게 학문의 자유란 근본적으로 교수의 '가르치는 자유'(*Lehrfreiheit*)와 학생의 '배우는 자유'(*Lernfreiheit*)를 의미했다. 즉, 교학(教學)의 자유, 교수가 무엇을 가르치건 자유고, 학생은 무엇을 배우건 자유며, 거기에 정부나 교회나 기타 외부단체의 간섭을 받지 않는다는 뜻이다.

그러나 그 자유에 교수들이 대학경영 전반, 예컨대 대학의 구조변경이나 인사 또는 재정문제까지도 문자 그대로 치외법권적으로 '자치'한다는 뜻은 포함되지 않았다. 이런 교학 이외의 사항은 독일의 경우는 교육부 관장사항이었고, 미국의 경우 이사회와 그 권한을 대행하는 총장 관장사항이다. 물론 이런 사항에 관해 교수들이 의견표명은 할 수 있다. 그리고 경영자는 그것을 청취해야 한다. 그러나 이런 사항이 교수나 학생들의 '자치', '자율'사항은 아니다.

한국의 대학은 그 경영의 모습에서도 독일형·미국형의 혼동·혼합에다가 근자에 민주화의 과대해석까지 엎쳐서 가히 무주공산(無主空山)이 되었다. 도리어 '다주공산'(多主空山)이라는 말이 맞을는지 모른다. 교육부도 거세게 대학의 주인노릇을 하려 하고, 이사회도 교수도 심지어 학생도 사무직원도 그 주인행세를 하려 한다. 흡사 선장 없는 배 아니면 사공이 많은 배와 같이 그 방향이 묘연하다.

한국의 대학은 대학관의 혼돈이라는 가위에서 벗어나 어엿한 대학관을 확립할 수 있어야 한다. 그것이 한국 대학의 소생을 위한 첫 번째 조건이다.

내가 몸담아 본 대학은 한국 대학과 미국 대학뿐이다. 다른 나라 대학은 다녀본 적이 없다. 따라서 이 책의 논의에서도 자연히 한국 대학과 대조되는 미국 대학 사례를 많이 들 수밖에 없다는 것을 미리 밝혀둔다. 하기는 지금 세계의 대학 중 최상급은 미국에 집중되어 있다는 공론에 비추어, 이런 미국 대학과의 비교가 무익하지는 않을 것이다.

학원 데모 30년의 후유증

1950년대 말엽 한국 대학의 학사방만성이 그나마 개선되어 가던 추세가 1960년대에 들어와서 군사혁명과 더불어 단절되었고, 그 후 장장 30여 년간 계속된 학원데모의 역사는 한국 대학의 학사질서를 극도의 붕괴상태로 몰아갔다. 지금도 한국 대학들은 그 여진 속에 있다.

학원데모는 군사정부의 정치적 정통성 결여에 기인했다. 군사정부의 정당성 여부, 이에 대한 학생데모의 정당성 여부, 그리고 이에 대한 정부와 대학의 대응책, 무마책의 적절성 여부는 둘째치고, 결과적으로 학원데모는 대학에게는 피할 수 없는 비극이었는지도 모른다.

학원데모는 우선 수업일수의 극심한 잠식, 그리고 그것을 별 문제로 생각하지 않는 습관을 길렀다. 데모하는 날엔 강의는 없었다. 교수는 데모와 관계없이 강의실에 들어가도 학생이 없었다. 어떤 학기엔 데모가 수 주일 또는 한두 달간도 계속되었고, 정부가 '휴업령'을 내리기도 했다. 수업일수가 모자라면 학점도 없고 졸업도 없다는 정부나 대학의 으름장은 대개 실질적으로는 그저 으름장으로 그쳤다. 어떤 학기엔 통틀어 2~3주의 수업시간으로 학점이 나갔다. 데모하는 날에 강의하러 교실에 들어가도 학생들이 없거나 극소수인 텅 빈 교실에서 교수도 학사규율 엄수와 학생들의 데모 명분 사이에서 고뇌했다. 나중엔 명분이 빈약한 각종 학생데모도 '떳떳이' 수업잠식에 합세했다.

정부의 대응책, 회유책도 규율방만성을 부추겼다. 데모가 심한 학기엔 정부가 얼른 종강할 것을 종용하기도 했고, 급기야 한 학기 18주의 수업일수 규정을 언제부턴가 16주로 단축해 버렸고, 오늘까지 그대로 16주다. 그 명색은 대학이 주입식 강의만 해야 하는 곳이 아니라 독자적 학구시간도 있어야 한다는 구실이었다. 교수의 주당 '책임시간'도 어느새 12시간에서 9시간으로 상례화되었다(후에 다시 언급하겠지만, 나는 이 '책임시간'이라는 개념을 좋아하지 않는다). 놀고먹기 좋아서 오늘까지도 교수도 학생도 이 수업시간 단축엔 아무 말이 없다. 결과적으로 한국의 대학은 세계에서 가장 노는 시간이 많은 대학이 되었다.

학생데모 무마책은 한국 대학생들의 유락(遊樂) 문화도 조장했다. 데모를 안 하고 다른 곳으로 정열을 발산시키는 한, 무슨 짓을 해도 좋다는 심사였다. 1950년대엔 학생들의 대학축제는 없었다. 있어야 주말의 몇몇 운동시합 정도였다. 오늘날처럼 학기마다 주중의 3~4일을 휴강하면서까지 먹고 마시고 노는 축제는 없었다. '축제'는 다른 나라 대학에는 없는 한국 대학 특유의 행사다. 1950년대엔 캠퍼스 내외에서 '술'문화는 없었다. 신입생들이 입학 전 며칠을 합숙하며 놀고 마시고 노래하는 '오리엔테이션'도 없었고, 있었다면 몇 시간 정도의 설명회뿐이었다.

캠퍼스의 놀이문화, 술문화는 데모와 그 회유책의 소산이다. 최근 한국교포로서 미국 하버드대학을 1년 수학한 다음, 경험 삼아 서울대학교에 전입해서 2학년 1학기를 다녀본 장미정이라는 대학생이, 혹 한국의 대학에 도움이 될까 하는 뜻에서 《하버드 vs 서울대》라는 책을 써냈는데, 거기에 너무나 대조가 되는 두 대학의 모습을 담았다. 대학생이 써낸 책으로는 드물게 조리 있고 말끔하고, 우리에게 많은 것을 반성하게 하는 책이다.

그 학생이 특히 충격적으로 느낀 것은 우선 서울대 학생에게 '자유시간'이 너무 많다는 것, 다음은 술을 너무 많이 자주 마신다는 것, 강의내용이 쉽고 진도가 더디다는 것, 숙제도 적고 그나마 숙제를 남의 것을 베껴서 내는 학생이 많고, 그래도 들키지 않는다는 것 등이었다. 이런 것들은 하버드에서는 생각도 할 수 없는 일이라는 것이다.

앞에서도 인용했듯이, 얼마 전 어떤 신문 특집기사에서 외국 대학생은 주중(週中) 매일 대부분의 시간을 공부에 보내는데, 한국 대학생은 주중(酒中)에 찔끔 공부한다고 비꼬았다. 장미정 학생은 서울대에서 좋았던 것은 다만 친구를 많이 사귈 수 있었다는 것이라고 했다. 하버드에서는 그럴 시간도 없다고 비교했다.

한국 대학의 온정(溫情)주의도 데모문화의 소산이다. 거기에는, 수업시간 태반이 부족해도 학점이 나가고 졸업이 되는 판에, 학생이 규율을 무시하는 다른 잘못에도 관대해질 수밖에 없다는 논리가 작용했던 셈이다. 술 마시고 난동을 부린다든지, 기물을 파괴했다든지, 커닝했다든지 하는 여러 비리에 대해서 징계위원회를 열어도 여간한 파렴치범이 아닌 이상 웬만해선 퇴학이나 유급은 없고, 근신 아니면 '무기정학'으로 한다. 그 '무기'란 결과적으로 대개 2~3주일뿐, 진급이나 졸업에는 별 지장이 없는 징계가 되는 경우가 대부분이다. 온정과 관용이 '교육적'이라는 명분이다.

한국의 대학은 학사규율이 너무 방만하고 온정주의적이다. 외국대학 같으면 유급, 퇴학시켜야 할 상황을 온정으로 덮는다. 그 결과는 학사방만을 '교풍'(校風)으로 제도화하는 격이 되고 만다. 앞에 언급한 하버드대학생은 하버드에서는 숙제에 남의 것을 베껴서 내면 퇴학감이라고 그의 책에 덧붙였다.

또 하나 데모시절의 심각한 후유증은 교수와 학생 사이가 벌어지고 소원(疎遠)해졌다는 점이다. 교수들은 데모에서 학생의 주장이 당연한 것이라고 이해하면서도 그의 과격한 행동과 학사를 무시하는 행동은 직분상 말려야 했다. 학생들은 교수들이 직분상 그러려니 생각하면서도 터놓고 교수와 같이 이야기할 수 없는 버성김으로 대했다.

더구나 한때 정부는 '분담지도교수'라는 제도를 대학에 강요했다. 주로 학생들의 학업이수 문제 또는 일신상의 문제를 상의하는 지도교수제는 본래 어느 대학에나 있었고, 또 으레 있어야 하는 법이다. 그러나 이 분담지도교수제도는 취지가 달랐다. 데모하지 않게 미리 설득하라는 것이 그 목적이었다. 그리고 학생들과 만날 면담시간도 정하고, 교수에게 따로 '분담지도비'도 지불했다. 교수와 학생이 피차 그 목적을 알고 있으니 면담이 서로 어색하고 거북하고 계면쩍은 난센스일 수밖에 없다. 서로 흉금을 털어놓을 수 있어야 할 사제(師弟) 관계, 교수·학생관계가 흉금을 털어놓을 수 없고 털어놓아도 소용없다는 소원한 관계로 변질해갔다.

분담지도교수제의 또 하나 후유증은 바로 '지도비'에 기인한다. 본래 대학교수의 보수는 적건 많건 교수직무수행 전반에 대한 보수로 해석해야 마땅하다. 교수의 직무인 강의, 학생지도, 연구, 학과 및 대학운영 참여 등 그 전반에 대한 보수다. 그러나 학생지도에 '분담지도비'를 지급한 이래 '지도비를 안 받으면 적극적 학생지도는 안 해도 좋다'는 의식이 엿보이기도 시작했다.

1950년대엔 교수의 '책임시간'이라는 개념이 별로 없었다. 다만 '주당 수업시간'의 개념은 있었고, 대개 12시간이 평균이었다. 부득이하거나 필요하면 더 가르치기도 했다. 나는 1950년대 교수부족으로 한때 주당 여섯 과목 강의, 18시간을 강의하기도 했다. 그러나 초과강사료를 받은 기억은 없다. 혹 받았다 해도 액수가 미미했던지 그 기억이 없다. 지금은 9시간으로 줄기도 했으나, '책임'시간이라는 말 자체가 그 9시간 수업만 하고 나면 교수의 책임은 다한 것이고 나머지 시간은 마음대로 나돌아다녀도 된다는 의식을 대학사회에 길러 놓았다. 원칙적으로 교수의 1주일 책임시간은 다른 모든 직장처럼 40~45시간 그리고 그 이상이다. 실질적 책임시간은 밤이나 주말, 방학의 휴식도 없이 언제나 끊임없이 마음을 쓰는 시간이다.

한 교수가 일본 나고야 대학에 교환교수로 1년 다녀왔다. 나고야 대학의 무엇이 인상적이었는지를 물어보았더니, 첫마디가 '모든 교수들이 월요일 9시부터 토요일 12시까지 꼬박 대학에 붙어 있더라'는 것이었다. 한국교수에겐 그것이 제일 인상적일 정도로 한국 대학교수는 대학에 잘 붙어 있지 않는 것이 풍습화되고 체질화되었다는 말이다. 바로 얼마 전에도 서울의 한 명문대학 총장이 기자회견에서, 일부 교수는 주 5일제가 됐는데도 주 4일은 근무하지 않고 대학엔 하루밖에 안 나온다고 공적으로 개탄했다는 기사가 한 일간신문에 실렸다.

기실 많은 사람들이 대학교수를 선호하는 이유로 흔히 '자유시간이 많다'는 것을 들곤 한다. 대학교수가 그렇게 한직(閑職)인가? 그래야 하나? 그렇게 대학교수가 한직으로 간주되는 한, 한국 대학 갱생의 길은 멀어만 보인다. 한국 대학의 방만성엔 교수의 책임도 적지 않다.

한국의 대학은 대학다운 모습을 되찾아야 한다. 그 첫 과제의 하나는 데모 30년의 후유증부터 극복하는 일이다. 하도 오랜 세월의 타성이 되어서 그 가위에서 벗어나는 일이 그리 쉬운 일이 아니라는 것을 전제해야 할 것이다.

관료권위주의

흔히 1950년대를 이승만 독재정권 시대라고 한다. 그러나 지금 회고하면 그것은 좀 엉성한 독재였다. 사사건건 구석구석까지 지능적으로 파고드는 독재는 아니었다. 특히 교육계에는 민주주의라는 이념 때문에도 교육자치, 대학자율이라는 원칙이 1960년대 이후에 비하면 훨씬 더 존중되고 훨씬 넓게 허용되었다. 그때엔 독재의 경험이 일천해서 그랬을까?

1950년대엔 초·중등교육계에서도 여러 가지 교육개선운동이 문교부 주도가 아니라 일선학교의 교장들, 교사들에 의해서 발안·협의·추진되었고, 문교부는 필요한 행정·재정지원만 제공했다. 이름지어 새교육운동, 교육과정운동, 교육평가운동, 가이던스운동, 민주시민교육운동 등 수많은 자발적인 연구협의회, 세미나, 강연회, 시범·연구 집회가 자못 활발했다. 그런 자발적·자율적 교육개선운동이 그 후 20~30년만이라도 계속되었더라면 지금 한국 초·중등학교 교육이 '교육붕괴'라고 개탄하는 지경에까지 이르지는 않았을 것이다.

대학에 대한 문교부 규제도 아주 느슨했다. 교수입장에서 문교부 통제를 느낄 수 있었던 것은 입학정원과 입학시험기일의 통제뿐이었다. 입학전형, 교육과정 구성은 거의 완전히 교수회의 자율사항이었고, 문교부의 간섭·시달은 일체 없었다. 입학시험에서 무슨 과목을 보건,

내신성적을 참고하건 말건, 입학시험을 객관식으로 하건 논문형으로 하건 하등 개입도 용훼(容喙)도 없었다.

그 말도 많은 대학입시제도의 경우, 그것을 어떻게 하면 개선할 수 있느냐 라는 문제를 놓고 매년 교수회에서 열띤 토론이 있었고 그에 따라 여러 가지 개선책이 시도되기도 했다. 서울대의 경우, 1950년 말엽에 대학본부에서 대학입시개선에 관한 체계적 연구를 시작했고, 나 자신이 그 연구책임자였다. 연세대에서도 일컬어 '회귀(回歸) 방정식 방법'이라는 입시개선 연구가 활발했다. 그런 대학별 또는 대학연합의 자율적 입시개선 연구가 그 후에 20~30년만이라도 계속되었더라면, 갈팡질팡의 극을 이루고 있는 오늘의 대입제도에까지 이르지는 않았을 것이다.

초·중등교육계, 대학교육계의 이러한 자율성, 자발적 교육개선의 의욕은 1960년대에 들어서 질식상태로 함몰했다.

여기에서 1961년의 군사혁명과 곧 이어진 개발독재에 대한 시시비비를 가려볼 자리는 아니다. 대중적·역사적 절대빈곤에 허덕이는 후진국의 경우, 그 경제도약을 위해서는 독재정권이 불가피하다는 여러 이론도 있다. 그러나 그렇다 하더라도 그 개발독재가 교육계에까지 미칠 필요는 없었다. 경제개발계획의 모든 사항을 중앙정부가 계획하고 시달하고 집행하는 관료권위주의가 문교부에도 파급되어, 비교적 지도행정의 성격이 강했던 교육부가 하루아침에 지시·통제행정의 성격으로 표변했다. 물론 경제개발계획엔 교육계획이 필수적으로 수반되게 마련이다. 그러나 그 교육계획은 '큰 그림'이어야지 '잔소리'여야 할 필요는 없었다.

예컨대, 대학입학예비고사(수능고사)가 시대적 요청이었다고 치자. 흡사한 고사가 있는 나라도 꽤 있다. 그러나 고사의 결과를 대학이 어떻게 참작할 것이냐는 대학에 맡겨야 했다. 신입생을 그것만으로 선발하건 또는 본고사, 논문고사, 내신, 면접 등을 겸행하건 말건, 혹은 또 다른 어떤 희한한 방법을 시도하건 말건 간섭이나 규제는 없어야 했다. 각 대학이 그런 자율적·창의적 입학전형방법을 시도하고 그 정보를 여러 대학들이 서로 참고하는 과정이 있었더라면, 오늘날까지 우왕좌왕하는 대학입시의 난맥이 이렇게 심하지는 않았을 것이다. 문제는 오늘날까지도 교육부는 대학입시 정책이 교육부 소관사라고 굳게 믿고 있다는 점이다.

교양과정, 전공과정 등의 교과목 편성은 원래 대학의 중핵적 이념인 학문의 자유, 교학의 자유에 따른 대학 자체 소관사다. 그러나 여기에도 정부간섭이 거세졌다. '국민윤리'가 교양필수로 요구되고 그 학과도 신설되었다. 그렇지 않아도 대학 교양과정에 대개 들어가 있는 '한국사'를 굳이 필수로 못박았다. 1990년대 초 한때 교육부는 각 대학에 강의성적의 평가방법까지 시달한 적이 있다. 교수들은 강의성적을 필히 중간시험 몇 퍼센트, 기말시험 몇 퍼센트, 출석 몇 퍼센트, 과제물 몇 퍼센트로 합산해서 내라는 시달이었다. 그것은 어쩌면 교육부의 대학교육 간섭의 '극치'였다고 해야 할 것이다.

제반 대학학사에 대한 교육부 간섭은 대학사회, 교수사회에 심각한, 거의 비극적인 풍토를 만들어 놓았다. 그것은 교수사회에 입학전형도 학생지도도 때로는 교과과정도 그 계속적 연구와 개선은 '우리 일이 아니다'라는 자기(自棄)의 심리를 조성했다는 점이다. 모든 것을 교육부가 지시하고, 대학별로 다른 개선안을 마련해도 소용이 없으니 아예 손을 놓아버리는 심리다.

1950년대엔 입시에서 어떤 학생을 어떻게 선발해야 하느냐는 각 학과 교수 자신들의 일이었다. 입학지원이 끝나면, 교수들이 학과마다 자기과에 어떤 학생들이 지망했는지, 입학지원 서류철을 미리 면밀히 챙겨보는 것이 상례였다. 좋은 학생을 뽑을 수 있는 방법에 대한 교수회의 열띤 토론도 자주 있었다. 입학시험문제는 각 대학의 교수 스스로 출제했고, 그 고된 입시감독, 지루한 채점과 합산과정도 좋은 학생을 뽑기 위한 '내 일'처럼 감수했다. 말하자면 그런 '산고'(産苦)를 치르고 뽑아들인 신입생에겐 자연히 '우리 아이들'이라는 정감이 들었다. 지금 대학생들은 남이 뽑아준 의붓자식 격이 되고 만 셈이다.

나는 모든 일에서 자율(自律)은 사기(士氣)의 근원이라고 믿는다. 그리고 한국교육 전반의 질 저하의 가장 근본적인 원인은 교사·교수의 자율상실에 의한 사기저하에 비롯한다고 믿는다. 누군가 '오늘날 한국 대학을 이 지경에 이르게 한 것은 교육부다'라고 힐난했다. 그 책임의 전부는 아니라도 그 대부분이다. 네 살짜리 어린아이도 자기가 할 수 있고 또 응당 자기가 해야 할 일은 자주 '내가 할게!'라고 주장한다. '안 돼!' 하면 시무룩해진다. 하물며 자기만이 자기 일의 전문가라고 생각하고 있는 교사·교수에게 이래라 저래라 잔소리를 퍼부으면 일에 손이 잡히지 않을 것은 뻔한 이치다.

물론 자율은 문자 그대로 마음대로라는 방종한 전횡을 의미하지는 않는다. 모든 자율에는 책임이 수반한다. 대학과 교수 자신도 필요하면 언제라도 스스로의 행적을 공개해도 떳떳함을 유지할 수 있어야 한다. 그리고 대학·교수 자율의 책임도 누군가는 물을 수 있어야 한다. 대학교수라고 완전 치외법권적일 수는 없다. 교육부는 그 책임을 묻고 감독해야 하는 책임이 있다. 자율·자치라는 보호벽 속에서 자행되기 쉬운 불법·비행은 감독해야 한다. 그러나 자율을 인용(認容)하고 그 책임을 감독하는 것과 애당초 자율을 허용하지 않는 것과는 사뭇 다르다.

자율이 허용되지 않는 타율의 상황은 근본적으로 무책임·무도덕 상태를 만들어낸다는 이치를 이 나라의 정치가, 행정가는 좀더 깊이 있게 이해해야 한다. 노예는 그의 행위에 자유·자율이 없으므로 동시에 그 책임도 도덕성도 따질 수 없는 상황이다. 독일병사들은 타율적 명령에 따라 눈 깜짝 안 하고 무고한 유태인 수백만 명을 가스실에 몰아넣어 죽였다. 크고 작은 타율상황은 그만큼의 크고 작은 무책임·무도덕 상태를 만들어 낸다.

관료권위주의는 교육개선·복지증진 등 어떤 간절한 선의(善意)의 염원에서 나오는 행위라고 해석할 수도 있다. 그러나 그것은 마치 옛 왕조의 어진 임금님은 백성을 적자(赤子), 즉 갓난아이처럼 생각하고 두루 자상하게 잘 돌보는 임금이었다는 사고방식의 연장이라고 볼 수도 있다. 현대 민주국가의 국민은 '적자'가 아니다. 인권(人權)을 가지고 있고 의식하고도 있으며 자율능력도 있는 국민이다. 그리고 인권의 중핵은 자율이다. 아이들도 부모가 일일이 너무 자상하게 돌보는 과보호(過保護) 하에서는 잘 자라나지 못한다. 국민도 교사도 아이도 도리어 적절하게 '덜 돌보고', 덜 간섭하는 것이 정말 '잘 돌보는' 길이다.

한국 대학을 덮고 있는 정부 타율의 짙은 구름, 짙은 가위는 기필코 얼른 걷혀져야 한다. 그 이전에는 한국 대학 소생의 길은 없다.

전통적 관학관

여기에서 관학관(官學觀)이란 관(官)에서 운영하는 교학(教學)이라는 뜻도 있지만, 그보다는 교육이나 학문을 관이 되기 위해 하는 것, 그리고 관을 위해서 하는 것이라고 보는 교학관(教學觀)에 붙여본 개념이다.

한국의 전통적인 통속적 교학관은 자주 듣는 옛날이야기 줄거리에 드러나 있다. 시골에서 사서삼경을 중심으로 열심히 공부해서, 과거보러 한양에 올라가서 (올라가는 도중 해가 저물어 허름한 빈집에서 잠자다가 귀신의 청을 들어주어 덕도 보면서), 과거보고 장원급제해서 벼슬길에 올라 권세와 영화를 누린다는 옛날이야기 말이다. 이것은 옛날이야기가 아니라 오늘도 짙게 남아 있는 교학관이라고 해야 한다. 이제 그 '관'은 정부의 벼슬만 아니라 모든 사회기관의 벼슬까지 포함한다.

한국의 교학관·관학관은 특히 유교의 영향을 짙게 받았다. 공자의 학당에 모인 3천 제자들은 거의 지방제후들 아래에서 벼슬하는 것이 목적이었다. 공자도 벼슬생각 없이 공부 자체에만 재미 들여 공부하는 제자가 드물다고 한탄했다. 그렇게 한탄한 공자 자신도 벼슬하려고 무던히 애썼고, 어떤 제후 아래에서 장관직도 해보았으나 언제나 성에 차지 않았다. 벼슬 찾는 명분은 모두 '치국평천하', 나라를 잘 다스려 만민을 행복하게 하겠다는 것이었다. 그러나 우리가 너무 자주 목격하듯이,

그 명분과 부귀욕(富貴慾) 사이는 종이 한 장 차이로 희미하다.

한자의 선비 사(士)자의 어원은, 본래 선비라는 말이 풍기는 고결한 사람이라는 뜻이 아니라, 임금을 섬기는 사람이라는 뜻이었고, 훌륭한 사람이라는 뜻의 '군자'(君子)도 그 어원은 임금(君)의 심부름하는 자라는 뜻이었다고 한다.

옛날 중국에서 춘추전국시대까지는 이른바 제자백가(諸子百家)들이 화려하게 주장과 논쟁을 벌였다. 공자, 맹자, 노자, 장자, 순자, 양자, 묵자, 전자, 한비자, 관자 등 고대 희랍에 못지 않은 수많은 현란한 사상가들이 재야(在野)에서 다양한 백가쟁명(百家爭鳴)을 벌였다. 그러나 진시황이 전국을 통일하고 곧이어 한나라에 의해서 중앙집권이 강화되고, 지방제후를 거세할 목적으로 과거(科擧)를 시행하고 거기에 합격한 사람들을 지방에 대신 배치했다. 그리고 그 과거시험의 내용으로는, 제자백가는 거의 다 제외하고, 주로 충성스러운 신하의 필수덕목인 충효를 강조하는 공자의 유교를 택했다.

그 이후로 사정은 급변했고, 학문은 관이 되기 위한 그리고 관을 위한 것이라는 교학의 관학관이 중국 2천 년을 지배했다고 해도 과언이 아니다. 고려조 광종은 똑같은 동기에서 그 과거제도를 그대로 모방했고, 그 후 조선조까지 근 1천 년간 그것을 답습하면서 조선의 교학에도 유교 중심의 관학관이 풍토화되었다.

고대에는 서양보다 훨씬 앞서 나침반·화약·바퀴를 발명했고, 문자·목판활자·인쇄술을 발명했고, 농업·지리·천문에 밝았고, 제자백가가 화려하게 쟁명했던 중국이 그 후 근 2천 년, 스스로는 중화(中華)라고 자만했으나, 세계문화사에서는 별 볼일 없는, 나폴레옹의 말대로 '잠자는 사자'로 전락했고, 급기야 아편전쟁이라는 수모까지 당하게 된 큰 이유의 하나는 이 관학의 인습 때문이었다고 나는 믿는다. 혹 조선조 몰락이유의 하나도 같은 것이 아니었을까?

교육과 학문이 진리탐구의 길이라기보다는 출세의 길이기에 해야 하고 소중히 여겨야 한다는 교학관은 오늘날에도 짙게 우리에게 남아 있다. 그 살벌한 입시경쟁, 입시준비교육도 그 탓이고, 많은 대학생들이 전공에 관계없이 행정고시, 사법고시 준비에 골몰하고 있다는 기현상도 그 때문이다.

우리는 여기에 진리탐구의 필수조건인 자유로운 정신의 독립적 사고가 얼마나 귀중한 것이고, 그러면서도 그것이 얼마나 견지하기 어려운 것인지를 새삼 음미해야 한다. 관이 되기 위한 과거시험을 정점으로 하는 교육과 학문에서 왕조와 그 측근에 대한 독립적 비판을 허용한다는 일은 거의 상상할 수도 없고, 있을 수도 없는 일이다. 교학의 관학관에서는 독립적 사고가 허용되지 않고, 그 싹만 보여도 '이단사설', '사문난적(斯文亂賊)'으로 몰리고 잘려나가게 마련이다.

이와 관련해서 자고로 동서를 막론하고 한 나라의 교학에 대한 정부의 관심 내지 지원은 '양날의 칼'이라는 사실도 깨달아야 할 것이다. 학문에 대한 정부의 관심과 지원은 학문, 교육, 대학을 위해서 축복이 될 수도 있고 반대로 재앙이 될 수도 있는 양날의 칼이다. 흔히 민주사회에서 그렇고 또 그래야 하듯이, 정부지원이 교학의 자유와 자주성을 보장하면서 독립적·비판적 사고를 장려하는 것이라면 그것은 축복이다. 그러나 반대로 우리가 전제사회에서 그 많은 예를 보듯이, 교학이 정치적 도구가 되고 종속적 위치에서 묵종적이고 인습적인 사고만 강요하거나 길들인다면 정부의 관심과 지원은 학문을 위해서는 도리어 재앙이고 비극이다.

많은 역사학자들이 조선조의 정조(正祖)를 중흥의 명군으로 칭송한다. 그 칭송엔 나도 찬동한다. 그러나 정조가 규장각을 세우고 신하들에게 학문을 장려하기 위해서 초계문신(抄啓文臣) 제도를 실시했다는 대목에는 역사학자들처럼 단순하게 칭송할 수만은 없다. 정조가 예가 드물게 개방적인 명군이라고 들었다. 그러나 아무리 정조라도 왕조와 자신을 맹공격하고 유교를 맹비난하는 학설·학문까지 장려하지는 않았을 것이고, 왕조의 전통으로 보아 분명 '충성스러운' 신하를 원하는 관학을 장려했을 것으로 짐작할 수밖에 없다. 적어도 오늘날 학문의 견지에서는 그것은 축복만은 아니었다.

기원전 350년 전후 중동아시아의 많은 부분을 정복한 유명한 알렉산더 대왕은 이집트에 알렉산드리아 시(市)를 세우고 거기에 이집트문화, 유태문화, 희랍문화, 아라비아문화, 인도문화, 중국문화 등 온갖 문화들이 자유롭게 드나들며 서로 접촉하고 집산(集散)하는 것을 장려했다. 알렉산드리아 건립에 그의 정치적 야심은 없었다. 아리스토텔레스의 제자였던 그는 그저 학문·문화의 소중함 그 자체 때문에 알렉산드리아를 세웠다. 그의 관심은 학문진흥에 크나큰 축복이었고, 그 후 수세기 동안 알렉산드리아는 서구 최대의 학문적 중심지가 되었다.

그 이외에 서구의 옛 역사에서 왕조가 궁전을 장식하기 위해서 예술을 간혹 지원했지만, 학문에 특별한 관심을 가지고 지원·후원한 경우는 도리어 드물다. 학문은 왕조들의 관심 밖 일이었고, 철학도 과학도 대부분 옛 중국의 제자백가시대처럼 재야 민간에서 발달하고 발전했다. 왕조들은, 왕조를 뒤흔들 수 있는 어떤 새로운 사상을 발설하고 전파하는 학문을 도리어 기피하고 배척한 편이다. 학문에 대한 왕조의 이런 무관심은 독립적 사고를 견지하는 데 도리어 도움이 되었다고 볼 수도 있다.

미국 연방정부는 건국 때부터 고등교육에 큰 관심을 가지고 지원했다. 각 주에서 광활한 토지를 할당해서 그 일부를 교지로 사용하고 나머지는 매각해서 대학건축과 운영기금으로 쓰게 한 이른바 '토지증여대학'(*land-grant college*)이 그 대표적 예다. 오늘날에도 미국 연방정부의 고등교육 지원의 현저하고 희한하기도 한 특징은 그 방대한 지원이 대학에 대한 직접지원이 아니라, 대학생에 대한 장학금 또는 대여장학금이고 그것이 대학에 흘러들어 가게 하는 간접지원이라는 점이다. 대학에 대한 정부의 직접적 지원은 대학이 정치적으로 이용되고 정치의 종속적 위치로 전락해서 그 독립성을 상실할 위험이 있기 때문에 이를 미연에 방지하려는 것이다.

나라재정이 커짐에 따라 한국의 교육부도 돈이 많아졌다. 이른바 BK 21 등 대학에 대한 각종 연구비, 보조비가 엄청 많아졌다. 어떤 자리에서 어느 두 대학의 총장이 대학 재정문제에 관해서 한담하다가 서로 교육부에서 따낸 보조금 액수를 자랑했다. 나는 옆에서 듣다가 "그게 뭐가 자랑인가? 도리어 비극이고 재앙이라고 생각해야 하는 것이 아니냐?" 라고 꼬집었다. 두 총장은 곧 그 말뜻을 알아차리고 멋쩍게 웃었다.

돈은 권력이다. 때로는 권력보다 더 강력하고 무서운 권력이다. 권력으로 못하는 것도 돈으로는 사람이나 기관을 쉽게 좌지우지할 수 있다. 더구나 권력에는 '눌린다'라는 굴욕적 불쾌감을 느끼지만, 돈에는 자발적 협조라는 환상이 수반되기 쉽다. 교육부에서 직접 보조금·연구비를 많이 받은 대학, 정부출연 연구비를 많이 받은 교수가 얼마나 대학운영 독립성을 유지할 수 있으며, 얼마나 연구에서 비판적 사고를 견지할 수 있을까? 기실 근자에 교육부가 입시 기타 문제에서 대학이 교육부의 '말 안 들으면 보조금 자른다!' 라고 으름장을 놓는다는 신문보도가 가끔 보인다.

정부는 고등교육을 크게 지원해야 한다. 그러나 그 지원이 대학통제 수단이 되어서는 안 된다. 돈에 끄나풀이 달려 있어서는 안 된다는 말이다. 정부가 대학독립성을 보장하면서 재정지원을 할 수 있는 제도적 장치는 앞에 언급한 미국의 경우 이외에도 여러 가지 고안할 수 있을 것이다.

한국의 대학은 지난 반세기의 역사가 빚어낸 앞의 네 가지 업보, 즉 대학관의 혼돈, 긴 데모의 역사, 관료권위주의, 관학관이라는 업보에 시달리고 있다. 한국 대학들은 가히 어떤 가위처럼 그 업보에 눌려 있다. 누군가는, 어느 대학인가는 우선 그 업보에서 탈피하고 그 가위에서 깨어날 수 있어야 한다. 그것이 한국 대학 소생의 선결조건이라고 해야 한다. 그러니 어떻게 해야 하느냐? 손쉬운 묘안은 없어보인다. 그러나 앞의 분석 자체 그리고 다음에 이어질 논의도 조금은 그 방향이 시사될 것이지만, 종합적 방도는 이 책 후반에서 논의하기로 한다.

그 전에 우리는 다음 3장부터 5장에 걸쳐, 우선 대학이 그 중핵적 기능으로 여기는 학문한다는 것이 도대체 뭐고, 도시 안다는 것이 뭐며, 진리·지식이라는 것이 뭔지, 그 앎의 정체, 학문의 정체를 차분히 생각해 보아야겠다. 그런 성찰에서 학문하는 대학의 있어야 할 모습의 시사를 얻을 수도 있을 것이기 때문이다.

제 3 장

앎

학문한다는 것은 이 세상의 이치를 알아내기 위함이다. 아르키메데스가 어떤 문제에 골똘하다가 목욕탕 속에서 갑자기 부력원리를 깨닫고 어찌나 좋았던지 '알았다, 알았다!'고 고함지르면서 벌거벗은 채 거리로 뛰쳐나갔다는 이야기는 유명하다. 학문한다는 것은 바로 그 '알았다!'(*eureka!*)의 기쁨을 찾아가는 일이다.

우리는 변화무쌍하고 다양한 삼라만상 속에서 살고 있다. 해는 뜨고 지고 구름은 흐르고, 비 오고 번개 치고, 꽃 피고 새 울고, … 사람들은 사랑하고 싸우기도 하고, … 폭군도 나타나고, 전쟁도 터진다. 현란하고 희한하기도 하지만 때로는 어리둥절해지고 어지럽기도 한 이 삼라만상 속에서 살아가려면, 도대체 이 세상의 뭐가 뭔지를 '알아야' 한다. 그렇게 안다, 알아야 한다는 것은 사람만 아니라 모든 동물의 거의 생물적 본능의 욕구일 것이다.

인간은 희한하게도 유난히 큰 대뇌 덕으로 그 별명이 호모사피엔스,

이성의 인간이라고 불릴 정도로 각별한 지적 능력, 아는 힘을 가지고 있다. 갓 태어난 인간의 아이는 2~3일 지나 정신이 들면 주위를 뚫어지게 응시한다. "이 세상이 도대체 어떻게 된 거야?" 라고 말하는 듯한 갓난아이의 호기심에 찬 큰 눈동자는 곧 학문하는 사람의 눈동자다.

이 장과 다음 장에서 우선 '안다', '알았다', '앎'이란 무엇이냐 라는 기본적 문제를 살펴보아야겠다. 약간은 과학철학의 서론을 되풀이하는 감은 있으나, 거기에서 이 책 본론인 앎의 풍토에 관한 많은 시사를 얻을 수 있기 때문이다. 앞장에서 언급했듯이, 적어도 나에겐 그것이 앎의 길, 학문의 길을 크게 밝혀주었다.

안다는 것, 그것을 나는 단도직입적으로 '다양(多樣)의 통일(統一)'이라고 정의해 본다. 다양·잡다하고 변화무쌍한 삼라만상 속에서 어떤 공통성·유사성 또는 어떤 항상성·규칙성을 포착해서 그것들을 통일하는 것이 '안다', '알았다'의 알맹이다.

앎: 다양의 통일

출생 수 주 전에 태아는 이미 엄마의 목소리를 '안다'. 다른 사람들의 목소리와 다른, 엄마 목소리에서 어떤 항상 같은 음색(音色)을 알아차린다. 생후 1~2주면 '엄마'를 안다. 감각적 현상으로는 정면으로 보는 엄마, 옆으로 본 엄마, 웃는 엄마, 시무룩한 엄마, 빨간 옷의 엄마, 푸른 옷의 엄마 이미지는 모두 다양·잡다하게 다르다. 그러나 아이는 그런 여러 다른 이미지 속에 항상 같은 어떤 공통점을 포착하고 그것에 반응하고, 나중엔 그 항상성에 '엄마'라는 말을 붙인다.

기실 우리가 일상 쓰고 있는 말, 따라서 학문에서 쓰고 있는 모든 개념(槪念)은 다 한 묶음의 여러 현상들에 공통된 어떤 특성, 속성(屬性)에 붙인 이름이다. 하늘의 구름은 현상적으로 모두 다르다. 흰 구름, 검은 구름, 뭉게구름, 비단구름, 모두 서로 다르고 다양·잡다하고 변화무쌍하다. 그러나 거기에 '하늘에 둥실 떠 있는 것, 짙어지면 해를 가리고 하늘을 덮으면 비도 오게 되는 것'이라는 공통성·항상성·규칙성을 포착하고 거기에 '구름'이라는 이름을 붙인 것이다.

학문에서 쓰는 여러 개념들, 예컨대 질량, 속도, 자본, 경기, 신진대사, 유전, 지능, 동기, 정부, 자유 등의 개념들도 모두 그렇다. 학문이라는 건축물을 짓는 기본벽돌인 셈인 이런 개념들은 다 그 자체가 다양한 현상들 속의 어떤 통일된 것에 붙인 이름이다.

말 중에는 '멋진' 말들이 있다. 예컨대 '풍운아'(風雲兒)는 어딘지 좀 멋있는 말이다. 이를테면 풍운아는 정치무대에 홀연히 나타나서 세도를 잡다가 갑자기 몰락하고 잠잠하더니, 돌연 다시 나타나서 세상을 주름잡고 하는 사나이들을 두고 하는 말이다. 이 말이 멋있게 느껴지는 까닭은 그 말이 정계에서 어떤 인물이 부침하는 현상과 하늘에서 바람과 구름이 표연히 일다 사라졌다 하는 것과의 유사성·통일성을 함축하고 있기 때문이다. 서로 다른 정치현상과 하늘현상의 유사점을 유추(類推)함으로써 두 현상을 '통일'한 셈이다.

추사 김정희(金正喜)가 그의 유명한 〈세한도〉(歲寒圖)에 인용한 《논어》 속의 명구, '추워진 다음에야 소나무·잣나무가 늦게 여윔을 알 수 있다'(歲寒然後知松柏之後彫也)도 어딘지 멋이 있다. 그 멋도 다양의 통일성에서 온다. 겨울이 와도 여전히 푸른 소나무와 내 처지가 몰락해도 여전히 따뜻한 정을 주는 친구, 그 두 가지 현상의 공통점을 드러내 주기 때문에 멋이 있는 말이다.

시(詩)에는 이런 비유·유추로써 동떨어진 두 현상을 '통일'하는 경우가 아주 풍부하다. 기실 그것이 시의 큰 멋이다. 우리가 즐겨 읊는 이육사(李陸史)의 시 〈청포도〉를 보자.

> 내 고향 칠월은 청포도가 익어가는 시절
> 이 마을 전설이 주절이 주절이 열리고
> 먼 하늘이 꿈꾸며 알알이 들어와 박혀
> 하늘 밑 푸른 바다가 가슴을 열고
> 흰 돛단배가 곱게 밀려서 오면…

이 시구에도 서로 다른 두 현상, 두 경험을 유추로써 통일하는 경우가 글귀마다 풍부하다. 포도송이의 풍성함과 마을 전설의 풍성함, 하늘의 아늑함과 꿈의 아늑함과 포도알이 반사하는 빛의 아늑함, 넓은 바다와 넓은 가슴 등이 서로 유추로 이어져 통일되어 있다. 독자에 따라서는 흰 돛단배에 해방될 백의민족을 연상할 수도 있고, 또 다른 연상도 가능할 것이다. 명시일수록 몇 안 되는 글귀 속에 많은 유추로써 많은 뜻을 함축하고 많은 연상을 자극한다. 주렁주렁 매달려 있는 청포도가 그저 멍청하게 따먹고 싶은 먹거리로만 보이는 것이 아니라, 많은 다른 것을 함축하고 연상하게 하고 이해하게 해주는 현상이 된다. 그만큼 세계와 삶의 '의미'가 더 풍부해진다. 시인을 지성인 · 지식인이라고 부르는 이유도 그렇게 여러 현상의 의미를 풍부하게 드러내고 알게 해주기 때문이다.

문학, 미술, 음악의 경우에도 다양의 통일은 매한가지다. 가장 훌륭한 문학작품은 가장 특수한 소재로써 가장 보편적이고 일반적인 인간정서, 인간문제를 밝히는 작품이다. 그래서 셰익스피어의 〈햄릿〉은 옛 덴마크 왕가라는 아주 특수한 소재지만, 예나 지금이나 동양이나 서양이나 사람들의 흉금을 울린다. 다양한 사람들의 다양한 정서의 세계 속에 어떤 공통점, 일반성, 통일성을 밝히기 때문이다. 미술의 경우에도 옛 희랍 철학자 피타고라스가 미(美), 아름다움이란 '여럿을 하나로 축소한 것'이라고 말했다. 화가 고흐는 여러 사람들의 삶의 고뇌와 죽음의 공포를 한 폭의 그림 속에 축소해서 담았다. 그래서 여러 사람들이 그의 그림을 의미심장하게 감상한다. 베토벤의 제 5교향곡을 '운명'이라고 부르는 이유는 그 음(音)의 세계와 인간의 운명적 삶의 어떤 유사점, 공통점 때문이다.

기실 유추(類推), 비유(比喩)는 사물이나 현상을 알고 이해하고 납득하고 수긍하는 데에, 즉 다양을 통일하는 데에 큰 역할을 한다. 사람은 왜 죽어야 하느냐 라는 질문에 '화무십일홍(花無十日紅)이요 달도 차면 기우나니 …' 라고 하면 사람들은 약간은 납득한다. 《논어》에서 공자의 설법에는 비유가 아주 많다. 자주 인용되는 '슬기 있는 사람은 움직이는 물을 즐기고, 인자한 사람은 조용한 산을 즐긴다'(知者樂水 仁者樂山)도 그 예다. '누가 문을 통하지 않고 나갈 수 있을까? 어찌하여 올바른 도를 따르지 않을까!'(誰能出不由戶 何莫由斯道也)도 그 예다. '남이 내게 하는 것이 싫은 일은 나도 남에게 하지 않겠다'(我不欲人之加諸我也 吾亦欲無加諸人)에도 비유가 들어 있다. 예를 들 필요도 없이 부처의 설법에도, 예수의 설법에도 유추가 풍부하다는 것을 우리는 알고 있다.

이렇게 유추·비유로써 한 현상을 납득하게 되는 까닭은 비유하고 비유되는 두 현상 뒤에 어떤 공통되는 이치, 통일된 이치 내지 법칙이 있나 보다 하는 짐작 때문이다.

문학, 예술, 설법에서만 아니라 학문에서도 유추는 활발하게 구사된다. 생물학 진화론의 여러 개념과 법칙을 유추해서 철학, 사회학, 심리학 영역에서 자주 '빌려 가는' 것이 그 대표적인 예고, 물리학의 상대성이론도 다른 학문영역에서 자주 빌려 가는 것도 그 예다. 다만 학문에서는 그렇게 빌려 간 개념과 법칙들이 새 영역에서도 타당하다는 것을 실증 내지 증명할 수 있어야 한다는 차이가 있다.

도덕을 안다, 윤리를 안다는 것도 다양의 통일을 의미한다. 거짓말하지 말라, 훔치지 말라, 남을 사랑해라, 사람을 수단으로써만 대하지 말고 언제나 동시에 목적으로 대하라 등, 도덕적 덕목 내지 율법을 안다는 것은 다양한 여러 행동장면에서 언제 어디에서나 그래야 한다는 것의 깨달음을 의미한다. 여기에서 거짓말 안 하고 저기에서는 거짓말하는 종잡을 수 없는 경우에는 거짓말하지 말라는 율법 자체가 성립될 수가 없다.

율법의 '법'이라는 말 자체가 '언제 어디에서나'라는 뜻을 담고 있다. 칸트가 도덕의 제 1법칙으로 '너의 행위가 보편적 입법자(立法者)일 수 있도록 행위하라'고 한 것은 도덕이 다양의 통일이라야 함을 단적으로 표현하고 있다. 여러 경우의 행동상황에서 일관된 통일적인 법이 설 수 있도록 행동하라는 뜻이기 때문이다.

시, 문학, 미술, 음악, 도덕은 다 제각기 그 나름의 매체와 그 나름의 방법으로 삼라만상을 보면서, 그 잡다 속의 유사를, 변화 속의 항상을 찾으려는 넓은 뜻의 앎, 지(知)의 노력이다. 그런 다양의 통일은 흔히 지식탐구가 목적인 학문이라는 노력에서 더 극명하게 드러난다.

곰곰 생각해보면, 조물주는 삼라만상을 참 희한하게 만들어 놓았다. 모든 사물, 모든 현상들은 다 서로 다르면서, 동시에 다 서로 같은 점을 가지고 있게 만들어 놓았기 때문이다. 조물주는 신기하게도 모든 사물, 모든 현상에 개별적 특수성(特殊性)과 일반적 보편성(普遍性)을 둘 다 짜깁어 넣었다. 느티나무 잎도 하나씩 뜯어보면 모양과 크기가 다 다르다. 그러면서도 그 잎들은 다 서로 비슷하다. 사람들도 다 다르지만 또 다 비슷하다. 안다는 것은 삼라만상의 특수들 속에 어떤 보편을, 다양 속에 어떤 통일을 포착하는 일이다.

개념과 법칙

나는 과학이건 철학이건 학문이란 각기의 영역에서 우선 확실한 개념(槪念)들을 정립하고, 그것들로써 실증적·논리적으로 타당한 법칙(法則)을 알아내려는 노력이며, 연후에 그런 법칙들이 체계적으로 이어져 있는 '그물'〔網〕인 이론(理論)의 구성에 이르는 노력이라고 그 골격을 도식화해 본다. 그리고 한 학문, 예컨대 물리학 또는 심리학 등 한 학문은 각각의 영역에서 그렇게 서로 관련되고 이어진 이론들을 종합한 것을 말한다.

개념은 앞에서도 말했듯이 잡다한 현상들의 공통점을 드러내고 거기에 붙인 이름, 말하자면 '딱지'다. 따라서 구체적이고 개별적인 현상 자체가 아니기 때문에 모든 개념은 부득이 약간은 '추상적'이고, 때로는 난해한 것일 수도 있다. '사람'이라는 개념도 구체적인 철수, 순희나 구체적인 이 교수, 김 선생을 지칭하는 것이 아니다. 하나의 추상이다. 질량, 시간, 함수, 복소수, 동기, 학습, 계층, 자유, '물 자체' 등은 더 추상적이고, 어떤 것은 꽤 난해한 것들이다.

구체적인 것들에서 필요한 것만 추려내고, 즉 추상(抽象)하고, 필요 없는 것은 버리고 사상(捨象)한 것이 개념이다. 공통점을 추상해내려면, 공통점이 아닌 차이점을 가려내야 한다. 공통점을 찾는 것이 일반화(*generalization*)고, 차이점을 찾는 것이 변별(辨別, *differentiation*)이다. 학문에서 일반화와 변별은 병행한다.

본래 추상적이어서 구체적 물건처럼 손가락으로 '이것'이라고 짚어 보이거나 가리킬 수가 없기 때문에 개념은 다소간 막연하고 애매하기 마련이다. 그래서 추상적 개념일수록 그게 무슨 뜻이냐, 그 '알맹이가 뭐냐'라는 정의(定義)가 문제된다. 잘 설정된 개념일수록 그 정의가 명확하다. 한 개념을 어떻게 애매함 없이 명확하게 정의할 수 있느냐는 과학철학에서 꽤 난삽한 문제다.

개념을 정의하는 목적은 사람들이 그 개념을 같은 뜻, 적어도 비슷한 뜻으로 쓰고 알아듣도록 하려는 것이다. 따라서 생소한 개념일수록 될 수 있는 대로 명확하게 정의해야 한다. 개념들이 너무 흐리멍덩하면 그것을 사람들이 같은 뜻으로 쓰지 않아 '말이 통하지 않게' 되기 때문이다.

예컨대, '지능' 하면 대개 사람들은 '머리 좋은 정도'로 알고 서로 이야기를 주고받는다. 그것은 서로 그 뜻을 굳이 더 까다롭게 따지고 들지 않는 관용적·상식적 정의다. 그러나 지능이 정말 무어냐고 꼬치꼬치 캐물으면 문제는 좀 어려워진다. 그렇게 따져야 할 때도 많다. 그래서 지능을 어떤 사람은 '학습능력'이라고 정의하고, 어떤 사람은 '문제해결력', 또 어떤 사람은 '환경적응능력'이라고 정의한다. 그러나 이런 표언적(表言的, *explicit*) 정의는 많은 경우 그저 '말 바꿔치기'에 불과한 경우가 많다. 말 바꿔치기는 말의 이해에 크게 도움이 되지 않는다. '학습능력은 또 뭐냐'라는 반문이 이어지기 때문이다.

어떤 심리학자는 지능이란 언어능력, 논리·수학능력, 공간능력, 음악능력, 신체능력, 내성능력, 인간관계능력 등의 다중구조를 이룬다는 지능이론으로써 지능의 뜻을 밝힌다. 이런 정의는 그의 이론에 담겨 있는 함축적(*implicit*) 정의다. 그래도 막연하든지 합의되기 어려우면, 지능이란 '바로 이 지능검사가 재 내는 점수수치다'라는 식의 이른바 조작적(*operational*) 정의를 내세운다. 그러나 '그러면 그 지능검사는 지능을 무엇이라고 생각하고 만들었느냐?'라는 반문을 받게 되고 정의 문제는 다시 원점으로 돌아간다. 이런 과정에서 합의범위가 점점 넓어지면, 그 개념은 별 정의 시비 없이 통용되기에 이른다.

잘 착안되고 설정된 개념은 이미 많은 것을 함축한다. 2차 대전 발발 전후 미국의 원자 물리학자들 사이에서는 'implosion'(內破, 내파)라는 단어가 밖에 새나가지 않도록 쉬쉬했다고 한다. 보통 폭탄이 밖으로 터지는 'explosion'(폭발)과는 달리 '안으로 터진다'는 뜻을 담고 있는 이 단어는 핵폭탄의 원리를 암시하기 때문이었다. 진화론의 개념들, 돌연변이, 적자생존, 자연도태라는 개념들도 엄청 많은 것을 함축한다. 그래서 그 개념들과 그와 유사한 개념들이 생물학뿐만 아니라 심리학, 사회학, 정치학, 철학 등에서 빈번히 원용된다.

법칙이란 가장 간단하게는 두 현상, 따라서 두 개념, X와 Y 사이의 항상 같은 어떤 이어짐을 말한다. 그 이어짐이 두 현상의 동시(同時) 또는 공존(共存)관계일 수도 있고, 상관(相關)관계일 수도 있고, 인과(因果)관계일 수도 있다. 산이 있으면 대개 물 흐르는 계곡이 있다. 산천(山川)은 공존관계에 있다. 그러나 산이 개울의 원인은 아니다. 잉꼬부부는 언제나 같이 있고 같이 돌아다닌다. 공존관계다. 그래서 남편을 찾으려면 부인 있는 곳을 알면 된다. 그러나 남편과 부인이 서로 인연은 있지만, 서로 인과관계는 아니다.

일반적으로 사회경제적 지위가 높은 집 아이들이 낮은 집 아이들보다 학교성적이 좋다. 사회경제적 지위와 학교성적 사이에는 좀 흐리멍덩하지만 약간의 상관관계가 있다. 그런 상관관계가 있다는 것을 아는 것이 모르는 것보다는 낫다. 그러나 사회경제지위 자체가 공부 잘하는 원인이라고 쉽게 말할 수는 없다. 즉, 인과관계는 아니다. 벼락부자가 되었다고 공부도 벼락같이 잘하게 되는 것은 아니다.

이에 비해 기체의 '압력'을 올리면 그 '온도'가 올라간다, '좌절'을 많이 당하면 '공격성'이 생긴다, '폭정'이 길면 '혁명'이 일어난다 등은 '이게 이러면 저게 저렇게 된다'는 직접적 인과관계를 말한다.

우리가 하는 말, 쓰는 글에는 두 가지 모양이 있다. 하나는 '철수는 적극적 성격이다', '한국 경제는 침체상태에 있다'와 같이 개개의 특정 사실을 말하는 개체적(個體的) 진술이고, 또 하나는 '적극적 성격은 운명론을 싫어한다', '정치가 불안하면 경제가 침체된다'와 같이 널리 그렇다는 사실을 말하는 일반적(一般的) 또는 보편적 진술이다.

일반적 진술은 모두 일단 법칙의 성격을 갖는다. 즉, 언제나 어디에서나 누구에게나 보편적으로 그 말이 적용된다는 뜻을 내포한다. 즉, 철수만 아니라 영희도 적극적 성격이면 모두 운명론을 싫어할 것이고, 한국만 아니라 다른 나라들도 정정(政情)이 불안하면 경제는 곤두박질할 것이라는 뜻을 함축한다.

학문이 찾는 '이 세상의 이치'란 바로 그런 일반적 진술인 법칙들이다. 그 법칙이 사실에 비추어 실증되고 또는 논리로써 증명되면 그것이 참된 이치, 즉 진리(眞理)다.

법칙은 수많은 개별적 현상들을 한층 더 높은 차원에서 통일한다. 뉴턴의 역학법칙이 위대하고 유명한 까닭은 하늘과 땅, 이 우주에서 진행되는 다양·잡다한 모든 운동현상을 모두 그 법칙으로써 설명할 수 있기 때문이다. 즉, 그것으로써 물체의 모든 운동을 통일했기 때문이다. 법칙을 원리, 원칙, 이론이라는 말로 대신하기도 한다.

학문은 '무엇이', '어떻게', '언제', '어디에서'도 자주 묻지만, 가장 중핵적인 물음은 '왜'다. 비는 왜 오느냐, 바람은 왜 부느냐, 철수는 왜 공부 잘하느냐 등이다. 그것은 근본적으로 서너 살이 되어 물리가 터지면 성가실 정도로 왜, 왜, 왜라고 물어대는 아이들의 질문과 같다.

그때 아이들은 호기심의 화신이다. '왜 천둥이 쳐?'라는 물음에 급한 대로 '하느님이 화가 나서다'라고 답하면 순진한 아이는 일단 수긍한다. 그러나 다음 '하느님이 왜 화가 나?'라고 묻는다. 또 급한 대로 '사람들이 나쁜 짓을 많이 해서다'라고 답하면 일단 수긍하다가, 다시 '사람들이 왜 나쁜 짓 해?'로 질문이 꼬리를 문다.

이런 경우, 아이가 일단 수긍하는 까닭은 '아하, 이 세상엔 하느님이 화가 나면 천둥이 친다'는 법칙이 있구나라고 생각하기 때문이다. 이 세상이 그렇게 생긴 것이라고 생각하기 때문이다. 좀 커서 '그런데 하느님이 뭐야, 하느님이 어디에 있어?'라고 물어오면 대개 아버지는 답이 궁해진다. 세속 상식과 관습에 길들여지기 전의 아이들은 질문의 화신이고 그 중에는 현대과학으로도 아직 답할 수 없는 질문들이 수두룩하다.

개념이 구체 아닌 추상이기 때문에 언제나 어느 정도의 모호함이 끼이는 것처럼, 법칙이나 인과관계는 눈에 보이거나 손으로 잡을 수 없는 추상이기 때문에 그것을 짐작하고 판명하는 데에는 잘못 판정하기 쉬운 온갖 함정(陷穽)이 가로놓인다. 엊그제 어떤 약을 먹었더니 감기가 나았다. 그렇다고 반드시 그 약만이 감기를 낫게 한 원인일 수 있는 것은 아니다. 그 사이에 먹은 다른 반찬, 그 사이 푹 쉬었던 것, 또는 저절로 나을 때가 된 것이 원인일 수도 있다.

정확한 단정에는 꽤 엄밀한 관찰 또는 실험, 추리와 사고가 필요한 경우가 대부분이다. 어떻게 하면 그런 함정에 빠지지 않고 추리할 수 있느냐라는 문제는 탐구의 방법과 논리에서 중요하게 다뤄지는 문제다. 그런 함정이 많은 것이 속상한 일이기도 하지만, 어찌 보면 그 때문에 학문이 지난날의 함정에서 빠져 나오면서 계속 발전할 수 있는 조건이 된다고 할 수도 있다.

설명, 인과율

법칙은 '설명(說明)의 구조'에 불가결이다. 우리가 어떤 현상에 대해서 '왜'라고 물었을 때, 그 대답의 설명을 듣고 '알았다', '그렇구나' 하고 수긍하는 것은 바로 그 현상 뒤에 어떤 법칙이 있다는 것, 그리고 이 현상은 그 법칙의 논리적 귀결이라는 것을 수긍한다는 말이다. 철수가 왜 공부를 잘하느냐라고 물었을 때 'IQ가 높아서다'라고 답하면 대개 사람들은 일단 '알았다, 그렇구나'라고 수긍한다. 그 수긍에는 논리적으로 삼단논법에 따른 다음과 같은 '설명의 구조'가 암묵적으로 작용한다.

A: 철수는 IQ가 높다.
B: IQ가 높으면 공부 잘한다.
C: 따라서 철수는 공부 잘한다.

여기에서 A와 C는 특수한 사실의 진술이고, B는 일반적 법칙의 진술이다. 우리가 C를 알았다고 수긍하는 것은 A라는 사실과 B라는 법칙이 있음을 긍정하고, A와 B가 진(眞)이면, C는 논리적으로 필연 진이기 때문이다. 법칙이란 언제 어디에서나 다 그렇다는 보편타당성을 전제로 하기 때문이다. IQ가 높으면 으레 언제나 누구나 공부 잘하는데, 철수의 사례는 그 하나일 뿐이라고 수긍하는 것이다. 누가 '아닌데! 영철이는 IQ가 높아도 공부 못하는데!'라고 수긍하지 않는다면 그것은 그 법칙을 의심하거나 부정한다는 것을 의미한다.

이런 암묵적 설명의 구조에 따른 수긍 내지 부정은 어린아이의 경우나 학자의 경우나 근본적으로 똑같다. 잡다한 사실들을 기억한다는 뜻의 '안다'가 아니라, 세상 이치를 깨닫는다는 뜻의 '안다'는, 여러 사실들 사이의 법칙을 안다는 것을 말한다. 하늘, 구름, 바람, 기압, 기온, 비, 농작물이 무엇인지 따로따로 안다는 것은 별 의미도 없고 재미도 없다. 그것들을 잇고 있는 법칙적 관계를 아는 것이 더 재미있고 의미가 있다. 아이들은 그 재미에 '왜'를 묻고, 학자도 그 재미에 법칙·이론을 찾는다. 사실 자체는 법칙 없이는 무의미하다. 아무리 잡다한 사실을 많이 '알고' 있어도 그것에 이어져 있는 법칙을 모른다면 그것은 무의미하다. 한 사실은 다른 사실들과 어떤 법칙관계에 있을 때 그만큼 더 많은 뜻이 생긴다.

인과율(因果律) 판단에도 법칙은 불가결이다. 우리는 흔히 두 사건이 시간적·공간적으로 공존하거나 인접해 있으면 그 사이에 인과관계가 있다고 속단하기 쉽다. 성냥을 찍 그으면 불이 확 일어난다. 거의 동시적이다. 그래서 성냥 긋는 사건(X)과 불나는 사건(Y) 사이에 인과관계가 있다고 판단한다. 그리고 그 동시적 관계가 반복해서 자꾸 일어나면 더욱 그 인과관계에 자신을 갖는다.

그러나 인과관계 판단이 언제나 그리 쉬운 것은 아니다. 문제는, 우리가 눈으로 볼 수 있는 것은 성냥 긋는다는 X사건과 불이 일어난다는 Y사건뿐이지, X가 Y의 '원인이다'라는 것을 눈으로 볼 수 없다는 데에 있다. '원인이다'라는 관계는 볼 수 있는 사건이 아니라, 근본적으로 두 사건의 동시적·공존적 그리고 규칙적 관계로 미루어 추측하는 판단일 뿐이다. 그리고 추측판단이기 때문에 잘못된 인과판단이 될 수 있는 함정이 많다. 그래서 어떻게 제대로 인과관계, 인과율을 판단해 내느냐는 실은 꽤 까다로운 문제다.

남태평양 어떤 섬에 섬 옆을 지나가는 많은 선박들에게 기상예보를 알려주기 위해서 서양 사람들이 기상대를 세웠다. 태풍이 다가올 것 같으면, 빨간 기를 높이 올리곤 했다. 원주민들이 얼마 동안 두고 보니, 기상대에서 빨간 기가 올라갈 때마다 그 다음 날 사나운 태풍이 몰아친다는 것을 알았다. 원주민들은 화가 나서 그 빨간 기와 기상대를 때려 부쉈다. 인과관계를 잘못 판단한 것이다.

화투놀이로 '섰다'를 하다가 어쩌다 큰기침을 했더니 장땡이 나왔다. 그 후 그 친구는 몇 번인가 큰 헛기침을 했다. 장난 삼아 했겠지만, 혹시나 하는 인과관계의 오인인 셈이다. '굿하면 병 낫는다', '사주로 길일을 택해야 좋은 혼사가 된다' 등 미신(迷信)의 대부분은 그런 잘못된 인과관계 판단에서 온다. 기실 사람들은 뭔가 다급하고 간절하고 무섭고 어리둥절할 때에는, 급하면 지푸라기라도 잡듯이, 그럴듯해 보이는 관계를 인과관계로 알고 덥석 잡아버리는 수가 많다.

사회과학에서는 자연과학에서처럼, 한 사실 X를 조작해서 다른 사실 Y의 변화를 알아보는 실험이라는 방법을 쓰기가 어렵다. 그래서 현실에 있는 그대로의 사실들을 조사·관찰해서 그 사이의 상관관계를 알아봄으로써 인과관계를 짐작해 내려는 경우가 많다. 예컨대 IQ의 높낮음과 학교성적의 높낮음 사이에 통계적 상관계수로 표시하는 상관관계가 높으면 그것을 흔히 인과관계로 여기는 경우가 많다. 그러나 엄밀히 말하면 통계적 상관관계가 반드시 인과관계인 것은 아니다.

X와 Y가 상관이 높으면, 그것은 네 가지 가능성을 의미한다. 즉, ① X가 Y의 원인인 경우, ② Y가 X의 원인인 경우, ③ 다른 요인 Z가 X와 Y의 원인인 경우, 그리고 ④ 순전히 우연적인 공존·공립관계에 불과할 경우의 넷이다. 여러 조사연구에서 드러나는 상관관계에는 따지고 보면 위의 ③, ④인 경우가 의외로 많다.

앞에서 예로 들었듯이 부모의 사회경제적 지위와 아이의 학교성적과는 흔히 상관이 높다. 그래서 대개 부잣집 아이들이 공부 잘하는 한 원인이라고 생각한다. 그러나 그 인과관계에 자신을 가지려면, 그 명제가 논리적 '설명구조'에 들어갈 수 있어야 한다. 예컨대,

A: 부잣집은 대개 문화적 환경이 풍부하다.
B: 풍부한 문화환경은 아이의 공부에 유리하다.
C: 따라서 부잣집 아이는 공부 잘한다.

앞에서 A와 B가 진(眞)이라면 C는 논리적·필연적으로 진이다.

우리는 이런 설명구조의 논리적 필연성 때문에 C의 인과관계의 필연성에 자신을 갖는다. 다시 말해서 '문화적 환경'이라는 제3의 요인 M을 도입했을 경우, X와 M의 관계, 그리고 M과 Y의 관계가 진이면, X와 Y의 관계는 필연적으로 진이기 때문에 그 인과율에 자신을 얻는다. 이때 물론 A와 B는 그것이 각각 진(眞)임이 먼저 경험적으로 입증된 것이라야 한다.

가령, A: 부잣집은 맛있는 것을 많이 먹는다, B: 맛있는 것을 많이 먹으면 공부에 유리하다, C: 따라서 부잣집 아이는 공부 잘한다라고 추리한다면, 우리는 잘 수긍하지 않을 것이다. 논리는 맞지만, '맛있는 것을 많이 먹으면 공부에 유리하다'는 말은 참이 아닌 것이라고 의심하기 때문이다.

이렇게 인과율 판단이 논리적 '설명구조'에 그 기초를 두고 있기 때문에, 일반적으로 한 명제가 다른 여러 명제들과 같이 하나의 논리적 이론체계 속에 짜여져 들어가 있어 서로 실증적·논리적으로 이어져 있다면, 우리는 그 인과율에 더 자신을 가질 수 있게 된다.

어린아이들도 실은 인과판단에 작용하는 이런 논리적 설명구조를 밝혀줄 것을 요구한다. '왜 천둥이 쳐?', '하느님이 화내서다', '왜 화가

나?', '사람들이 나쁜 짓 해서다', '왜 나쁜 짓 해?'… 계속적인 왜, 왜 하는 질문은 그 나름으로 어떤 설명구조, 어떤 논리적 이론체계를 묻고 있는 것이다.

어른들은 '정치가 불안하면 경제가 침체된다'는 말에 그저 그러려니 끄덕일지 모르나, 호기심 많은 어린아이들은 영락없이 '왜 그래?'라고 다시 물어올 것이다. 그러면, 정치가 불안하면 투자의욕도 기업동기도 안 생기고, 투자의욕이나 기업동기가 안 생기면 사업이 침체될 수밖에 없기 때문이라고 답할 것이다. 이 답에도 논리적 설명구조가 내포되었다. 이때 또 아이들은 '그건 또 왜?'라고 물고 늘어질 수도 있다. 학문은 그렇게 끝없이 왜, 왜라고 물고 늘어지는 데에서 발전해 간다.

한마디로 법칙이라고 하지만, 법칙에는 여러 가지가 있고 여러 가지 문제가 있다. 우선 또렷한 법칙이 있고 좀 흐리멍덩한 법칙이 있다. 또렷한 이른바 '결정론적' 법칙은, 예컨대 고등학교에서도 배우는 물리학의 물체 낙하의 법칙 $s = 1/2\,gt^2$ (s : 낙하거리, g : 중력, t : 시간) 처럼 g와 t가 주어지면 s의 값은 영락없이 이 법칙에 따라 결정되는 경우다. 예외도 오차도 없다. 이에 비하면 '지능이 높으면 공부 잘한다'와 같은 법칙은 좀 흐리멍덩한 '확률론적' 법칙이다. 그 법칙이 들어맞는 경우가 10중 7, 8 정도로 꽤 많기는 하지만 그렇지 않은 경우도 꽤 있기 때문이다.

학문이 발견하려는 이상적인 법칙은 물론 영락없이 들어맞는 결정론적 법칙이다. 그만큼 세계를 또렷이 알 수 있고 확실하게 다음 일을 기대하고 예측도 할 수 있기 때문이다. 그러나 좀 흐리멍덩한 확률적 법칙도 모르는 것보다는 훨씬 낫다. 뭐가 뭔지 아무것도 모르고 어리둥절 멍청하니 세상을 바라보고 있어야 하는 것보다는 훨씬 낫다. 짙은 구름이 하늘을 덮으면, 그렇지 않은 경우도 있지만, 대개는 비가 온다고 짐작하고 우산 준비를 할 수 있다. 일반적으로 자연과학 영역의 법칙은 결정론적이고 사회과학 영역의 법칙은 확률론적이다. 그러나 그 차이는 상대적이다. 자연과학에서도 기상학과 생물학에서는 확률적 법칙이 많다.

한 현상을 설명하는 법칙이 결정론적이 못 되고 확률적인 것은, 많은 경우 그 법칙 자체가 본래 확률적 성질의 것이라기보다는, 근본적으로 그 현상이 다변인적(多變因的)으로 결정되는 복합성을 지니기 때문이다. 앞에 예를 든 낙하의 법칙도 거기에 공기저항이라는 변인이 끼어들면 그대로 들어맞지는 않는다. 낙하의 법칙은 진공상태를 전제하기 때문이다. 사회과학 영역에서는 더 복잡한 다변인적 현상이 많다. 학교성적에는 아이의 지능만 아니라 그의 동기, 흥미, 가정환경, 건강상태, 교수법 등 여러 변인들이 끼어든다. 따라서 다른 변인들을 다 통제하고 배제할 수만 있다면, '지능이 높으면 공부 잘한다'는 법칙도 결정론적 법칙일 수가 있다는 말이 된다.

반면, 자연과학에서도 미시적 소립자의 세계에서는, 소립자의 위치와 운동을 따로따로는 정확히 잴 수 있으나, 둘 다 동시에 재려면 하나는 흐리멍덩하게 확률적으로 잴 수밖에 없다는 '불확정성 원리'가 개입한다. 또 근래 일정한 시간을 경과한 다음의 예언·예측은 본래 결정론적일 수 없다는 '카오스'(*chaos*, 혼돈) 이론도 있다. 결국 법칙 내지 진리는 끊임없이 접근해가야 할 다소간 흐릿한 근사치일 수밖에 없다는 말이다.

우리는 대개 두 현상의 동시적·공존적 관계를 법칙 내지 인과관계로 보는 경우가 많다. 성냥과 불의 관계, 낙하법칙, 기체의 온도·압력·부피의 관계는 거의 동시적이고 공존적이다. 그러나 법칙에는 시간적·공간적으로 떨어져 있는 두 현상 사이의 격시적(隔時的)·원격적(遠隔的) 법칙관계도 많다. 봄에 씨를 심어야 가을에 결실을 얻으며, 중동에서 석유값을 올리면 한국의 우리집 가계가 휘청한다는 것이 그 예다. 여러 학문에서 등장하는 여러 가지 단계(段階)이론, 발생(發生)

이론, 추세(趨勢) 이론들도 그 예다.

인도의 업보(業報, *karma*) 사상은 이 세상에서 나쁜 짓 하면 내세에 가서 개 · 돼지가 된다는 식의 윤회설을 담고도 있지만, 보다 깊은 뜻은 수백 · 수천 년의 간격을 두고 작용하는 역사적 인과율을 말한다. 신라가 고구려의 만주 땅을 포기한 탓으로 우리는 2천 년 지난 지금도 좁은 땅에서 살아야 하고, 수백 년 전 세종이 한글을 창제했기 때문에 지금도 우리는 한글로 생각을 쓸 수 있다. 법칙의 세계, 인과관계의 세계는 그렇게 다양하다.

한편 법칙에는 사실적 법칙과 논리적 법칙이 있다는 것도 살펴볼 만하다. 사실적 법칙을 종합적(*synthetic*) 진리, 논리적 법칙을 분석적(*analytical*) 진리라고도 부른다. 종합적 진리는 낙하의 법칙, 지능과 성적의 법칙 등 사실들을 종합해서 실증(實證)할 수 있는 법칙이고 진리다. 사실적 법칙은 아무리 그럴듯한 말이라도 사실에서 실증되는 것이 아니면 법칙도 아니고 진리도 아니다. 자연과학이나 사회과학에서의 법칙은 이런 사실적 실증의 기반 위에 서야 한다.

분석적 또는 논리적 진리는 수학이나 논리학에서처럼 사실의 세계와 관계없이 선험적(先驗的)인 형식적 논리에 의해서 진(眞)일 수밖에 없는 진리 내지 법칙이다. 예컨대 ① A>B가 진이고 ② B>C가 진이라면, ③ A>C는 필연적으로 진일 수밖에 없다. 이때 A>C는 사실이 그러냐를 따질 필요도 없이 논리적으로 또는 필연적으로 진이다.

앞 설명의 구조에서 예를 들었듯이 ① 사실에 있어 철수는 IQ가 높고, ② 사실에 있어 IQ가 높으면 공부 잘한다면, 그 두 전제에서는 ③ 철수가 공부 잘한다는 것은 그 사실을 실증할 필요도 없이 논리적으로 진이다. 이때 ①과 ②는 사실적 · 종합적 진리고, ③은 사실 여부를 가릴 필요도 없이 필연적으로 유도되어 나오는 논리적 · 분석적 진이다.

만일 따지고 보니 ③이 사실에 있어 진이 아니라면, 그것은 ① 또는 ②가 어딘지 진이 아니기 때문일 뿐이며 논리적 유도 자체에는 흠이 없다. 따라서 이 때에는 그 전제인 ① 또는 ②의 사실적 진 여부를 재검해야 한다. 기실 자연과학에서나 사회과학에서나 철학에서까지도 학문은 사실적 탐구와 논리적 구사를 병행하면서 발전한다. 과학이 사실·경험만 중시한다는 생각은 잘못이다. 과학 그리고 모든 학문에서는, 약간의 비중 차는 있을망정 사실과 논리가 다 같이 중요하다.

나는 학문들 사이의 엄격한 구분은 할 수도 없고 바람직하지도 않다고 믿는다. 나는 이런 글을 쓸 때, 가끔 '학문'이라고 해야 할지 '과학'이라고 해야 할지 망설인다. '학문'이라고 하면 어쩐지 전통적으로 인문계 학문만 지칭하는 것 같고, '과학'이라고 하면 인문계와 사회과학계를 배제한 자연과학만을 지칭하는 것 같아서다. 그래서 앎의 노력을 통틀어 지칭하고 싶을 때에는 '학문·과학'이라고 얼버무리는 경우가 많다. 영어의 'science'라는 말도 여기에 별로 도움이 안 된다. 라틴어에서 유래한 그 말은 본래 '앎'이라는 뜻으로 인문, 자연의 구분이 없는 말이다. 그러나 영어에서도 이제는 그 말이 자연과학을 뜻하는 어감이 짙어졌다. 그러나 본래 '학문'이 둘 다 포함하는 말로 사용되어야 할 것이다.

가끔 과학(科學)이라는 용어를 누가 왜 만들어냈는지 궁금해진다. 옥편을 찾아보아도 '科'자에 자연과학 냄새를 풍기는 훈은 없다. 과학이라는 말이 공연히 과학은 사실을 중요시하고, 다른 학문은 사실을 중요시하지 않아도 된다는 기분을 풍긴다면 그것은 잘못이다. 나는 문·사·철이건 자연과학이나 사회과학이건 모든 학문은 그 다소 경중의 차이는 있으나 다 사실과 논리로써 삼라만상의 법칙을 알아내려는 노력으로 본다. 아무리 철학이라도 허무맹랑한 사실을 전제로 해서 논리를 구사할 수는 없고, 자연과학도 논리 없이 성립될 수는 없다. 이론은 사실과 논리의 결실이다.

꾸며낸 이야기겠지만 이런 이야기가 있다. 어떤 사람이 과학이란 많은 사실을 충실하게 수집하는 데에서 시작해야 한다고 듣고, 몇 년 동안 듣고 보고 겪은 사실들을 쉬지 않고 모조리 기록해서 그렇게 수록한 보고서가 집 한 채에 들어갈 만큼 수천 권이 되었다. 그는 그것으로 학문적 업적을 인정받으려고 영국 왕립과학협회에 제출했다. 그러나 왕립과학협회는 그것을 일별 후 일고의 가치도 없다고 폐기해버렸다. 학문이란 잡다한 사실을 많이 모으고 기록하고 기억한다고 학문이 되는 것은 아니라는 말이다. 학문이 되려면 잡다한 사실들 사이의 사실적 법칙들이 밝혀져 있어야 한다.

어느 논자의 말대로, 잡다한 사실을 많이 알고 있다는 것은 잡식(雜識)일 뿐이고, 사실들이 어떤 법칙으로 이어져 있음을 아는 것이 지식(知識)이다. 나아가 그 법칙들을 논리적으로 잇는 어떤 망조직(網組織)을 밝혀낸다면 금상첨화다. 그런 법칙들의 논리적 망조직을 우리는 이론(理論)이라고 부른다.

제4장

진리

대학은 진리를 탐구하는 곳이라고 공언한다. 학문도 진리탐구가 목적이라고 말한다. 진리(眞理)란 누가 지어낸 말인지 모르나, 아주 잘 지어낸 말이다. 진리란 문자 그대로 '참(眞)된 이(理)치'다. 그 이치란 앞장에서 말한 법칙이다. 거짓 아닌 참된 법칙이 진리다.

우리 주변 삼라만상에는 무수한 사실(事實)들, 무수한 물건, 사건, 현상들이 펼쳐져 왔고 펼쳐지고 있고 또 펼쳐져 갈 것이다. 사람들이 그런 사실들을 사실이라고 보고 듣고 말하고 하는 것 중에는 참인 것도 거짓인 것도 있을 수 있다. 그 중 참(眞)된 사실(實)이 진실(眞實)인 셈이다. 우리는 그런 거짓 아닌 진실을 찾고 가려내야 할 경우도 많다. 참된 사실, 그러면서도 궁금했던 사실이나 새로운 사실을 아는 것도 재미있고 희한하다. 그러나 '진실'을 아는 것보다는 '진리'를 아는 것이 훨씬 더 재미있고 희한하고, 세상을 움직이는 오묘한 이치를 알았다는 희열감을 느끼게 한다. 학문은 진실 너머 진리를 찾는다. 진실들 속의 진리를 찾는다.

진리라는 말에는 어떤 후광이 아른거리는 고상한 것이라는 어감이 있다. 그렇기는 하지만, 나는 진리를 그렇게 먼 곳, 높은 곳에만 있는 것으로 생각하지는 않는다. '궁극적인 하나의 진리'라고 문제를 어렵게 만든다면 모르되, 우리 주변에도 비근한 진리는 수없이 많이 찾을 수 있다. '궁극적인 하나의 진리'란 도리어 찾을 수도 없고 실체도 없는 허망일지도 모른다. 또는 그런 궁극적인 하나의 진리란 '모든 것은 하느님의 뜻이다'라는 식의 신앙은 될지 몰라도 진리라고 부르기는 어렵다.

단적으로 말해서 나는 진리란 보편타당한 법칙이라고 정의한다. 나만 아니라 많은 논자들이 그렇게 정의한다. 보편타당성(普遍妥當性)이라는 말도 대학시절 철학강의에서 많이 듣던 말이다. 언제 어디에서나 그렇게 맞아떨어진다는 뜻이다. 법칙이라는 말 자체가 보편타당성을 뜻한다. 언제 어디에서나 '그런 법이다'가 아니면 법칙이 아니기 때문이다. 틀림없이 언제 어디에서나 모두는 아니더라도 대개 10 중 7, 8은 그렇다면, 좀 흐리멍덩하기는 하지만, 그것도 법칙이고 진리다. 낙하의 법칙은 언제나 그렇기에 진리고, IQ와 성적 관계도 좀 흐릿하지만 그래도 대부분의 경우에 타당하다면 그만큼 법칙이고 진리라고 말할 수 있다.

진리는 먼 고상한 곳에서만 있는 것이 아니다. 아인슈타인의 $E=mc^2$도 진리고, 농부의 '비가 와야 농사가 된다'는 것도 소박한 진리다. 그러나 애써 찾고 알아내려는 진리의 세계에는 '진리의 생태학'이라고 부를 수 있는 좀 고약한 성질이 있다.

진리의 생태학

앞에서 우리는 법칙 내지 진리에는 사실적 진리와 논리적 진리가 있다고 말했다. 그리고 논리적·분석적 진리는 수학이나 논리학에서처럼 선험적으로 필연적인 것이지만, 사실적·종합적 진리는 사실로써 '실증'되어야 진리라 부를 수 있다고 말했다.

그러나 엄밀한 의미에서는, 어떤 명제를 '이것은 진(眞)이다'라고 긍정적으로 실증(實證, *verify*)할 수는 없고, 다만 실제 자료를 근거로 '이것은 진이 아니다'라고 반증(反證, *falsify*)함으로써 그것을 부정하거나, 또는 '이것은 진이 아닌 것은 아니다'라고 부정을 부정하는 이중(二重) 반증으로써 그것을 잠정적으로 긍정하거나 할 수밖에 없다는 과학철학의 주장이 있다. 즉, 실증은 할 수 없고, 다만 반증의 반증으로써 잠정적으로 그 실증에 대신할 수밖에 없다는 것이다. 예를 들어, '지능이 높으면 공부 잘한다'는 명제를 사실에 비추어 진이다라고 단언할 수는 없고, 다만 그 명제가 사실에 비추어 '아직은 진이 아닌 것은 아니다'라고 유보적으로 긍정할 수밖에 없다는 말이다.

왜냐하면 법칙을 끌어내려고 관찰하고 실험하고 조사해서 수집·종합할 수 있는 사실 현상은 언제나 그런 현상들 전체가 아니라 그 일부일 수밖에 없기 때문이다. 즉, 현상의 전체(全体, *population*)가 아니라 그 표본(標本, *sample*)일 수밖에 없고, 그 표본 바깥에 있는 무수한 사례들 중에는 이 명제를 부정하는 사례들이 의외로 많이 있을 수도 있기 때문이다. 전체를 다룰 수는 없고 그 일부만 다룰 수밖에 없다는 것은 모든 사실적·종합적 진리탐구의 본질적 한계다. 그러면서도 그 일부에서 얻은 진리로 전체를 미루어 짐작하려는 것이 학문이다.

그런 한계는 한편으로 생각하면 백 퍼센트 확실한 진리를 가르쳐 주지 않기 때문에 속상하기도 하지만, 다른 한편으로 생각하면 아주 다행이다. 진리탐구가 한번 어떤 진리를 찾아 놓으면 그만인 닫힌 세계가 아니라, 계속 새로 개척하고 재구성해 나갈 수 있는 열린 세계라는 뜻이 되기 때문이다. 이런 한계가 있기 때문에 천동설에서 지동설로, 지동설에서 케플러의 천체역학으로, 다시 케플러에서 뉴턴 역학으로, 뉴턴에서 아인슈타인의 상대성이론으로 과학은 계속 발전해 갈 수 있었다.

실증은 할 수 없고 반증 또는 반증의 반증밖에 할 수 없다는 것은 좀 까다로운 주장이지만, 통계학의 영가설(零假說) 논리에 견주어보면 이해하기 쉬운 주장이다. 예컨대 두 가지 교수법의 교수효과를 비교연구하려고, 지능 수준과 기타 조건들이 비슷한 두 학급에 각각 A 교수법과 B 교수법을 한 학기 동안 실험·실시했는데, 학기말 성적평균이 각각 90과 80으로 10점의 차이가 나왔다고 하자. 소박한 생각으로는 '두 가지 교수법 효과 사이에는 차이가 있다. 따라서 A 교수법이 더 좋은 교수법이다'라고 간단히 결론 내리기 쉽다. 그러나 엄밀하게는 그렇게 쉽게 단정할 수 없다는 것이 영가설의 논리다.

영가설이란, 10점이라는 차이가 나오기는 했지만, 일단 두 교수법 효과 사이에 '차이가 없다'고, 즉 차이가 0이라고 가정하고, 그렇게 차이가 없는 상황에서 순전 우연히 10점이라는 차이가 생길 수 있는 확률이 얼마나 되느냐를 따지는 방법이다. 그럴 확률이 높으면 그 영가설을 긍정하면서 '차이가 없다'고 판정하고, 그 확률이 적으면(흔히 $p < .05$ 수준이면) '차이가 없는 것은 아니다'라고 영가설을 부정하면서

'차이가 있다'고 판정한다. 즉, '차이가 없는 것은 아니다'라는 이중부정으로 차이가 있음을 입증하는 방법이다. 실증은 반증의 반증이라는 말이 된다. 여기에서 이렇게 실증과 반증을 까다롭게 논의한 까닭은 그것이 진리탐구에 많은 시사를 함축하고 있기 때문이다.

우선 그것은 이 세상 삼라만상 뒤에 진리가 꽁꽁 숨어 있는 모양을 암시한다. 나는 실증과 반증에 관한 이런 과학철학의 주장을 들었을 때, 진리들이 여기저기에서 각각 양파처럼 겹겹의 그럴듯한 거짓으로 스스로를 감싸고 있는 모습을 상상해 보았다. 그러면서 진리는 자기를 이용해 먹기 위해 찾아내려는 욕심으로 허겁지겁 접근해 오는 자에게는 우선 맨 밖의 그럴듯한 거짓의 껍데기를 보여주고 그것을 진리로 착각하고 좋다고 떼어 가지고 가게 한다. 한참 후에 그것이 거짓인 것을 알아차리고 다시 접근해오는 자에게는 그 다음 겹의 더 그럴듯한 거짓을 보여주고, 그것을 진리로 알고 감지덕지 가져가게 한다. 그러면서 진리는 좀처럼 그 자신의 아름다운 본연의 자태를 내보이지 않는다. 그것을 나는 진리의 생태학이라고 불러보았다.

아마도 최종의 진리는 영영 내보이지 않고, 삼라만상을 만들어낸 조물주만이 그 자태를 아는 것인지도 모른다. 인간은 '이것이 진리다'라고 선언할 수 있는 길은 없고, 인간이 할 수 있는 일은 그럴듯한 거짓을 잘 살펴서 '이것은 참(眞)이 아니다, 이것도 아니다'라고 제쳐놓고, 그래도 그럴듯해 보이는 것은 '이것은 아직 진리가 아닌 것은 아니다'라고 유보적으로 받아들이면서, 저 속 깊숙이 숨어 있는 진리에 끊임없이 접근해 가는 길밖에 없는 것이 아닐까?

기실 모든 학문의 발달과정은 이렇게 그럴듯한 거짓을 헤치고 또 헤치면서 진리에 더 가까이 접근해 가는 과정을 보여준다. 원소가 근본이라고 생각했는데, 그것이 아니라 원자가 더 근본이고, 다시 그보다 양전자, 전자, 중성자가 더 근본이고, 다시 그보다 쿼크가 더 근본이고, 근자에 극미한 고무밴드처럼 생긴 '스트링'(*string*)이 더 근본적이라는 이론도 나오고 있다.

이런 진리의 생태학은 학문에서 호기심(好奇心)과 회의(懷疑), 그리고 '나는 그렇게 생각하지 않는다'라는 부동의(不同意)와 '이것은 아니다'라는 부정(否定)의 정신이 얼마나 중요한 것인가를 시사한다. 진리의 생태는 이 세상에서 언뜻 보기에 그럴듯한 것 중에는 진(眞)보다 위(僞), 진리보다 거짓이 훨씬 더 많다고 경고한다. 그런 의미에서 학문은 거짓의 바다를 헤엄쳐서 진리의 피안(彼岸)에 가려는 노력과 같다. 그러려면 부동의와 부정의 정신, 그리고 그 동기인 호기심과 회의가 필수다. 이것은 좀 후에 논의할, 학문의 발전에는 어떤 사회적 풍토가 필요한 것인가라는 문제에도 많은 것을 암시한다. 많은 경우에 그런 거짓들은 여러 기존의 상식과 관습, 기존의 권위·권력 체제에 깃들어 있기 때문이다.

진리의 이러한 생태는 학문하는 사람에게 자기의 학문적 소견에 절대성을 부여하지 말고, 언제나 조금은 유보적이고 항상 겸손하고 개방적일 것을 요구하기도 한다. 내가 진리라고 붙잡고 있는 것이 언제 진리 아닌 것으로 판정될 날이 올지 모르기 때문에 항상 더 깊고 더 넓은 진리에 대한 마음의 개방성이 유지되어야 한다. 특히 이견(異見)과 다양성(多樣性)에 대한 개방성이 요구된다. 이견과 다양성 속에는 내가 미처 몰랐던 사실·논거·관점들이 있을 수 있기 때문이다. 철학자 밀(Mill)의 표현을 빌리면, 나의 생각에 대한 이견이나 반론이 옳은 것이라면 그것으로써 나의 생각의 결함을 시정할 수 있고, 그 반론이 옳은 것이 아니라면 그것으로써 나의 생각이 진리임에 더욱 확신을 가질 수 있게 된다. 이 또한 후에 논의할 학문발전의 풍토에 많은 것을 시사한다.

절대주의, 상대주의, 접근주의

진리의 생태학은 한번 진리라고 수용한 이치를, 그 의도와 이상은 보편타당성에 두지만, 현실에서는 문자 그대로 언제 어디에서나 보편타당한 절대진리로는 보지 말자는 것을 시사한다. 사실적·종합적 진리의 한계 때문에 언제 어디서 어떤 그 반증이 성립될지 알 수 없기 때문이다. 나는 진리의 절대주의에 찬성하지 않는다. 이 말은 어떤 한 문화가 다른 문화들보다 절대 우월하다는 문화 절대주의에 찬동하지 않는다는 주장과 같은 맥락이다. 나의 진리가 절대라는 생각은 집단적으로는 우리의 진리가 절대라는 문화 절대주의로 이어지기 때문이다. 서양식 사고방식이 제일이라는 생각, 반대로 동양식 사고방식, 한국식 사고방식이 제일이라는 생각과 같은 절대주의에는 찬동하지 않는다는 뜻이다.

문화 절대주의는 흔히 원시사회 또는 외국문화와 격리되어 있는 사회 또는 외국 문화 제국주의에 위협받고 있는 사회에서 일기 쉽다. 자기가 속해 있는 문화는 사람들의 원초적 자아정체성의 근거가 되기 때문이다. 그러나 그런 문화 절대주의는, 어린아이들이 세상에서 '우리 아빠가 제일'이라고 믿고 있듯이, 덜 성숙된 사조라고 해야 한다. 그리고 정서적 자아정체성(自我正体性)의 필요와 지적 진리탐구의 필요를 혼동해서는 안 된다. 지적으로는 언제나 열려 있어야 한다.

그렇다고 나는 진리의 상대주의(相對主義), 진리란 그때그때 여기저기에 따라 다르고 또 달라야 한다는 주장에도 찬동하지 않는다. 여러 학문영역에서 물리학의 상대성이론을 성급한 해석으로 원용해서 각종 상대주의가 꽤 자주 주장되고 있다. 윤리는 사회에 따라 다르고 달라야 하고, 여러 사회 여러 시대의 문화도 어느 것은 좋고 어느 것은 나쁘다는 식으로 상호 비교해서는 안 되고, 서양의 이론과 한국의 이론은 달라야 한다는 등의 주장이다. 어느 한 시대 한 사회의 진리, 윤리, 미의 기준이 다르고 또 달라야 한다는 주장이다.

문화 상대주의는, 서로 다른 여러 문화와 접촉이 잦아지면 그 상이성(相異性)의 충돌이 빈번해지고 증폭되기 마련인데, 그 충돌을 어떤 모양으로든 극복할 필요에서 흔히 발생한다. 그 공통점·종합점을 찾을 수 있으면 좋으나, 그것이 어려울 경우엔 '내 것도 좋고 네 것도 좋으니 서로 어느 것이 좋다고 싸우지 말자'라는 문화 상대주의가 제일 손쉬운 해결책이 된다. 말하자면 경이원지(敬而遠之)하는 관계를 유지하자는 것이다. 미국 문화는 글렀다고 말하면 충돌이 생기니까 미국 문화도 좋고 한국 문화도 좋다고 보자는 것이다.

그러나 상대주의는 서로 존경(尊敬)하는 것 같지만, 실은 서로 소원(疏遠)하고 따로따로 놀자는 주장인 데에 문제가 있다. 속으로는 상대문화를 멸시하고 그 문화와 섞이지 않으려 하는 점에서는 실은 문화 절대주의와 별로 다를 것이 없다. 서로의 절대주의를 병존시키자는 것에 불과하다.

여러 다른 문화들 속에도 어떤 공통된 것, 보편적인 것이 있게 마련이라는 것이 나의 생각이다. 모든 문화에 다 놀이가 있고 춤이 있고 노래가 있다. 그 노래가 서로 달라도, 노래인 이상 다 박자와 멜로디는 있게 마련이다. 그런 공통·보편적인 것이 문화간 상호 이해의 기반도 된다. 그런 상호이해가 이루어지면 서로의 특수·차이점은 도리어 서로에게 보다 다양하고 창조적인 문화 종합의 씨앗이 될 수 있다.

앞에서 언급했듯이, 서양 영국 옛날의 셰익스피어의 〈햄릿〉이 동양 한국 지금의 우리 가슴에 울려오는 것이 그런 공통·보편성의 증거다. 그리고 1970년대 중반 어떤 한국 작가가 한국 문화를 소재로 한 〈햄릿〉의 번안극(飜案劇)으로 〈하멸 태자〉를 각색해서 큰 흥행을 기록했고, 미국에서도 상연해서 큰 환영을 받았다는 것이 그런 문화적 종합의 예다.

진리추구의 경우도 우리는 매한가지로 추론할 수 있다. 모든 진리의 진술은 진리 생태학의 한계 때문에 절대적일 수가 없다. 그렇다고 진리가 상대적인 것도 아니다. 진리의 정의 자체가 언제나 어디에서나라는 보편타당성을 뜻하기 때문에, 논리상 그것이 여기에서는 맞고 저기에서는 안 맞는 비보편적인 상대적 진리일 수가 없다. 그러나 우리가 실제로 현실에서 포착해내고 주장할 수 있는 진리는 진리 생태의 한계 때문에 절대적일 수는 없고, 그때그때 이곳저곳에서 찾아낸 진리가 다를 수가 있다. 그렇게 다를 수가 있기 때문에 계속적 진리탐구가 가능하고 학문발전이 가능하다.

우리는 역사적으로 여러 시행착오를 거치면서 그 보편타당한 진리에 끊임없이 접근(接近)할 수 있다는 것이 나의 주장이다. 조물주인 신만이 알고 있고 아마도 인간에는 영영 그 궁극적 실체가 드러나지 않을 보편적이며 절대적인 진리에 한 겹 두 겹의 거짓을 벗겨가며 끊임없이 접근해갈 수는 있다는 주장이다. 보편적 절대 진리는 있다. 다만 그것은 신만이 아는 영역이다. 그러나 인간은 그리로 끊임없이 접근할 수는 있다. 이런 주장을 나는 보편주의 또는 접근주의라고 불러본다.

다양하고 복잡하고 때로는 혼돈스럽기까지 한 삼라만상 뒤 어디엔가는 보편적으로 타당한 진리가 있다. 또 있어야 한다. 그러나 그 진리는 인간에게는 완연하고 여실하게 잡히지는 않는 성질을 가지고 있다. 하지만 우리는 그것에 끊임없이 접근해갈 수는 있다. 그런 보편적으로 타당한 진리의 세계가 없다고 믿는다면, 그것은 학문 자체의 부정이고, 학문의 길은 맥 빠진 터덜걸음이 될 것이고, 세상은 이치도 희망도 없는 뒤죽박죽의 세상이라고 체념하게만 될 것 같다. 이것이 나의 '접근주의' 주장의 감정적 이유다. 절대적 진리는 저 깊숙이 있다. 현상세계는 상대적이다. 그러나 우리는 상대를 초극하고 절대에 끊임없이 접근할 수는 있다.

한국의 학계에서도 민족주의라는 이름의 절대주의 또는 상대주의적 주장을 자주 듣는다. 예를 들어, 한국적 이론은 미국적 이론과는 달라야 한다는 주장이다. 이 경우, 미국 이론은 틀렸고 한국 이론만이 옳다고 주장하면 절대주의고, 미국 이론은 미국에 맞고 한국 이론은 한국에 맞는다고 주장하면 상대주의인 셈이다. 그러나 미국에만 적용되고 한국에는 적용되지 않는 이론은 상대적 이론이라기보다는 실은 그만큼 덜 보편적인 좁은 이론일 뿐이고, 한국적이기만 하고 외국에 적용되지 않는 이론 역시 좁은 이론일 뿐이다.

학문하는 사람의 야심은 미국에도 한국에도 오늘도 내일도 될 수 있는 대로 더 넓게 보편적으로 타당한 진리에 접근하려는 일이라야 한다고 나는 믿는다. 나는 진리의 절대주의에도 상대주의에도 찬동하지 않고 굳이 이름을 붙여 보편주의 또는 접근주의를 주장한다.

아인슈타인의 신관(神觀)은 철저하게 이지적인 신관이었다. 그는 그가 발견한(접근한) 기막히게 오묘한 우주의 법칙 그 자체 또는 그 법칙을 있게 한 '창조자'를 신이라고 불렀다. 그의 이지적 신관은 어쩌면 그가 '태초에 말씀이 있었고, 하나님이 곧 말씀이다'라고 한 유태·기독교적 신앙의 전통 속에 있었기 때문이었는지도 모른다. 바이블 요한복음 첫머리에 나오는 구절 중 '말씀'의 원어는 희랍어로 'logos'며, logos는 이치, 논리, 지성 등의 뜻을 담은 단어다. 아인슈타인은 진리의 세계, 이치의 세계가 있다는 것을 믿었고, 그것이 그에겐 곧 하나님이었다.

의미의 망조직

몇 사람들이 하늘에 떠 있는 달을 쳐다본다. 그때 그 달이 사람들 각각에게 연상하게 하는 생각은 사람마다 다를 것이다. 어떤 사람은 그저 밝고 둥근 것 정도로 멍청히 쳐다보기도 하겠지만, 어떤 사람은 '이태백'을 연상하고, 어떤 사람은 그것을 같이 보던 애인 생각을, 어떤 사람은 따고 싶은 둥근 메달을, 어떤 사람은 '구름에 달 가듯이 가는 나그네'를, 배고픈 사람은 빈대떡을 연상하기도 할 것이다. 달은 그저 달만으로 혼자 존재하는 것이 아니라, 그것에 이어지는 많은 연상과 같이 존재한다. 지난날의 경험에서 오는 다른 많은 연상으로 이어져 있다. 그 연상들이 달의 의미(意味)를 구성한다.

나아가 어떤 사람은, 달이 한 달에 한 번씩 지구를 돈다는 것, 달의 인력이 지구상의 조수간만 차이를 만들어낸다는 것, 달이 일식의 원인이라는 것, 달 위에서는 몸이 훨씬 가벼워진다는 것 등을 안다. 달이 그런 여러 현상과 이어져 있다는 것을 알고, 달이 다른 많은 것과 어떤 법칙적 관계에 있다는 것을 그는 안다. 그만큼 그에게 주는 달의 의미가 더 많고 풍부해진다. 달만 아니라, 모든 삼라만상은 다 따로따로 떨어져 있어 보이지만, 실은 다 다른 많은 것에 이어져 있다.

나는 가끔 이런 상상을 해본다. 이 세상의 삼라만상은 잡다하고 변덕스럽고 때로는 불가사의하고 때로는 혼돈스럽지만, 그 뒤에는 질서 정연한 금실 은실로 엮어진 보일까 말까 영롱하게 아른거리는 거대한 그물과 같은 어떤 망조직(網組織)이 감추어져 있다. 그 그물이 법칙의 세계, 진리의 세계, 의미의 세계다. 즉, 그 금실 은실들은 삼라만상의 이 현상 저 현상을 이리저리 잇는 법칙·진리·의미들이다. 그 그물 전체는 한없이 넓게 펴져 있는 투망(投網) 비슷하고, 그 투망의 꼭지 부분에는 어마어마하게 장엄하고 중요한, 아리스토텔레스가 말한 이른바 제일원리(第一原理) 같은 것이 있고, 그 꼭지 자체는 신(神)의 손에 쥐어져 있는지도 모른다는 상상이다.

우리 인간은 그 진리의 세계, 의미의 세계를 알아내려고 무진 애쓴다. 그 금실 은실의 영롱한 실들은 잡힐 듯 안 잡힐 듯 가물거리기만 하고 좀처럼 그 실체를 드러내지 않고, 그저 가끔 감질나게 살짝살짝 비쳐 보일 뿐이다. 그래도 사람들은 그것을 알아내려 하고, 잡히지 않으면 짐작이라도 해야 한다. 우선 가지고 태어난 유난히 큰 두뇌 때문에 어쩔 수 없이 호기심이 많아서 어떻게든 알아내야 한다. 태어나서 정신이 들자마자 주위를 뚫어지게 응시하고 두리번거리는 신생아의 눈이 그것을 말한다. 또한 세상이 어떻게 생겼는지를 알아야 살아가고 살아남을 수가 있다. 불은 뜨겁고, 얼음은 차고, 봄 다음에 여름, 가을, 겨울이 오고, 봄에 심어야 가을에 걷을 수 있다는 것 등을 알아야 '알아서' 처신할 수 있다. 호기심과 실용은 앎, 학문의 두 동기다.

나무가 식물학자에게 주는 의미는 여느 사람보다 훨씬 더 풍부하다. 경제학자에게 주는 경기·불경기의 뜻은 여느 사람보다 훨씬 많다. 그만큼 그들은 더 의미가 많은 세상에서 살고 있는 셈이다. 가끔 미술관에 가보면 추상화가 걸려 있는 경우가 있다. 미술에 별로 깊은 조예가 없는 나에게는 바로 보건 거꾸로 보건 옆으로 보건 도시 무슨 뜻인지 알 수 없는 그림인데, 그 앞에서 아마 미술대학생인 듯싶은 어떤 젊은 학생은 감탄하듯 고개를 끄덕인다. 그에게는 그 그림이 어떤 뜻이 있었으나, 나에게는 전혀 무의미했다. 그 순간 나는 그만큼 무의미한 삶을 살고 있는 셈이다.

나는 학문이건 경제건 기술이건 정치건 예술이건 도덕이건 사상이건, 어떤 영역에서건, 보다 많고 보다 깊은 의미의 세계를 터득하고 있는 사람이 보다 풍부하게 삶을 사는 사람이라고 믿는다. 그것은 문자 그대로 '의미 있는' 삶이다. 우리는 가끔 인생의 뜻이 무엇이며 목적이 무엇이냐, 왜 사느냐고 자문한다. 그 하나의 답을 나는 뜻 있는 삶을 사는 것이라고 믿는다. 그리고 그 뜻 있는 삶이란 될 수 있는 대로 많은 사상(事象)의 많은 뜻, 깊은 뜻을 터득하는 삶 즉 앎의 삶이라고 믿는다. 그것이 뜻 있는 삶의 전부는 아니라 하더라도 적어도 그 중요한 부분이기 때문이다.

동물처럼 먹고 마시고 사랑하고 어울리는 욕구 이외에 가장 인간적인 욕구, 사람으로서의 구실을 할 수 있는 인간적 욕구를 흔히 자아실현(自我實現)의 욕구라고 한다. 자아실현 과정에서 사람은 자신의 사람으로서의 뜻을 발견한다. 앎의 삶은 그 자아실현의 전부는 아니라도 그 중요한 부분이다. 이것은 흔히 '알아야 사람 구실을 한다'는 말을 까다롭게 풀이한 말일 뿐이다.

하나 부언할 것은 앞에서 '의미'라는 말을 많이 썼는데, 보통 쓰는 의미라는 말에는 두 가지 뜻이 있다는 점이다. 어떤 논자는 그것을 의미$_1$과 의미$_2$로 구별하기도 한다. '의미$_1$'은 앞서 논의한 개념의 정의(定義)를 뜻한다. 예컨대 'EQ가 뭐냐'라고 묻는 사람에게 EQ란 정서적 지능, 또는 정서 자제력과 정서 감수성이라고 정의해 주는 경우다. 말 내지 개념 자체의 뜻을 말한다. 그런 의미$_1$, 즉 정의에는 또렷한 것도 있고 희미한 것도 있다. 앞에서도 말했듯이 어떻게 정의하면 그 의미$_1$을 모호하지 않고 또렷하게 정의할 수 있느냐는 자주 거론되는 문제다.

이와 대조적으로 '의미$_2$'는 'EQ에 무슨 의미가 있느냐? 무의미한 쓸모 없는 개념이 아니냐?'라는 질문에 대해서 'EQ는 의미가 있다. EQ가 높으면 학교공부도 더 잘하고, 직장에서도 더 성공한다'라고 대답하는 경우다. 의미$_2$는 한 개념 또는 한 현상이 다른 개념, 다른 현상과 어떤 법칙적 관계(關係)로 이어져 있느냐 없느냐를 묻는 경우다. 잘 상정(想定)된 개념은 의미$_1$이 또렷할 뿐만 아니라, 다른 개념들에 이어져 있는 많은 의미$_2$가 있어야 의미심장한 개념이 된다. 앞에서 자주 쓴 의미라는 말은 거의 다 의미$_2$를 의미한다.

의미$_1$이 또렷해도 의미$_2$는 별 의미 없는 개념이 있다. 다른 것에 이어짐이 없고 쓸모도 없는 개념이다. 즉, 개념의 정의는 또렷한데 다른 것과 별 관계가 없는 경우다. 어떤 사람이 '대뇌지수'라는 개념을 만들어내고, 그것을 두개골 앞뒤 사이 길이와 두 옆 사이의 길이의 비(比)라고 정의했다. 의미$_1$은 아주 또렷이 정의된 셈이다. 그러나 그가 지레짐작으로 앞짱구·뒤짱구가 머리가 좋을 것이라고 생각한 가설은 연구결과 들어맞지 않았다. 이른바 대뇌지수는 IQ도 관계 없고, 공부 잘하고 못하는 것에도 관계 없었다. 대뇌지수라는 개념은 의미$_2$는 없는 무의미한 개념, 하등 쓸모 없는 의미 없는 개념이 되었다.

그러나 반대로 의미$_1$은 모호하고 거의 무의미한데 의미$_2$는 의미가 있는 경우란 있을 수가 없다. 그것은 허깨비 같은 벽돌로 집을 세우려는 것처럼 처음부터 의미$_1$도 없고 의미$_2$도 있을 수 없는 허구에 불과하다. 황당무계한 '이론', '논설'에서 가끔 그런 경우를 본다.

논자에 따라서는 숫자 기호로 구분하지 말고, 의미$_1$은 의미(意味, *meaning*)라고 부르고, 의미$_2$는 의의(意義, *significance*)라고 가려서 부르자고 제안하기도 한다. 어느 쪽을 취하건, 흔히 쓰는 의미라는 말에는 완연히 구분되는 두 의미가 있다는 것은 유념할 만하다. 앎은 두 가지 의미를 다 찾는다.

학문이 추구하는 개념, 법칙, 이론의 세계는 의미의 세계, 의미의 망조직의 세계고, 그것이 동시에 진리의 세계다. 그 속에서 우리는 인간적 자아실현의 기쁨을 찾고, 삶을 살아가는 쓸모 있는 길도 찾아간다.

제 5 장

지식의 보람

우리는 앎을 소중하게 여긴다. 어느 사회든지 어느 사람이든지 거의 다 지식을 좋은 것으로 여기고, 따라서 학문, 교육, 학습을 바람직한 것으로 여긴다. 지금도 여러 나라들이 지식전쟁, 교육전쟁의 시대라고 외치면서, 그 나름으로 학문진흥, 교육개혁에 열을 올린다. 아프리카의 어떤 광산에서 매일같이 힘든 막노동을 하는 초췌한 어떤 소년에게 가장 간절한 소원이 뭐냐고 물었더니, '학교 가서 공부할 수 있으면 좋겠다'가 첫 대답이었다는 애절한 기사를 읽은 적이 있다.

이처럼 모든 나라, 모든 사람이 지식을 가치 있게 여기고 희구하지만, 지식을 왜 가치 있게 여기고, 왜 찾고 얻으려 애쓰느냐라는 지식의 가치관(價値觀)에는 사회나 사람에 따라 꽤 큰 차이가 있다. 우선 지식을 그 쓸모 때문에 찾는 수단적(手段的) 가치관이 있고, 지식을 그 자체가 희한해서 밝히는 내재적(內在的) 가치관이 있다.

지식의 수단적 가치관에는 다시 지식을 출세수단으로 보는 경우와 실용수단으로 보는 두 가치관으로 갈라진다. 나는 이들을 각기 지식의 간판관, 실용관, 희열관이라고 불러본다.

지식 가치관

지식의 간판관(看板觀)은 지식을 사회적 진출, 상승, 출세의 수단으로서 좋은 것, 보람있는 것으로 보는 지식 가치관이다. 앞에서도 예로 들었듯이, 그 대표적인 예가 공자 학당의 3천 제자들이다. 그들은 거의 다 공부해서 벼슬하려고 공자에게 모여들었다. 옛날의 글공부·과거 등과·벼슬이라는 도식에도, 그리고 지금의 입시준비교육·일류대학 합격·출세라는 도식에도 짙게 남아있는 지식 가치관이다. 지식을 출세의 입장권 내지 간판으로 보는 견지다.

거의 모든 사회에서 사람들의 교육 정도 높낮음은 그들의 사회계층 높낮음과 상관이 있다. 교육을 많이 받고 학식이 많을수록 사회적 지위가 높아질 가능성이 커진다. 사회적 상승욕구가 인지상정이라면 이 간판 지식관을 그리 나무랄 것은 못 된다. 더구나 이 현상은 사회적 지위가 세습적인 계급, 가문, 연분 등으로 결정되는 귀속주의(歸屬主義)적 관습보다는 진일보한 성취주의(成就主義)적 사회현상이다.

그러나 지식 간판관이 짙어지면 여러 가지 문제를 수반한다. 우선 지식탐구가 출세에 종속적이 된다는 문제가 있다. 따라서 사회적 상승 내지 출세를 이룬 다음에는 지식의 추구·탐구는 중단하게 된다. 목적을 달성했으면 그 수단은 버려도 되기 때문이다. 거기엔 꾸준하고 진정한 학구의 동기는 형성되기 어렵다. 이것은 학문 발전의 견지에서는 심각한 문제다. '출세'의 자리 또는 그 '입장권'만 얻으면 — 그것이 대학 합격이건, 학사 · 석사 · 박사 학위이건, 교수 자리건, 장관 자리건 — 공부나 학구는 중단되고, 그 흥미도 동기도 사리지기 때문이다. 학문발전은 그 진정한 원동력을 잃는다.

더 심각한 문제는 졸업장, 학위증을 따서 출세만 하면 됐지, 그 졸업장, 학위증을 따기 위해서 무슨 내용의 공부를 어떻게 하는지에는 관심이 별로 없다는 데에 있다. 공부내용이 진부하건 참신하건, 근거 있는 내용이건 황당한 내용이건, 실용성이 있건 없건, 어렵건 쉽건, 아무것이나 잘 외우고 시험 잘 보면 그만이다.

한국의 초 · 중등학교 교육과정은 광복 후 7차나 '개정'했다. 그러나 거기에 실질적 변화가 별로 없었던 것은 그 내용 여하에 대한 심각한 반성과 관심이 없었기 때문이다. 또 한때 학원 데모 시절에는 한 학기 2~3주 강의로도 학점이 나가고 졸업도 했다. 필요하고 중요한 것은 졸업장이지, 공부로 길러지는 실력이 아니기 때문이다. 교육내용, 교육방법에 무관심하다는 것은 곧 교육의 질에 무관심하다는 말이고, 졸업장에 정말 '실력'이 수반되어 있느냐 없느냐에도 무관심하다는 뜻이다.

우리 대학들이 매년 찍어내는 그 많은 학사증, 석사증, 박사증의 질(質)에 얼마나 실(實)이 있는 것인가? 한국 사람은 교육열이 높다고 자찬한다. 그러나 실은 교육열이라기보다 출세욕이라고 해야 한다.

또한 지식탐구가 벼슬추구에 종속되어 있는 상황에서는, 학자를 그의 학문적 성취보다는 그의 벼슬 경력으로써 평가하는 풍조가 생기는 것도 문제다. 대학교수였다가 장관 지낸 사람을 대개 김 장관, 이 장관으로 부르고, 심지어 교수로 복귀한 사람도 김 장관, 이 장관으로 불러야 예의인 줄 생각한다. 그리고 제 2장에서도 언급했듯이, 출세지향 풍토에서는 교육도 학문도 그 독립성을 잃고, 관이 되기 위한, 관을 위한, 관에 종속된 관학(官學)으로 전락할 가능성이 짙어진다는 것이 어쩌면 가장 심각한 문제일지도 모른다.

지식의 실용관(實用觀)은 지식을 그 실제적 쓸모 때문에 소중하게 여기고 추구하는 관점을 말한다. 프란시스 베이컨의 '지식은 힘이다'라는 말이 대표하는 지식관이다. 기실 지식은 힘이다. 지식이 있으면 그것으로써 농사도 더 풍성하게 지을 수 있고, 하늘을 나는 비행기도 만들 수 있고, 달에도 갈 수 있고, 어마어마한 원자탄도 만들 수 있고, 줄기세포로 장기를 만들 수도 있다. 많은 나라들이 교육·학문이 경제발전, 국가발전에 힘이 되기 때문에 그 개선과 진흥에 열을 올린다. 한국도 지금 제반 국력을 더 발전시키려면 교육개선과 학문진흥에 비상한 관심을 아니 가질 수가 없다. 그것이 이 책을 쓰는 이유의 하나이기도 하다.

실용 지식관에서는 아무 지식이나 다 바람직한 것은 아니다. 실제로 쓸모가 있는 실용적 지식, 유용(有用)의 지식을 찾는다. 쓸모가 없거나 없어 보이는 지식은 지식탐구 대상에서 제외된다. 이 점에서는 실용 지식관은 아무 지식이라도 좋다는 간판 지식관보다는 진일보한 것이라고 보아야 한다. 간판보다 '실력'을 찾는다.

이런 지식 실용관에 따르는 교육에서는 실용적인 직업교육·기술교육·실무교육이 강조되어야 한다는 목소리도 높아진다. 정부 연구비도 실용성이 커 보이는 자연과학계, 공학계, 기술계에 쏟아져 들어가고, 인문계, 사회과학계는 등한시된다. 자연과학계에서도 쓸모 없어 보이는 기초연구보다는 곧 쓸모가 있어 보이는 응용연구에 더 치중한다. 흔히 초미의 과제들이 많고, 당장 그 해법을 바라는 단기적 안목의 정책수립자들이 가지고 있는 지식 가치관이다.

그러나 여기에 숙고해야 할 문제들이 있다. 그 하나는 어떤 지식이 무슨 쓸모가 있는 것인지는 사전에 알 수 없다는 점이다. 희한하게도 어마어마한 실용성을 수반하는 지식은 도리어 실용에는 관심이 없고 그저 호기심으로 파고 들어간 연구에서 자주 발생한다. 2차 세계대전 발발 전후 여러 나라 학자들이 폭발력이 더 강한 폭탄을 만들어내려고 무진 애썼다. 그러나 그들 모두를 무색하게 한 어마어마한 '실용성'을 지닌 원자탄의 원리는 그런 실용에는 아무 관심 없이 그저 궁금해서 원자구조를 캐들어 간 원자물리학자들에 의해서 발견되었다.

파스퇴르에 의한 박테리아의 발견도 의료가 목적이 아닌 그저 호기심에 의한 발견이었고, 플레밍에 의한 박테리아를 박멸하는 페니실린 발견도 의료가 관심이 아닌 호기심의 발견이었다. 이 두 발견은 결과적으로 수백만 수천만의 인명을 구해내는 실용성을 발휘했다. 근자에 유전공학이 가공하기까지 한 엄청난 '실용성'을 내비치면서 급속하게 발전할 기세다. 그러나 그 시초는 그런 실용성은 안중에 없이 그저 유전자가 어떻게 생긴 것인지가 궁금해서 파고들어 간 와트손 등 세 학자의 연구에서 이루어졌다.

'필요는 발명의 어머니'라는 말이 있다. 실용적 필요 때문에 촉진되는 실용적 연구도 많은 것은 사실이다. 그러나 그런 실용적 연구에는 대부분 좀 쩨쩨한 것이 많고, 정말 원자탄처럼 경천동지(驚天動地) 할 무서운 실용성을 지닌 지식은 실용에는 관심이 없는 사람들에 의해서 발견된 것이 대부분이다. 예술의 경우에도 예컨대 고려자기의 아름다움은 그릇의 실용에는 관심 없는 사람들에 의해서 만들어지는 것과 비슷하다.

또 하나의 문제는, 수영할 줄 모르는 사람이 깊은 물에 빠지면 지푸라기라도 잡듯이, 실용에 급한 사람은 그럴듯한 허위를 곧잘 진리로 알고 허겁지겁 덥석 잡는 경우가 많다는 것이다. 1970년대에 세계의 폭발적 인구증가를 억제할 수 있는 방책 연구에 세계의 연구기관들이 아마도 수십억 달러의 연구비를 쏟아 부었을 것이다. 그러나 연구 중 정말 인구억제에 실용적이었던 연구는 5%나 될까 말까라고 누군가 회고했다. 95%는 그럴듯하지만, 다 쓸모 없는 지푸라기 연구였다는 말이다.

써먹으려는 연구는 그럴듯한 거짓에 속기 쉽고, 따라서 진리접근에도 한계가 있다는 말이다. 쓸모라는 욕심의 선입견 때문에 시야가 좁아지고 판단이 성급해지기 때문이다.

우리는 여기에서 앞서 언급한 진리의 생태학을 다시 상기하게 된다. 진리는 마치 아름다운 요조숙녀처럼 깊숙한 곳에 숨어 있고, 스스로를 양파껍질 같은 여러 겹의 진리처럼 보이는 그럴듯한 거짓의 장막으로 감싸고 있다. 진리는 자기를 이용하고 써먹으려고 접근해 오는 자에겐 그 그럴듯한 거짓을 진리로 알고 가지고 가버리게 한다. 다만 진리를 그 자체로서 반기고 사랑해서 접근해온 자에게만 하나씩 둘씩 거짓의 장막을 걷어버리고 그 아름다운 자태를 명료하게 드러내 보인다. 그것은 마치 요조숙녀가 자기를 이용해서 치부나 출세하려고 접근해오는 구애자는 역겨워 기피하고, 자기를 그저 자기로서 반기고 사랑하기 때문에 구애하는 자에게 가슴을 여는 것과 같다.

지식의 희열관(喜悅觀)은 바로 그렇게 지식, 진리를 그 자체로서 반기고 사랑하는 지식 가치관이다. 아는 것이 그저 재미있고 희한하고 좋아서 공부하고 연구하는 것을 말한다. 말하자면 진리를 위한 진리탐구, 학문을 위한 학문, 아는 것 그 자체를 위해서 알려하는 것을 의미한다. 공부해서 출세한다, 직업을 얻는다에는 별 관심이 없고, 또는 연구하고 학문해서 나라의 경제발전, 민족의 영광에 기여한다는 '고상한' 생각도 없고, 그저 알아내고 깨닫는 그 자체가 재미있고 즐거워서 연구에 열중하는 경우다.

이런 관점을 흔히 학문을 위한 학문, 국가사회의 현실적 필요를 망각한 현학적(衒學的) 태도라고 비난하는 경우가 있다. 현학이라는 비난은 진리도 아닌 허무맹랑한 '이론'으로 아는 체하고 자랑하는 경우에는 해당된다. 그러나 현학이란 그저 순진하게 궁금해서 세속을 떠나 알려고 캐어 들어가는 공부나 연구에는 부당한 말이다. 희열의 지식

가치관은 커다란 대뇌를 가지고 태어나는 인간의 가장 원초적인 앎의 동기이기 때문이다.

앎의 희열을 일컬어 '유레카(*eureka*) 정감'이라고 표현한다. 앞에서도 언급했듯이, 아르키메데스가 부력원칙을 깨닫고 어찌나 기뻤던지 '유레카! 유레카!', 즉 '알았다! 알았다!'라고 소리 지르면서 거리를 내달렸다는 유명한 이야기에서 나온 말이다. 피타고라스도 그의 유명한 피타고라스의 원리를 깨닫고 너무나 기뻐서 델포이 신전에 양 200마리를 희생물로 바쳤다.

역사상 유명한 발견·발명을 한 사람들은 그 통찰의 순간 다 그런 황홀한 유레카 정감을 느꼈을 것이다. 우리 같은 범인(凡人)도 가끔 '아하!'라고 감탄하면서 무릎을 치는 경우가 있다. 중학교 때 어떤 기하학 문제 풀이를 며칠을 두고 끙끙 궁리하다가 어느 순간 갑자기 해답을 깨달았을 때의 '유레카'는 작은 그러나 짜릿한 유레카다. 유레카, 앎의 희열은 앎의 원동력이다. 아마도 유난히 큰 대뇌 속의 어떤 공허하고 허전한 빈 곳을 채워주기 때문에 느끼는 희열일 것이다.

갓난아이, 어린아이들은 호기심의 화신이고 앎의 화신이다. 잘 먹여주고 입혀주기만 하면 그들이 하는 일은 알려는 일뿐이다. 아이들의 놀이는 어른들 놀이처럼 그저 한가한 소일거리가 아니다. 이것저것 세상의 생김새를 알아내기 위한 그들 나름의 전문적 '직업'이다. 그들이 얼굴에 희색이 만연해지고 좋아하고 깔깔 웃는 경우는 많은 경우 앎의 희열이다.

네 살짜리 아이가 눈 오는 날 밖에서 놀다 집안에 들어오면서 옷의 눈을 털고 있던 중에, 옷에 남아 있는 눈송이를 유심히 들여다보다가 '아빠, 눈이 이렇게 생겼어!'하면서 눈이 휘둥그레진다. 아빠는 확대경을 갖다 주고 그것으로 다시 들여다보라고 했더니 '와아!'하고 눈을 뗄 줄을 모른다. 그것은 앎의 희열이었다. 어떻게 작동하는지 알 수 없는 좀 복잡한 장난감의 조작법을 알게 되면 신이 나서 몇 번이고 반복해

본다. 이 또한 앎의 희열 때문이다.

나는 어린아이의 앎의 욕구와 학자들의 앎의 욕구는 여러 가지 점에서 근본적으로 같고 또 같아야 한다고 믿는다. 우선 아이는 앎의 쓸모를 생각하지 않는다. 잘 먹고 잘 입으면 삶의 실용적 걱정을 할 필요가 없어 앎에만 열중한다. 또 아이들은 선입견이 없거나 적다. 그래서 어린아이 마음에는 어른들보다는 더 사물이 있는 그대로 비친다. 아이들은 먹고살 세상 걱정이 없으니 한가하다. 그래서 세상을 두리번거리고 '연구'에 '전심'할 수 있다.

학자도 매한가지다. 학자도 사물의 쓸모보다는 그 자체를 아는 것이 우선 관심이다. 학자도 먹을 걱정, 입을 걱정이 없어야 한다. 학자도 한가로울 수 있어야 한다. 학문이란 본래 그런 걱정 없는 유한(有閑) 계급의 산물이다. 직장 일에 바쁜 사람도 숨 돌릴 시간이 있어야 책을 읽는다. 학자 자신도 가끔은 집중적 연구에서 벗어나서 푹 쉬는 한가한 시간을 가져야 한다. 이상하게도 그런 망중한(忙中閑)의 시간에 창의적 아이디어가 불현듯 번개처럼 비쳐 오르는 경우가 많다는 것이 창의력에 관한 연구의 한 결론이다.

대개 어른들은 많은 선입견에 젖어 있다. 배웠다, 경험했다는 것 자체가 지식도 기르지만, 동시에 선입견과 편견도 기른다. 한번 배우고 경험한 것은 일종의 선입견과 같아서, 거기에서 쉬 헤어나지 못하게 하는 성질을 가지고 있다. 사회에서 학자의 존재가치의 하나는 그래도 선입견이 적은 층, 때로는 사회 전체가 그리고 자기 스스로도 신봉하는 이론과 믿음에서도 벗어날 줄 알아야 한다는 것이다. 나는 아인슈타인의 사진을 보면 즐겁다. 그는 머리를 아무렇게나 기른 백발노인이지만, 표정은 티없는 동안(童顔)이기 때문이다.

우리는 여기에서 그동안 우리 사회를 풍미해 온 지나친 수단주의(手段主義)적 또는 기능주의(機能主義)적 사고방식을 깊이 반성해볼 만하다. 만사를 그 자체의 재미, 뜻, 가치 때문이 아니라, 그저 치부나 출세 등 어떤 다른 목적의 수단적 가치로서만 좋은 것으로 여기는 버릇을 말한다. 한때 모든 것을 경제발전 수단으로 간주했던 시절이 이런 수단적 사고방식을 더욱 부추겼다. 학문도 기술도 경제발전을 '위하여' 소중한 것이었고, 교육도 행정도 정치도 경제발전을 '위하여' 존재해야 했고, 심지어 윤리도 종교도 경제발전을 '위하여' 쓸모 있는 것은 좋은 윤리고 좋은 종교라는 사고마저 있었다. 그때엔 모든 정신적인 것을 '제 2의 경제'라고까지 부르기도 했다. 앞에서 언급한 지식의 간판관·실용관도 그 수단주의적 사고의 한 경우다.

가히 '위하여 철학'이라고도 부를 수 있는 이 수단주의는 어떤 일을 간절히 추구하는 진정한 내재적(內在的) 또는 목적적(目的的) 동기가 부실하다는 치명적 결함을 내포한다. 예를 들어, 수학을 대학입시를 위한 수단으로 공부하는 학생과 수학이 그저 황홀하게 재미있어서 파고드는 학생과 누가 더 수학 공부의 동기가 강하고, 누가 더 수학에 대성할 것인가? 출세·치부의 수단으로 하는 결혼과 그저 서로 사랑하기에 하는 결혼과 어느 쪽이 제대로 된 결혼인가? 부모의 유산을 위하여 효도하는 경우와 그저 부모가 소중해서 효성을 다할 경우의 어느 쪽이 진정한 효일까? 비록 세속에는 전자의 경우가 많다 하더라도 그것은 도리어 역겨운 일이라는 것은 누구나 공감할 것이다.

수단으로서 하는 행동은 행동 그 자체에 내재하는 목적적 가치를 인정하지 않고, 다른 더 간절한 목적의 수단일 뿐이기에, 수단으로서의 쓸모가 없어지면 언제라도 버릴 수 있는 것, 따라서 그 행동 자체를 추구하는 강인한 내재적 동기는 부실할 수밖에 없다. 이것은 지식추구, 진리추구의 경우도 매한가지다. 수단가치로서의 지식추구는 목적가치·내재가치로서의 지식추구보다 그 동기가 부실할 수밖에 없다.

언젠가 노벨상 사무국 국장이 한국을 다녀간 적이 있다. 귀국 전 기자간담회에서 그는 이런 말을 남겼다.

> 한국도 이만큼 경제발전이 되었으니 과학의 노벨상을 타고 싶은 생각도 있을 것이다. 그러나 노벨상을 탈 수 있는 가장 빠른 길은, 도리어 노벨상을 타고 싶은 욕심을 깨끗이 잊어버리고 그저 과학이 미치도록 재미있어서 밤낮으로 연구실에 파묻혀 있는 사람들을 많이 길러내는 일이다. 그러면 어느 날 노벨상은 자연히 따라온다.

아이러니컬하게도 이 간담회 보도가 실린 신문의 제1면에는, 과학기술부 장관이 하루속히 '노벨상을 탈 수 있게 되기 위하여 이러이러한 정책을 펴겠다'고 대통령에게 브리핑한 기사가 실려 있었다.

《논어》에서 자주 인용되는 공자의 말에 '知之者不如好之者 好之者不如樂之者'라는 말이 있다. '학문을 아는 자는 학문을 좋아하는 자만 못하고, 학문을 좋아하는 자는 학문을 즐기는 자만 못하다'고 풀이할 수 있는 말이다. 학문을 '좋아하는' 것은 그 쓸모 때문이고, 학문을 즐기는 것은 그 자체의 오묘한 보람 때문이다.

심리학에서 동기의 기능적 자율(*functional autonomy*)이라고 부르는 심리기제가 있다. 아이가 처음엔 과자 사 먹는 것이 목적이고 돈은 과자를 살 수 있는 수단이었던 것이 나중엔 돈맛을 알게 되고 돈 자체가 목적이 되기에 이르는 경우다. 또는 처음엔 엄마, 아빠에게서 받는 '잘 하네, 잘 치네!'라는 칭찬 때문에 피아노 연습을 하다가 나중엔 피아노 연주 자체가 재미있어지는 경우다.

이것은 처음엔 수단적·기능적 가치였던 것이 그 자체가 점점 자동적으로 목적적·내재적 가치가 되는 현상이다. 일단 그렇게 기능적 자율화가 이루어진 동기는 강한 집념의 동기로 발전하면서, 당장의 실용과는 거리가 먼 참됨, 선함, 아름다움 그 자체를 추구하게 된다.

지식은 진리이기 때문에 실용적 힘이 된다. 진리가 아니면 힘이 될 수 없다. 그리고 그 힘이 있어 실용적이기 때문에 그 소유자에게 간판·벼슬이 주어지는 것이 순서다. 그러나 거꾸로 간판이 있다고 다 힘이 있는 것은 아니고, 또 힘이 있다고 다 진리인 것은 아니다. 진리는 일단 간판·실용과는 거리를 둔 사람들의 눈에 더 잘 비친다.

이론과 실제

우리는 흔히 '이론은 그렇지만 실제는 달라!', '현실을 무시한 추상적 이론만 늘어놓지 마!', '한국의 현실에 맞지 않는 서양 이론이 무슨 소용이야!', '한국적 이론을 개발해야지!' 등과 같은 언설(言說)을 자주 듣는다. 심하면 학자를 몽상가로 몰고 또는 민족혼 없는 비애국자로까지 비난하는 경우가 있다. 생각해야 할 문제가 많은 언설들이다.

본래 이론이란, 앞에서 논의한 것처럼, 근본적으로 한 묶음의 여러 구체적 실제현상들의 서로 다른 개별적 특수성들은 버리고, 어떤 공통된 일반적이고 보편적인 속성만을 추려서 뽑아낸 것이다. 즉, 개별성·특수성은 사상(捨象)하고, 일반성·보편성만을 추상(抽象)해낸 것이다. 비유하면, 입는 옷도 서로 다르고 몸의 크기와 무게도 다르고 성미도 다르고 종족마저 다른 여러 구체적인 사람들의 잡다한 차이들은 다 버리고, X레이를 비추어 공통·보편적 골격구조만 추려 뽑아 보는 것과 같은 것이 이론이다.

따라서 애당초 이론은 추상적이기 마련이다. 이론을 구성하는 법칙, 개념 자체가 구체 아닌 추상이다. '추상적 이론을 늘어놓지 마!'라는 말은 자가당착이다. 구체적 이론이란 있을 수가 없기 때문이다. 흔히 '추상적 이론'이라는 불평이 실은 '알아들을 수 없는' 이론이라는 뜻인 경우가 많다. 그것은 그 이론이 본래 난삽한 이론이든지, 이론을 주장하는 학자의 설명력이 부족하든지, 또는 듣는 사람의 이해력이 부족하든지 한 경우다. 그도 저도 아니면 애당초 그 이론이 사실과 논리의 세계에 뿌리를 둔 이론이 아닌 허망한 몽상일 뿐이지, '추상적' 이론은 아니다.

이론은 추상적일수록 더 좋다. 사실과 논리의 세계에 뿌리를 두고 있는 한, 이론은 높이 더 높이 추상적인 것일수록 더 넓고 더 많은 현상을 설명할 수 있고, 더 넓고 더 많은 현실에 적용될 수 있는 이론이다. 산이 높을수록 시야가 더 넓어지는 것과 같다. 역학의 법칙, 상대성이론은 전 우주에 적용되고, 진화론은 전 생물계에 적용되고 심지어 사회현상에까지 원용된다.

반면, 이론과는 달리 실제는 언제나 개별성·특수성을 지닌다. 또 그래야 한다. 따라서 그 본질이 추상적 이론을 그대로 실제에 밀고 들어간다고 그것이 현실화되지는 않는다. 골격만인 추상에 다시 적절한 살을 붙이고 옷을 입혀야 한다. 즉, 구상(具象) 또는 구체화해야 한다. 잘못 구상한 경우엔 이론이 실제·현실에 응용되지 못한다. 특수한 현실에 응용될 수 있도록 특수 조건들을 맞추어 입히지 않으면 이론은 현실화되지 않는다. 벗겼던 것을 도로 알맞게 입혀야 한다.

잡다한 사실 세계에서 이론을 추상해내는 데에는 창의성이 필요하다. 반대로 추상적 이론을 현실에 작용하게 하는 데에도 여러 가지 적절한 조건을 구비해내는 창의력이 필요하다. 하나는 추상의 창의력이고 또 하나는 구상의 창의력이다.

예컨대, 미국에서 형성된 교수법 이론을 한국 교실에 실제 적용해 보았는데, 그 이론이 말하는 대로의 학습효과가 나타나지 않았다고 하자. 그럴 경우엔 세 가지 가능성이 있다.

첫째는 그 교수이론이 애당초 어딘지 잘못된 경우다. 그럴 경우 그 이론은 한국에만 아니라 실은 미국에도 맞지 않는 이론 아닌 이론이다. 이 경우엔 뭐가 잘못인지를 밝힐 수 있어야 한다.

둘째는 그 교수이론이 '좁은' 이론일 경우다. 그 이론은 미국 교실 현실에서 추상해낸 것에 그칠 뿐, 한국 교실의 특수사정까지 고려해 넣은 것이 아니기 때문에 좁은 보편타당성밖에 없는 이론이다. 이 경우엔 그 이론이 미국의 어떤 특수사정 때문에 협소한 이론이 되었는지, 또 한국의 어떤 특수사정이 이 이론을 부정(否定)하는 것인지를 밝혀야 한다.

셋째는 이론은 옳은데 그 이론의 구체화·구상·응용·실용에 필요한 특수 조건들을 구비하지 못했을 경우다. 예컨대 아무리 좋고 타당한 교수이론도 교실 학생 수가 과다하다든지, 교사가 그 교수법을 잘 이해하지 못하고 있다든지, 행정 당국이 그 교수법을 교사의 찬의 없이 강요한다든지, 어떤 이유로 교사의 사기가 저조하다든지 하면, 그 효과는 나지 않는다. 이런 경우엔 이론이 잘못은 아니고, 특수 조건 맞춤이 잘못이다.

원자탄 원리는 훨씬 전에 발견되었는데, 그것을 구체화·실용화하는 데에는 허다한 조건들을 구비하기 위해 긴 세월간 수많은 공학도의 창의적 연구가 필요했다. 인공위성을 쏘아 올릴 수 있는 원리도 벌써 옛날에 알고 있었으나, 그것을 실제로 쏘아 올리는 데에는 긴 세월이 필요했다. 그래도 자연과학의 이론을 구상화·실용화하는 일은 사회과학이나 철학의 이론을 구체화·현실화하는 일보다는 '쉬운' 편일 것이다. '덜 복잡하기' 때문이다.

사회현상, 사상(思想)현상의 세계는 한 현상에 수많은 원인들이 관계되는 다원인적(多原因的) 현상이 훨씬 더 많고 더 심하다. '민주주의'의 원리는 꽤 명백하다. 그러나 그것을 현실화하는 데에 수많은 갈등을 겪고 수많은 인명을 희생해야 했다. 모든 이론은 호락호락 응용·현실화되지 않는다. 응당한 창의적 배려가 있어야 한다.

자연과학 영역에는 대개 그것에 해당되는 공학(工學)이 따른다. 화학이론을 응용·현실화하려는 것이 화학공학이고, 전기이론을 응용·현실화하려는 것이 전기공학이다. 이론과 실제를 이으려는 응용의 노력이다. 그 응용의 원리와 기술을 익히기 위해서 대학에 화학공학과, 전기공학과가 있다면, 비슷하게 이론과 실제를 잇기 위한 철학공학과, 역사공학과, 사회공학과, 심리공학과, 교육공학과도 설치해볼 만하다는 이치도 나올 수 있다.

여하간에 우리는 모든 이론은 그대로 직통으로 실제에 응용·현실화되어야 한다고 너무 안이하게 생각하면서, 좀 노력해보다가 안 되면 '이 이론은 글렀다', '세상은 이론대로 안 된다'라고 이론을 힐난하는 경우가 많다는 것은 자성해야 한다. 왜냐하면 이런 잦은 이론 힐난은 그대로 반이론적이고 반지성적(反知性的)인 풍토를 조성하기 때문이다.

확실히 이론은 실제와 다르다. 애당초 이론은 실제에서 추상한 것이기 때문이다. 또 달라야 한다. 달라야 이론은 이론대로 재미있고, 실제는 실제대로 재미있다.

외국 이론은 한국 현실에 맞지 않으니, '한국적' 이론을 연구해내야 한다는 주장을 자주 듣는다. 나는 이에 별로 찬성하지 않는다. 이런 주장에도 생각해 보아야 할 문제가 많다. 어떤 미국 이론이 앞에서 든 세 가지 경우에는 한국에 안 맞을 수가 있다. 그럴 때 그렇다고 한국적 이론을 찾는 것이 반드시 학문의 견지에서 궁극적 대안일 수는 없다. 미국에만 적용되는 이론이 '좁은' 이론이듯이, 한국에만 적용되는 이론도 그만큼 보편타당성이 한정된 좁은 이론이다.

한국 학자의 궁극적 야심은 한국에만 적용되는 한국적 이론이 아니라, 가능한 한 동서고금 여러 나라, 여러 시대에 다 적용될 수 있는 보편적 이론이라야 할 것이다. 지금 여기 한국의 토양에서 연구해낸 이론은 필연 한국적일 수밖에 없다. 그러나 그 이론의 의도만큼은 보편타당성에 있어야 한다. 이왕이면 그 이론이 미국 현실에도 아프리카의 현실에도 그리고 오늘에도 내일에도 맞아 들어가는 보편성이 진리탐구의 이상이다.

가령 어떤 문제에서 한국 이론과 미국 이론이 다를 경우엔, 한국 현실과 미국 현실을 다 포섭하고 설명할 수 있는 보다 보편적인 상위 이론을 연구해내려는 것이 한국 학자의 야심이고 이상이어야 한다. 학문, 이론, 법칙은 보편적으로 타당한 것일수록 학문답고 이론답기 때문이다.

한국적 이론을 세워야 한다는 주장에는 흔히 민족적 감정이 게재되어 있는 경우가 많다. 날마다 외국 이론에 끌려 다니다 보니 민족정체성에 손상이 간다는 감정이 한국적 이론 추구로 이어지는 경우다. 그러나 진리, 이론, 법칙은 보편적 지성(知性)을 만족시키려는 노력이지, 특수한 민족감정을 만족시키려는 노력이 아니다. 낙하의 법칙, 수요·공급의 법칙, 민주주의의 이론이 외국산이라고 무시하면 손해 보는 것은 우리다. 진리인 이상 그것은 민족을 넘고, 한국에서 연구해낸 이론이 보편타당한 진리라면 그것은 한국을 넘어 다른 모든 나라에 적용된다. 그것이 도리어 더 민족적 자랑이 될 것이다.

이론은 철저하게 일반적·보편적인 것이 바람직하다. 반면 그것을 응용하는 실제는 철저하게 특수적·개별적일수록 바람직하다. 학생들을 잘 알아듣게 가르치는 수업이론은 전 세계에 보편화될 수 있는 것일수록 더 좋다. 그래야 전 세계가 그것을 응용할 수 있다.

그러나 한국, 지금 여기에서의 교수방법의 실제는 철저하게 한국 실정에 맞게 한국적이라야 한다. 한국적인 것만으로는 도리어 부족하다. 나아가 '강원도'적이라야 하고, '정선'적이라야 하고, '철수'적이라야 한다. 여러 특수사정에 적합하게 개별적 '옷'을 입혀야 한다.

한국적이라야 한다는 요구는 실제 현실의 세계에서는 철저하게 만족되어야 한다. 그것이 실은 한국적인 것을 주장하는 사람들의 본뜻일 것이다. 한국의 교육이론은 가능한 한 보편적이라야 하지만, 한국의 교육 실제는 철저하게 한국적이라야 한다. 한국의 정치이론은 가능한

한 보편적이라야 하고, 한국의 정치 실제는 철저하게 한국적이라야 한다. 그만큼 실제화・현실화에서는 여러 특수사정을 고려해 넣어서 구체화해야 제대로 이론이 실제화・현실화되기 때문이다.

이론탐구에 필요한 추상(抽象)의 창의력은 학자, 학문하는 사람의 몫이다. 그리고 그 이론을 실제로 현실화하는 구상(具象)의 창의력은 실무가의 몫이다. 두 창의력은 반드시 같지는 않다. 유능한 학자가 반드시 유능한 실무가는 아니다. 또 유능한 실무가가 반드시 유능한 학자는 아니다. 학자가 장관 되고 나서 한두 달 후에 대개 '장관의 일이 그렇게 복잡하고 어려운 줄 몰랐다'고 실토한다. 학자의 본령은 추상이지 구상은 아니기 때문이다. 가끔 두 능력을 겸비한 드문 인재는 있다. 그러나 일반적으로는 서로 거리를 두고 상호작용하는 것이 바람직한 것인지도 모른다. 추상의 학문과 구상의 실무는 각기 그 나름으로 재미있고 도전이고 독특한 보람이기 때문이다.

학문과 교육

학문과 교육, 학문한다는 것과 교육한다는 것은 둘 다 진리를 찾아가려는 같은 뿌리를 가지고 있는 활동으로 보아야 한다. 차이가 있다면, 학문은 학자의 비교적 독자적인 진리탐구고, 교육은 학생이 교수·교사의 지도를 받으면서 진행하는 진리탐구일 뿐이다. 따라서 이 책의 주된 관심, 다음 장부터 논의할 학문 진작의 정신풍토 문제는 한국 교육쇄신 문제에 거의 그대로 적용될 수 있다는 점을 미리 밝혀두어야겠다. 서두에서 대학의 질 저하(低下)는 곧 학문의 질 저하로 이어진다는 점에서 우리의 논의를 시작했다. 대학은 교육기관인 동시에 대표적 학구기관이기 때문이다. 그러나 동시에 초·중등학교 전반의 교육의 질 저하도 학문의 저하와 서로 인과관계에 있다고 보아야 한다.

학문함으로써 새로운 이치를 알아낸다는 것은 자연히 학자에게 그 자신의 종전 사고·행동방식에 변화를 요구하게 된다. '그게 아니구나, 세상은 이렇게 되어 있구나!'하는 사고의 변화와 '그러니 이렇게 해야겠구나!'하는 행동변화도 촉구하게 된다. 교육에서도 역시 학생이 제대로 배웠으면 학생의 사고·행동에 변화가 생기게 마련이다.

철학자 듀이(Dewey)는 "교육은 철학의 시금석이다"라고 말했다. 여러 가지로 해석할 수 있는 말이지만, 그 한 뜻은 어떤 철학사상이 정말 근거 있고 뜻 있는 사상이냐 아니냐는, 그것을 교육에 적용했을 때 내실 있는 사고·행동의 변화를 수반하느냐 못하느냐에 따라서 증명되거나 부정된다는 뜻이다. 이 말에서 듀이는 아마도 '철학'(*philosophy*)을 그 원어인 '애지'(愛知)라는 뜻으로 넓게 해석하고, 거기에 지식 전반을 포함하고 싶었을 것이다. 학문도 교육도 넓은 뜻의 '애지', '구지'(求知)를 뜻한다.

2차 세계대전 때 영국수상 처칠은 "나는 배우기는 좋아하지만, 가르쳐지기는 싫어한다"(*I like to learn but I don't like to be taught*)라고 했다. 이 말은 반드시 '선생이 싫다'는 말은 아닐 것이다. '이래라 저래라, 이렇다 저렇다'고 일방적으로 설교하면서 그것을 강요하는 가르침을 싫어한다는 말일 것이고, 모든 것의 이해에는 반드시 자기자신의 자발적이고 흔연한 깨달음이 선행되어야 한다는 뜻으로 해석해야 할 줄 안다.

교육은 교사·교수의 지도에 따른 '애지'(愛知)고 '구지(求知)'이지만, 그것은 학생이 마치 학자의 독자적 탐구과정과 같은 자발적 '구지'의 동기, 과정, 기쁨을 경험할 수 있도록 진행되는 것이 이상이다. 이런 점에서도 학문과 교육의 뿌리는 같다.

교육은 원칙적으로 전인교육(全人敎育)을 지향한다. 지(知)만 아니라 정·의·체(情·意·體)의 발전도 도모해야 한다. 본래 교육목적도 대개 전인적이지만, 교육이 교사와 학생 사이, 전인과 전인 사이의 인간관계에서 진행되는 활동인 한, 교육의 전인성은 불가피하다. 또한 학문도 지(知)의 추구가 주축이지만, 그 탐구의 동기와 과정에는 정서와 의지와 필연 깊은 관계가 있다는 것도 명백하다. 도리어 학자 또는 학생을 에워싸고 있는 가정, 학교, 대학, 사회 전반의 학문 외적(外的), 교육 외적인 여러 정서적·사회적 정신풍토에 의해서 학문도 교육도 크게 좌우된다는 것이 다음 장으로 이어지는 주제다.

우리는 지금껏 제3, 4, 5장에서 학문한다는 것이 무엇이고, 진리란 무엇이고, 지식은 왜 소중히 여기는 것인가를 논의했다. 그렇다면 그 논의를 전제로 그런 학구활동이 활발할 수 있는 정신풍토는 어떤 것이고, 반대로 학구활동을 저해하는 정신풍토는 어떤 것인지를 밝혀보면서, 우리 학계를 자체 분석하고 자체 성찰해 보아야겠다. 그것이 이 책의 본론인 다음 장부터의 과제다.

제 6 장

앎의 사회풍토

지금까지 안다, 알았다는 것이 뭐고, 진리란 어떤 것이고, 그것이 어떤 보람이 있는가 등을 살펴본 이유는 그 특징들이 그대로 앎의 활동, 학문하는 활동이 지녀야 할 모습을 함축하고 있기 때문이고, 나아가 학구활동을 자극하고 밑받침할 수 있는 사회풍토, 집단풍토가 어떤 것이라야 하는지를 시사해주기 때문이었다. '학문의 조건'을 이루고 있는 사회, 학계, 대학의 그런 정신풍토를 반성해 보려는 것이 이 책의 핵심과제다.

여기에서 안다, 학문한다, 학구한다는 말은 좁게도 넓게도 해석되어야 한다. 좁게는 학문이 전문인 학자의 학구활동도 의미하지만, 넓게는 아이들, 학생들이 배우고 궁리하는 학습활동과 교사들이 학생들을 가르치고 깨우쳐 주는 교육활동도 포함한다. 이런 모든 지적 활동을 밑받침하고 거기에 활력을 불어넣을 수 있는 정신풍토를 지(知), 앎의 풍토라고 불러보았다.

모든 식물은 그것에 알맞은 자연풍토에서만 자라난다. 토질, 햇볕, 기온, 수분이 적절하지 않으면 아무리 좋은 씨앗도 싹트지 못하고, 어쩌다 싹이 터도 자라지 못하고 시든다. 사람들이 하는 여러 가지 활동의 경우도 같다. 학문활동, 예술활동, 경제활동도 그것에 알맞은 사회풍토, 정신풍토에서만 적절한 자극을 얻어 동기도 싹트고 부추김을 받아 활력도 생기고 꽃을 피우고 열매도 맺는다.

아무리 훌륭한 물리학적 소질을 가지고 태어났다 해도 그 소질을 발견해주는 부모, 그것을 길러주는 과학시설이 있는 학교, 그 업적을 알아주고 인정해주는 물리학계, 그리고 그 물리학적 공헌을 높이 평가해주는 사회풍토가 없으면, 그 소질이 꽃피지 못할 것은 당연하다.

창의력 이론을 빌려

우리는 여기에서 그 학구의 사회풍토 또는 지(知)의 사회풍토를 살펴보기 전에, 우선 심리학에서 창의력(創意力)에 관한 근래의 한 주장을 참고해볼 만하다. 더구나 창의력은 지력(知力)의 첨단능력이고, 따라서 학문과 문화발전의 원동력이기에 여기 학구의 논의와도 관계가 깊다.

그 한 주장이란, 창의적 소산은 어떤 개인의 능력, 즉 개인의 '창의력'의 소산이라기보다는 그 개인이 그의 주변 사회와 상호작용하는 '사회과정'의 소산이라는 주장이다. 하버드 대학의 가드너(Gardner)와 시카고 대학의 칙센트미하이(Csikszentmihalyi)가 그 대표적 주창자다. 한 사람의 창의적 소산은 그 '사람'(*person*), 그가 몸소 겪는 직접적 환경인 '현장'(*field*), 그리고 그의 활동분야의 넓은 환경인 한 문화 '영역'(*domain*) 등 이들 셋의 상호작용 결과라는 주장이다.

여기에 '사람'이란 그의 제반 능력, 창의력, 성격 등을 의미하고, '현장'이란 가정, 학교, 대학, 직장 등 그 사람이 직접 상호작용하는 집단이고, '영역'이란 예컨대 미술계, 물리학계 등 한 전문영역 전체를 가리킨다. 사람 자신의 창의력 여하도 중요하지만, 가정·학교·대학의 특징 여하와 좀더 넓은 전공영역 학계, 문화계의 특징 여하가 어쩌면 더 중요하다는 말이다.

많은 영역의 많은 창의적 잠재재능들이 가정에서 부모의 무관심이나 지나친 구속 때문에 자라나지 못하고, 초·중등학교, 대학의 빈약한 학습환경과 척박한 정신풍토 때문에 시들어가며, 그 재능이 꽃피어야 할 특정 학계·예술계·기술계·사업계에 깃들어 있는 각종 장애적인 관례 때문에도 꺾이고 마는 경우가 많다는 것이다. 풍부한 잠재력을 가지고 있는 학자도 그것을 크게 펼칠 수 있는 공간을 얻지 못하는 수가 있다는 말이다. 한국 전체의 여러 창의적 잠재재능의 '풀', 집합은 결코 외국에 뒤질 리가 없다. 문제는 그들에게 어떤 정신풍토가 마련되어 있느냐다.

나도 전부터 창의력이란 개인능력의 문제 또는 그것을 길러내려는 어떤 교육방법이나 훈련절차의 문제이기 전에, 개인이 처해 있는 층층의 사회집단의 '정신적 분위기'의 문제라고 주장해왔다. 따라서 창의력의 출현을 바란다면, 어떤 영재를 발굴해내려 하거나 또는 약삭빠르게 어떤 외견상 그럴듯한 교육절차나 요령으로 창의력을 길러내려고 하느니보다는 먼저 집단의 정신적 분위기를 적절하게 쇄신해야 한다고도 주장했다. 이런 생각은 앞의 심리학자들 주장과 맥락을 같이한다.

다만 나는 환경요인으로서 '현장'과 '영역' 이외에 한 층을 더 상정해서, 보다 넓은 '사회' 전반의 특징도 창의력 논의에 포함시켜야 할 것으로 본다. 대개 사회 전반의 정신풍토 여하가 그 아래의 영역풍토 여하, 현장풍토 여하, 그리고 개인능력 여하도 크게 좌우하기 때문이다.

이 장에서 우리는 왕성한 학구활동에 필수적인 넓은 전반적 '사회'풍토부터 먼저 살펴볼 것이고, 다음 장에서 '영역'풍토에 해당되는 학계(學界) 풍토를 반성할 것이고, 그 다음 장에서 '현장'풍토에 해당되는 대학풍토를 검토할 것이다.

보다 포괄적인 논의를 위해서는 직접적 '현장'으로서 가정과 초·중·고등학교의 정신풍토도 논의에 포함되어야 할 것이다. 가정과 각급 학교에서 이미 많은 기본적인 지적·학구적 적성과 습성이 형성될 것이 명백하기 때문이다. 그러나 이에 관한 논의는 이 책의 주제에서 좀 멀기 때문에 여기에서는 생략한다. 하지만 그 자체는 많은 논의가 필요한 중요한 문제다.

나는 전공이 교육학, 심리학이기 때문에 여러 가지 인간문제, 사회문제의 논의에서 자연히 어쩔 수 없이 '정신적'인 것에 더 초점을 두게 된다. 따라서 다음의 논의에서도 주로 사회, 학계, 그리고 대학의 정신풍토를 주로 성찰할 것이다. 그러나 학문발전 문제의 전반적 고찰에는 제도적 그리고 정책적 측면의 검토도 있어야 한다는 것은 명백하다. 인간의 행동은 정신적 · 심리적 환경만 아니라, 물리적 · 제도적 · 정책적 환경에 따라서 크게 좌우되기 때문이다. 그리고 정신풍토의 개선 자체에도 그런 제도적 · 정책적 요인들이 동원되어야 한다는 것도 명백하다. 그런 제도적 · 정책적 요인에 관한 골격적 제안은 제9장에서 대학 문제를 중심으로 간결하게 정리할 것이지만, 그 전면적 검토는 역시 이 책의 직접 목적은 아니다.

나는 한 사회의 학문발전(*academic development*) 문제는 경제발전이나 정치발전 문제에 못지 않게 중요한 문제라고 믿는다. 따라서 한때 1960~1970년대에 경제발전에 관한 이론과 전략구상이 큰 연구 관심사였던 시절, 학문발전도 그러한 심각한 이론적 전략구상의 연구대상이 되어야 한다고 주장했고, 지금도 그렇게 믿고 있다.

이는 한 나라의 학문수준은 그 정치, 경제, 도의 등의 수준과 더불어 국가존립의 한 초석이기 때문이다. 학문이 기울면 정치, 경제도 기울어지게 마련이다. 현대의 이른바 지식기반사회에서는 더욱더 그렇다. 흔히 교육발전 문제 속에 학문발전 문제가 포함되는 것으로 간주하기도 한다. 둘은 물론 관계가 있지만, 기존 지식의 전파와 새로운 지식의 발견이라는 차이점이 있기 때문에 별도 연구대상이 될 수 있다. 정면으로 이 학문발전 문제 그 자체를 다루는 연구 노력은 아직 우리나라에도 외국에도 없어 보이는 것이 아쉽다.

한때 경제발전 이론에서 자원, 자본, 노동, 기술, 생산조직 등 경제 내적 요인들 이전에 여러 가지 경제 외적(經濟外的) 요인들이 더 중요하다는 이론들이 많이 등장한 때가 있었다. 가장 대표적인 예가 하버드 대학의 교수였던 갈브레이스(Galbraith)의 주장이다.

간단하게 요약하면, 경제가 발전하려면 우선 정치가 안정되어 있어야 하고, 정치가 안정되려면 행정이 효율화되어야 하며, 행정이 효율화되려면 부정부패가 없어야 하고, 부정부패가 없으려면 청렴(淸廉)의 문화가 있어야 하며, 그런 문화를 기르려면 그럴 수 있는 교육이 있어야 한다는 주장이다. 즉, 경제발전에는 정치, 행정, 도의, 문화, 교육으로 이어지는 주로 정신풍토를 함축하는 경제 외적 요인들의 성숙을 도모해야 한다는 말이다.

학문발전에도 학문을 직접 진작하려는 제도, 정책, 각종 지원책보다는 그 이전에 우선 '학문 외적'인 정신풍토적 요인들이 더 중요하다는 추론을 할 수 있다. 쉬운 예로 아무리 재정지원을 퍼부어도 학사가 방만한 분위기, 연구비 횡령이 잦은 분위기에서는 그 효과를 볼 수 없을 것은 뻔하다. 여기 앎의 정신풍토 논의는 학문발전에 필요한 학문 외적 요인의 논의인 셈이다.

여기에서 지금까지 자주 써온 사회풍토, 정신풍토라는 개념을 좀더 분명히 밝혀두어야겠다. 정신풍토를 흔히 쓰는 말로 크고 작은 사회집단의 분위기, 관습, 때로는 전통, 기풍이라고 해도 좋다. 좀더 엄밀하게 규정한다면 한 사회집단의 구성원들이 서로가 서로에게 으레 그렇게 행동하기를 기대하는 역할기대(役割期待) 체제 또는 은연중 그렇게 행동하도록 유인하고 요구도 하는 심리적 압력(壓力) 체제라고 정의할 수 있다.

대학에서 교수는 학생에게 으레 공부할 것을 기대하고, 학생은 교수에게 열심히 알아듣게 강의해 줄 것을 기대한다. 질문하면 친절히 답해줄 것도 기대한다. 그러나 대학에 따라 학생은 공부해야 한다는 기대가 느슨한 대학이 있고 아주 엄격한 대학이 있다. 수업시간에 질문을 많이 종용하고 허용하는 대학이 있고, 그렇지 않은 대학이 있다. 역할기대가 다른 것이다.

앞에서 예를 든 것처럼, 휴게시간에 모이면 교수들이 으레 정치, 영화 등 세상잡사로 잡담하는 것이 보통인 대학이 있는가 하면, 그런 식의 말을 꺼냈다가는 도리어 업신여김을 받으며, 대개는 연구하는 일, 책 읽는 일이 화제가 되는 것이 상례인 대학이 있다. 역할기대의 차이다. 한국 대학에서는 휴게시간엔 교수들이 바둑 두는 것이 상례인 대학도 많다. 그런 각종 역할기대들의 총체가 한 사회, 한 학계, 한 대학의 또는 한 학교, 한 가정의 독특한 역할기대 체제, 분위기, 관습, 전통, 여기에서 말하는 정신풍토를 이루게 된다.

이런 역할기대 체제로서의 정신풍토는 그 사회집단의 목적, 규정, 활동내용, 구조·조직 등 제도적 요인들 여하에 따라서 결정되기도 하지만, 제도적 요인들이 비슷한 사회집단들 사이에서도 그 지도자들의 정책과 지도행위에 따라 크게 달라진다. 특히 이런 정신풍토는 그 집단의 긴 역사 속에서 대부분은 무반성적으로 형성된 것이 많고, 그 중에는 시대착오적이고 역기능적인 풍토도 많다는 것에 주목해야 한다. 이 말은 가끔은 자기 집단의 정신풍토를 스스로 비판적인 눈으로 자기성찰을 해야 할 필요가 있다는 말도 된다.

정신풍토에 관한 이런 해명을 전제로 다음부터 한국 사회에서 사람들의 지(知)가 번뜩일 수 있고 풍요한 학문적 생산을 북돋울 수 있으려면, 우선 사회 전반에 어떤 정신풍토를 조성해야 하는지를 논의한다. 이어 7장과 8장에서 학계와 대학의 정신풍토를 거론할 것이다. 그런 정신풍토의 조성에는 이 나라 각계각층 지도자들의 책임이 가장 크다는 것을 미리 덧붙여둔다.

부동의의 자유

앎의 풍토, 학구의 풍토의 첫 조건은 부동의(不同意)의 자유다. 부동의의 자유란 '어디가 좀 이상하다', '임금님은 그렇게 말해도 나는 그렇게 생각하지 않는다'라는 마음을 품을 수 있고 그렇게 말할 수 있는 자유, 나아가 그 진위를 추궁할 수 있는 자유를 뜻한다.

바이블, 사서삼경, 아버지, 선생님, 전통, 관례, 상식은 그렇게 말해도 또는 모든 사람들이 다 당연하다 여겨도 나는 그렇게 생각하지 않을 수 있는 자유다. 다만, 여기서의 부동의는 어디까지나 지적(知的) 동기에서의 부동의며, 현실적 이해득실이 관계되는 정치적·상업적 동기에서의 부동의를 의미하지는 않는다. 내 '생각'에 맞지 않음이지, 내 뜻에 맞지 않음이 아니다.

여기에 '좀 이상하다'는 것은 어딘지 잘못된 것 같다는 지적 회의(懷疑)의 자유도 포함한다. 회의란 이른바 인지적 부조화(*cognitive dissonance*)를 의미한다. 잘 나가던 음악에서 갑자기 끽끽 소리를 듣는 듯한 지적 불쾌감이다. 또한 어딘지 색다르고 신기하고 궁금하다는 호기심(好奇心)의 자유도 포함한다. 회의도 호기심도 들리는 것, 보이는 것을 당연한 것으로 여기지 않는다는 점에서 같다.

우리는 여기에서 갓난아이, 어린아이는 호기심의 화신이라는 사실을 다시 상기할 만하다. 그 아이들에게는 만사가 신기하고 '이상'하고,

만사가 당연하지가 않다. 그래서 우리는 앞에서 신생아, 유아는 앎, 배움, 학습의 화신이라고 말했다. 그러나 불행하게도 대부분의 아이들은 자라나면서 호기심이 줄어들고, 많은 것이 그저 당연해지기 시작한다. 그것은 한편 부모나 어른들의 가르침, 때로는 그릇된 가르침에 의해서 상식과 관습에 길들여지기 때문이고, 또 한편 그들의 호기심과 회의가 자주 꾸중과 억제를 당하기 때문이다.

배움, 학습, 학구 그 자체는 아이건 학생이건 학자건 언제나 호기심과 회의가 출발점이고 또 출발점이라야 한다. 호기심이나 회의의 작동이 없는 학습은 그저 길들이기고 세뇌일 뿐이다. 거기에 교육과 훈련, 깨닫기와 길들여지기의 차이가 있다. 적어도 학문의 길에 들어선 사람에겐 생애를 통해서 호기심과 회의를 유지한다는 것이 그의 첫 필수조건이라고 해야 한다. 호기심과 회의의 결과는 기존 지식의 재긍정일 수도 있으나, 많은 경우 기존의 것에 대한 부동의, 부정 내지 충돌로 이어진다.

우리는 여기에서 유사 이래 학문발전은 근본적으로 호기심과 회의와 그에 따른 부동의의 자유의 결과인 것을 다시 상기해야 한다. 천동설에서 지동설로, 생물의 창조론에서 진화론으로, 뉴턴의 역학에서 아인슈타인의 상대성이론으로 등 거의 모든 크고 작은 학문발전은 '나는 그렇게 생각하지 않는다'는 부동의와 그 발표의 자유가 이루어놓은 업적이다. 따라서 부동의의 자유는 한 사회에서 사상의 자유, 언론의 자유가 있는 정도만큼 가능하다.

다만, 지적 자유와 행동의 자유와는 엄격히 구분되어야 한다. 지적 부동의가 행동적 반항이나 공격을 의미하지는 않고 의미해서도 안 된다. 밀(Mill)이 그의 저서 《자유론》에서 언론자유에 관해 든 예가 이 점에서 퍽 적절하다. 예컨대 어떤 사람이 '쌀장사는 결과적으로 농민을 착취하는 직업'이라고 말할 수는 있다. 그렇게 말할 수 있는 것이 언론의 자유다. 그러나 그가 어떤 싸전 앞에서 이 쌀장수는 당신들을 착취하는 사람이라고 농민들을 선동할 자유는 없다. 그렇게 선동해도 되는 행동의 자유는 없다는 것이다. 부동의의 자유는 양심, 사고, 발표의 자유를 의미하는 것이지, 어떤 이해득실을 노리면서 긍정이건 부정이건 간에 그의 의사를 남에게 강요할 행동의 자유를 의미하지는 않는다.

우리는 언론의 자유와 행동의 자유의 혼동을, 언론의 자유를 주장하는 사람들도 자주 범하고, 언론의 자유를 억제하려는 독재자나 집단들도 저지르는 경우를 자주 본다. 어떤 국회의원 입후보자가 선량(選良)으로서는 마땅치 않은 사람이라는 의견을 말할 수는 있다. 그것은 언론의 자유다. 그러나 법을 어기면서까지 그의 낙선운동을 할 행동의 자유는 없다. 독재자는 으레 회의, 부동의를 이단시하고 탄압한다. 자고로 독재자는 부동의의 자유를 암처럼 혐오한다. 독재자만 아니라 독재의 관례에 젖은 대중도 그 과오를 범한다.

얼마 전에 어느 대학교수가 '조선이 러시아나 중국이 아니라 일본에 의해서 합병된 것은 도리어 다행이다'라는 말을 했다가 대중의 심한 질타를 받고 급기야 공개사과까지 했다. 나 역시 그의 말은 어불성설이고, 도대체 역사를 어떤 가정(假定)을 가지고 해석하고 어떤 주장을 펴는 것은 금물이라고 믿고 있다. 그러나 그 대학교수에게 그렇게 말할 수 있는 자유는 있다. 그 자유를 대중의 질타와 위협으로 막는 것이나 독재자가 탄압으로 막는 것이나 다 같이 언론탄압이다.

다시 밀(Mill)이 《자유론》에서 말한 "한 사람이 만인(萬人)의 입을 틀어막는 것이 죄악인 것처럼, 만인이 한 사람의 입을 틀어막은 것도 죄악이다"라는 구절이 생각난다. 그러나 다시 밀의 말대로, 이때 언론의 자유는 지적 자유를 의미하는 것이며, 어떤 정치적·상업적 이득을 노리는 행동인 언동(言動)의 자유를 뜻하지는 않는다는 것은 유념해야 한다.

호기심, 회의, 부동의의 자유가 있는 정신풍토에서만 학문은 활발하게 꽃필 수 있다. 그러나 현실은 사회에 따라 그런 자유가 인용(認容) 되고 있는 정도에 차이가 있다. 더 말할 나위 없이, 민주사회는 독재사회보다 그 인용범위가 넓다. 그러나 정체(政體)가 민주주의라는 사회에서도 그 정치와 전통 속에 은연중에 여러 정도의 언론의 부자유가 깃들어 있는 경우가 많다.

역사에는 부동의(不同意)의 자유가 없는 사회에서도 용감하게 이설(異說)을 발설한 사람들이 있다. 그러나 그들은 드문 예외다. 지금 한국 사회의 정신풍토는 그 부동의의 자유의 척도(尺度)에서 어디쯤 있다고 평가할 수 있을까? 나의 평가는 그리 높지가 않다.

은연중 부동의의 자유, 언론의 자유가 금기(禁忌)가 되어 있는 불가침의 사항이 많다. 예컨대 북한의 인권상황 보도는 한국에서는 근자에 금기사항이 되어 있다는 감이 짙다. 그것은 결국은 남한에게도 북한에게도 불행이다. '성급한 통일은 반대한다'는 통일에 대한 부동의도 금기사항이 되어 있다. 그러나 앞뒤를 생각하지 않은 성급한 통일이 도리어 남북에 더 큰 불행일 수도 있다는 경계심은 평화롭고 안정된 통일을 위해서는 필요한 지적 경계다.

학문은 부동의(不同意)의 자유라는 풍토에서만 힘차게 자라난다.

자율의 풍토

자율(自律)의 풍토는 부동의(不同意)의 풍토와 맥을 같이 한다. 사회 전반, 행정, 기업, 금융, 교육 등 제반 활동에서 폭넓게 자율이 인용되는 정도에 따라서만 학문탐구는 활발해지고, 타율(他律)이 심한 정도에 따라서 창의력도 학구욕도 시들어가게 마련이다. 자율은 인간이 자신이 동물임을 넘어서는 한 인간이라는 질감(質感), 한 주체적 존재라는 자긍심을 가질 수 있는 근본조건이고 동시에 지적 탐구의 자발적 동기의 원천이다.

이래라저래라 하는 타율적 명령에 따라서만 움직여야 하는 노예는 하는 일의 재미도 동기도 희박할 뿐더러 근본적으로 무책임·무도덕성의 상황을 초래한다. 주인 명령에 따라 움직이는 노예에겐 책임을 물을 수도 없고 도덕성을 물을 수도 없다. 그 책임과 도덕성은 주인의 몫이다. 교육부의 지나친 관료 권위주의적 타율행정은 교육계, 교사·교수에게 의욕상실과 무책임·무도덕성의 풍토를 만들어냈고, 무성취·무개선의 풍토로 이어졌다. 그것이 지금 한국의 학교와 대학 모습이다. 앞에서도 언급했듯이, 교육부가 대학입시를 좌지우지하는 통에 대학과 교수들은 입시개선 연구에서는 손을 뗐다. 연구할 필요도 마음도 없어졌기 때문이다.

고대 중국은 엄청난 창의적 민족이었고, 아마도 당시 세계에서 인간 문화문명의 선도자였다고 해도 좋을 것이다. 그러나 그랬던 중국이 진나라가, 이어 한나라가 중국을 통일한 이후, 과거(科擧)제도에 기인한 관학관 때문에 중국 문화가 하향 길에 들어섰음을 앞에서 논했다. 그러나 또 하나의 시각에서도 진·한에 의한 중앙집권적 중국 통일은 중국에게 비극이었다. 바로 전국통일 이후 지방제후의 자율을 거세하고 거기에 과거로 선발한 충성된 고급관료를 배치해서 강력한 관료 권위주의의 타율체제가 들어서면서, 중국 역사는 내리막길에 들어섰기 때문이다. 스스로는 중화(中華), 세계 한가운데에 핀 꽃이라고 자랑했지만, 그 후 근 2천 년간 철학사상, 사회사상, 사회과학, 자연과학 등에서 세계문화에 별 공헌이 없었다. 학문이란 위정자의 취향에 맞는 유교교리의 재탕, 삼탕이 그 주종이었다.

오늘날 우리가 여러 영역의 학문에서 본래 한자(漢字)로 된 용어를 많이 쓴다. 철학, 인식론, 물리학, 화학, 경제학, 사회 등 기타 무수한 용어들은 실은 중국 학문의 소산은 아니다. 일본에서 명치유신 이후 서양문물을 수입하면서 일본 학자들이 적당한 번역어를 한자를 빌려 만들어낸 용어들이다.

학문발전은 자율에 정비례하고 타율에 역비례한다. 그러나 역사는 왕국의 독재하에서도 또는 종교의 엄한 금제(禁制)하에서도 학문이 발달한 경우도 많다. 이런 사실을 어떻게 해석해야 하는가?

나는 두 가지로 해석해 본다. 하나는 그 과학자, 사상가들의 타고난 강인한 진리추구의 욕구가 때로는 무서운 타율적 금제와 탄압에도 불구하고 분출하지 않을 수 없었다는 해석이다. 이런 학자, 사상가들은 보기 드물게 용감한 사람들이었다. 그러다 여러 가지 박해도 받고 죽음까지 당하기도 했다. 지동설을 주장하다가 화형까지 당한 브루노(Bruno)가 그 예다. 아마도 예수의 죽음은 그 가장 전형적 사례일 것이다.

또 하나의 해석은, 학자에게 필요한 것은, 반드시 정치적 자유민주체제와 같은 사회 전반의 여러 활동에 걸친 보편적 자율 풍토가 아니더라도, 자기 전문영역의 학구활동에 허용되는 자율이면 된다는 해석이다. 예컨대, 정치적으로는 독재라도 과학자에게만은 무슨 연구를 어떻게 하느냐에 자율을 허용한다면 과학만은 발전할 수 있고, 예술가에게 정치활동은 제약하더라도 예술활동에서만은 무한정의 자율을 허용하면 예술은 크게 꽃필 수 있다. 역사엔 그렇게 어떤 한정된 영역에는 자율을 허용한 임금과 독재자도 있었다.

그러나 아무 박해의 두려움 없이 여러 영역의 학자들이 학문을 만발하게 할 수 있는 것은 역시 전반적 자율·자유를 보장하는 자유민주주의 사회체제라고 나는 믿는다. 이 말은 정치적 자유민주주의가 다른 어떤 정치이념 체제보다 학문발전에 유리한 정신풍토를 제공한다는 말이다. 그 단적인 예를 우리는 지금의 미국에서 볼 수 있다.

19세기까지 또는 20세기 초반까지도 유럽 국가들은 미국을 덜 개명된 이등 국가로 여겼다. 그러나 미국 역사 200년간의 자유민주체제는 자발, 자율, 자유라는 무서운 학문발전의 원동력을 축적했고, 20세기 중반부터 무섭게 융기하면서 지금은 세계인구 5%밖에 안 되는 나라가 세계 GNP의 40%, R&D 연구개발은 45%다. 세계의 저명한 학자들이 '피난'해 들어가면서, 미국 대학은 세계 최상으로 자타가 공인하기에 이르렀고, 노벨상 수상자의 70%가 미국 대학 교수들이다. 자율의 풍토는 학자를 불러들이고 학자에게 정열을 준다.

한국도 헌법상 자유민주주의다. 그러나 자유민주주의는 보통선거만 제도화했다고 이룩되는 것은 아니다. 히틀러나 밀로세비치처럼 민주적 보통선거로 정권은 잡았으나, 그 권력을 무자비한 탄압, 심하게는 '인종청소' 등 온갖 구실로 자율을 제한하는 이른바 '비자유(非自由) 민주주의'(*illiberal democracy*)는 비일비재다. 그것은 결과적으로 독재적 전제주의보다 나은 게 별로 없다. 민주적 선거로 탄생한 정권도 국민의 자율을 제한하는 정도에 따라서 그 나라는 그만큼 비자유민주주의다. 지금 한국은 이 척도에서 어느 지점에 있을까?

지금 한국 정부가 여러 영역에서, 특히 대학을 포함하는 교육 영역에서 자율을 제한하는 비자유민주주의에 가까운 정도에 따라 학문·학구가 자라나야 할 토양은 척박해질 수밖에 없다.

다양의 풍토

여러 가지 서로 다른 사상, 다른 의견, 다른 사고방식, 나아가 다른 종족, 다른 종교, 다른 문화가 허용되고 공존할 수 있는 다양성은 학문발전에 풍요한 풍토를 제공한다. 그런 다양의 풍토는 앞서 논한 부동의(不同意)의 자유와 자율(自律)의 풍토와 그 뿌리를 같이한다. 부동의와 자율을 인용(認容)하면 결과적으로 그 사회는 다양성으로 특징지어질 수밖에 없기 때문이다.

우리는 앞에서 옛날 알렉산더 대왕이 이집트에 세운 알렉산드리아시가 당시 이집트문화, 희랍문화, 아라비아문화, 인도문화, 중국문화 등 다양한 학문·사상·예술의 집산지였고, 문예부흥 시대의 이탈리아 역시 그러했으며, 오늘날 그런 대표적인 사례가 미국이고, 그런 다양성이 한층 더 풍성한 학문·사상·예술의 발전을 자극했다는 것을 언급했다.

애당초 그 옛날 각기 이집트문화, 중국문화 등으로 이름지을 정도로 독특하고 화려한 문화를 이룩하게 된 것 자체가 각기 그 나름으로 당시 주변의 다양한 문화들이 집산한 데에서 비롯했을 것이라고 추측해 볼 수도 있다. 자고로 인간의 문화문명은 여러 부류의 사람들이 모여드는 도시를 중심으로 형성되고 발전했기 때문이다.

생물의 경우 근친교배(近親交配)는 열등과 퇴화를 낳기 쉽다는 원리는 문화발전과 학문발전에도 그대로 적용된다. 또 환경론자들은, 다양한 생물들이 서로의 오묘한 상호 의존관계 속에서 서로의 개체생존과 종족번식을 기약할 수 있는 생물 다양성이 건강한 생태계의 지표라고 주장한다. 그 주장은 그대로 문화·학문의 발전에 적용된다.

문화 다양성은 건강한 문화의 지표다. 우리는 가끔 한민족은 단일민족이라고 자랑한다. 그러나 단일민족이 나쁠 것도 없지만, 앞에 든 다양성 원리로 본다면 반드시 자랑할 것만은 못 된다. 기실 한민족은 이미 종족적으로도 여러 피가 섞여 있고, 문화적으로도 동일성은 있지만 다양성도 현저한 것이 우리 한국의 현재다. 이 세계에서 생존하고 발전하려면 문화 다양성의 포용은 필수다.

학문·사상·예술·기술의 첨단은 창의력이 열어간다. 그래서 여러 곳에서 창의력을 희구한다. 그 창의력은 다양의 풍토에서 더 활발하게 발현한다. 창의력은 이질(異質)과의 접촉에서 싹튼다. 창의(創意)라는 개념 자체가 종래에 없는 색다른 아이디어라는 뜻이다. 여러 다른 생각과 자주 접해보아야 색다른 생각을 할 생각도 생긴다.

다양한 색다른 사상, 색다른 사고방식, 색다른 접근방법에 접한다는 것은 나의 선입견을 성찰할 수 있는 기회를 준다. 대부분의 경우 문제가 풀리지 않는 것은 선입견 탓이 많은데, 다른 문화와의 접촉은 그런 선입견을 스스로 통찰할 수 있게 일깨워준다. 뿐만 아니라, 전에는 생각하지 못했던 새로운 착상의 계기도 마련해준다. 우리가 유학 또는 관광·시찰로 외국을 다녀오면, 그 경험이 우리 자신을 좀더 객관적으로 들여다볼 수 있게 하고, 전에 없던 여러 생각에 잠기게 하는 심리와 비슷한 기제다. 비단 외국 문물만 아니라, 가끔 전공 외의 다른 영역을 '산책'해보는 경험은 자주 창의적 착상을 돕는다. 다윈이 맬서스의 《인구론》을 읽는 도중에 진화론 중 한 개념에 착상하게 되었다는 것이 그 예다.

그러나 다양성은 화려한 무늬모양처럼 아름답고 희한하기도 하지만, 때로는 너무 무질서하고 어지럽고 혼돈스럽게만 보이는 경우도 많다. 사람들은 다양과 변화도 바라지만, 동시에 어떤 동일성, 항상성, 안정성도 바란다. 특히 어떤 사정 때문에 불안에 처해 있는 사회에서는 더욱 그렇다. 독재사회, 권위주의 사회에서는 자율과 부동의의 자유를 혐오하는 것처럼 다양성도 싫어한다. 권위주의 사회에서는 한국 대학의 입시제도처럼 다양성 대신 획일성이 자리잡는다. 그러나 그렇게 획일이 특징인 사회에서는 창의는 있을 수 없고, 창의가 시들어 있으면 학문진전도 바라기 어렵다는 결론이 나온다.

다양의 사회는 열린 사회, 개방사회다. 다른 문화, 다른 종교, 다른 사상을 허용한다는 것은 문을 열고 그것을 받아들인다는 것을 뜻하기 때문이다. 열린 사회란 조선조 말기처럼 외국문물을 배척하고 유교교리 이외는 다 사문난적, 이단사설로 몰았던 쇄국주의 사회는 아니다. 그때의 쇄국주의는 개항·개국 이후 달라졌고, 지금 한국은 그런 쇄국주의 사회는 아니다. 그러나 그때 쇄국주의의 잔영(殘影)인지 아니면 역사적으로 수많은 외침과 사생결단의 당쟁을 겪으면서 길러진 경계심 때문인지, 우리에겐 개방성보다는 폐쇄성이 아직도 더 짙어 보인다. 밖으로 외국과 그 문물에 대한 대외적 폐쇄성만 아니라 안에서 끼리끼리의 대내적 폐쇄성도 짙다.

대외적 폐쇄성은 흔히 지나친 민족주의의 기치로 주장되면서, 극단의 경우 개방론자를 반민족적이라고까지 비방한다. 그러나 우리는 지나친 폐쇄적 민족주의가 조선을 망국으로 몰아갔다는 사실은 명심해야 한다. 폐쇄적 민족주의는 학계에서 외국이론의 수입을 비난하고 '한국적' 교육학, 한국적 정치학 등 한국적 이론을 개발해야 한다는 한국화의 기치로 주장되기도 한다. 한국적 이론은 결국 '좁은' 이론일 뿐이고, 학문의 본래 목적은 가능한 한 보편적으로 타당한 이론이라는 논지는 앞장에서 밝힌 바 있다. 국가의 안녕을 위해서도 학문 본지(本

旨)에 비추어서도 지나친 폐쇄적 민족주의는 이로울 것이 없다.

대내적 폐쇄성은 어쩌면 아직도 조선의 사색당쟁, 당동벌이(黨同伐異), 패끼리는 뭉치고 다른 놈들은 친다는 조선조의 잔영으로 우리에게 짙게 남아 있는 것인지도 모른다. 광복 후 60년, 지금까지도 사라지지 않는 이른바 지역감정이 그 대표적인 예고, 정당들은 불구대천의 적처럼 상호비방에 시종하는 것도 그 예다. 우리의 관심사인 학계에서도 여러 유형의 폐쇄성이 심하다. 이 점은 좀 후에 다시 반성할 것이다.

다른 국가적 필요는 차치하고, 학문발전이라는 필요 앞에서는 우리의 지나친 민족주의적 대외 폐쇄성과 당동벌이의 대내 폐쇄성은 기필코 극복되어야 한다.

지금까지 논의한 부동의의 자유, 자율, 다양성의 풍토는 주로 이 나라의 현존 정치체제와 이 나라의 각계 지도층, 특히 정치·행정 집권층의 통치행위 여하에 따라 크게 좌우되고 좌우될 수 있는 풍토다. 따라서 이 문제는 누구보다도 먼저 집권층의 과제다. 이에 비해서 다음에 논할 두 풍토, 질서세계관과 합리주의는 비교적 정치 외적인 사회문화적 풍토다. 지적 활동을 정당화해주는 한 사회의 형이상학적 풍토라고 해도 좋다.

질서세계관

학문 탐구는 보편적 이치 또는 법칙의 탐구다. 따라서 이 세계의 삼라만상들이 때로는 혼돈스러워 보이지만 그 뒤에는 어떤 법칙, 어떤 이치, 어떤 질서가 있다는 것을 믿어야 학문이 가능하다. 즉, 그러한 바로 질서세계관(秩序世界觀)이 학문을 가능하게 하는 한 기본적인 형이상학적 전제다.

견디기 힘든 고난을 자주 겪으면, 도대체 '이 놈의 세상 왜 이러나?'라는 한탄과 더불어, 이 세상은 종잡을 수도 없고 기댈 수 있는 질서도 없는 막돼먹은 세상으로만 보일 수도 있다. 이것은 혼돈(混沌)세계관이다. 그런 전제에서는 이치나 법칙을 찾으려는 학구적 노력은 생겨날 수가 없다. 그렇게 이 세상엔 이치가 없다고 체념할 경우 흔히 기대는 곳이 하느님이고 신령님이고 무당이고 갖가지 운명론이다.

어떤 대학교수라는 사람이 '한국 정치나 한국 교육에 무슨 이론이 필요 있어? 그저 다 될 대로 되어 가는 거지!'라고 푸념하는 것을 들은 적이 있다. 한국 정치도 한국 교육도 하도 문제만 산적해가고 여러 학자들이 머리를 짜내도 별 해결책이 보이지 않으니 그런 푸념이 나올 만도 하다. 그러나 그 푸념 그대로라면 그는 혼돈세계관에 빠져 자기의 본업인 학구의 가능성을 스스로 부정하는 자가당착을 범하고 있는 셈이다.

아무리 어렵고 문제가 안 풀려도 어디엔가는 한국 정치, 한국 교육을 지배하고 있는 어떤 법칙, 어떤 이치, 어떤 질서가 있다고 믿고, 언젠가는 그것을 찾아낼 수 있을 것이라는 신조를 전제해야 학문의 길이 가능하다.

희랍신화에서는, 태초에 세계는 무법칙 · 무질서의 그야말로 혼돈(*chaos*)의 상태였는데, 거기에 일종의 불꽃과 같은 이치(*logos*)가 작용해서 삼라만상들이 지어져 나오면서, 어떤 질서가 깃들어 있는 이 우주(*cosmos*)가 만들어졌다고 보았다. 따라서 이 우주의 삼라만상은 언뜻 혼돈으로 보이면서도 그 속에는 이치가 숨어 있다고 믿었다. 혼돈스럽고 변덕스러운 잡다한 현상 뒤 어디엔가 질서 · 법칙의 세계가 있다는 신화다. 삼라만상 뒤에 그런 법칙 · 질서가 있다는 신념은 앞장에서 언급한 '금실 은실의 의미의 망조직'이 있다는 상념과 맥을 같이한다.

이치, 즉 logos는 세계질서의 원동력이다. 그 logos라는 개념을 플라톤은 '관념'의 세계에, 아리스토텔레스는 '제1원리'에 원용했던 셈이다. 많은 학문의 영어 이름에는 physiology, sociology, psychology 등 -logy라는 어미가 있다. 그것은 logos, 이치와 동의어다.

유태교와 기독교에서는 logos가 이치도 되고 하나님의 말씀도 되고 하나님 그 자체가 되기도 한다. 바이블 요한복음의 첫머리에 "태초에 말씀이 있었으니, 말씀은 하나님과 같이 있었고, 말씀이 곧 하나님이셨다. 그가 하나님과 같이 있었고, 만물이 그로 말미암아 지어졌고, 하나도 그가 없이 된 것은 없느니라"라고 적혀 있다. 여기에 '말씀'은 곧 logos, 이치를 뜻한다. 삼라만상은 logos, 이치로 만들어졌다는 신조가 담겨 있다.

나는 천학의 탓으로 확연하게 이해하고 있지는 못하나, 중국 사상에서 logos와 비슷한 신조가 담긴 개념으로 성리학(性理學) 이기론(理氣

論)의 理를 들 수 있을 것 같다. 理자는 사전에 보면 '이치', '다스린다', '바르다'라는 뜻을 담고 있다. 공자는 이런 형이상학보다 인간윤리가 주관심이었고, 도리어 노자의 '도'(道)가 이에 가까울 것 같으나 또렷이 질서세계관의 신조를 드러낸 글귀는 찾기 어렵다. 다만 그의 《도덕경》에 천도무친(天道無親), 천지불인(天地不仁)이라는 말, 나대로 해석하면 하늘의 도는 인간에게 친하거나 안 친하거나가 없고, 이 세상 이치는 반드시 인간에게 인자스러운 것은 아니다라는 말이 있다. 나는 이 말이 하늘의 도, 즉 법칙은 인간의 구미와 관계없는 독립적·객관적 존재라고 보면서 어떤 법칙의 세계가 있다는 것을 암시하는 것으로 느껴진다. 그 '도'에 따라 '만물이 생겨난다'(萬物作)는 암시도 있다. 흔히 《주역》(《周易》)이 심오한 형이상학을 담고 있다고 말한다. 이것도 천학의 탓일까, 나에겐 어쩐지 주역의 글들은 논리의 세계와는 거리가 있어 보인다. 혹 64개의 괘(卦)를 풀이한 공자의 계사(繫辭)가 어떤 법칙을 담고 있는 것일까? 그렇게 해석하기엔 그 계사들은 철학적이기보다 문학적이고 낭만적인 것으로 느껴진다.

혹시 현대적 의미에서의 철학, 사회과학, 자연과학이 서구에서 왕성하게 발달했고, 중국 그리고 덩달아 동양 전체에서는 훨씬 낙후된 데에는 이런 질서세계관의 분명한 신조가 흐렸던 탓이 있지는 않았을까? 가부간에 질서세계관은 학문적 탐구를 뒷받침하는 형이상학적 신조다. 그것 없이는 학문적 탐구는 그 원동력을 잃는다.

합리주의

합리주의(合理主義, *rationalism*)는 학문적 탐구의 또 하나의 기반이라고 나는 믿는다. 합리주의란 인간의 이성(理性)이 그 많은 취약성에도 불구하고 질서·이치·법칙의 세계를 알아낼 수 있고 적어도 거기에 접근할 수 있다는 신조라고 정의해두자.

합리주의는 서구에서 18세기 중엽을 중심으로 하는 '계몽(啓蒙)의 시대' 또는 '이성의 시대'를 풍미한 사상이다. 뉴턴, 데카르트, 베이컨, 로크 등이 그 계몽사상을 선도했고, 몽테스키외, 볼테르, 루소, 칸트도 동참했던 한때의 시대적 풍조였다. 인간 이성의 능력에 대한 거의 절대적인 신조가 그 기조였다. 어느 사회학자는 특정한 사회에서 학문이 가능하려면 어느 정도의 '사회의 각성'(*disenchantment of society*)이 필수라고 했다. 사회 전반이 어느 정도까지는 신화, 미신, 관습, 상식 등에서 벗어나 있는 최소한의 합리주의는 있어야 한다는 말이다.

그러나 합리주의적 계몽사상은 19세기에 들어서면서 각양각색의 도전을 받기 시작한다. 그 도전의 주조(主調)는 인간이란 이성만 아니고 감정도 중요하고, 합리만 아니라 불합리하게도 행동하며, 이성 자체도 그렇게 만능은 아니라는 주장이다. 이런 주장을 통틀어 탈근대주의(*post-modernism*)라고 부르며, 신비주의, 낭만주의, 인상주의, 초현실주의, 실존주의, 주정주의, 상대주의 등 철학, 문학, 예술 등 여러 영역에서 쏟아져 나온 반합리주의 주장들이 그것이다. 여러 포스트모더니즘의 주장엔 그야말로 일리가 있다. 확실히 인간에겐 이성만 중요한 것이 아니고, 지·정·의·체(知·情·意·體)가 다 중요하다. 또 이성적으로만 행동하는 '이성의 동물'인 것만은 아니고, 그 이성 자체도 그리 완전무결한 것은 아니다.

그렇다고 해서 인간이 이성적 동물이 아닌 것은 아니다. 그의 이성이 완전무결하지 않고 온갖 취약점을 가지고 있으며, 합리적 이성이 모든 진리와 진·선·미를 다 파악할 수 있는 것도 아니지만, 그래도 이성과 합리가 능히 할 수 있는 범위 내에서는 확실히 진리를 탐구하고 진리를 파악하고 진리에 접근할 수 있다는 것이 우리 자신의 확실한 주관적 경험이다. 그리고 바로 그런 지적 성취가 자연과학을 비롯한 여러 학문에 축적되어 있다는 것도 엄연한 사실이다. 그런 진리탐구의 정열을 지속해야 하는 한, 우리는 그 한계는 인정하면서도 이성과 합리주의의 타당성은 믿어야 한다는 것이 나의 주장이다.

여러 형태의 포스트모더니즘이 지나치게 합리주의를 배격하면 그것은 곧 반지성적(*anti-intellectual*) 풍조를 낳고, 나아가 세상은 제멋대로 생겼다는 혼돈세계관으로 이어지면서, '막돼먹은 세상, 될 대로 되라'라는 자포자기의 사회풍조를 낳을 수 있다. 바로 그것이 19세기 말의 이른바 '데카당스'(타락) 풍조였다. 나는 지나친 포스트모더니즘에는 반지성적인, 따라서 학구를 무디게 하는 경향이 있다고 본다.

합리주의는 인간 지성의 힘을 믿는다. 이 말은 동시에 인간주체관(人間主體觀)과 뿌리를 같이한다. 인간은 스스로의 힘으로, 즉 주체적·능동적으로 삼라만상의 이치를 알아낼 수 있다는 신조, 그리고 인간은 그 이치에 따라 스스로의 운명을 스스로 개척할 수 있다는 신조를 인간주체관이라고 불러본다. 인간이란 인간이 알아낼 수 없는 어떤 초자연적 힘에 의해 운명적으로 좌우되고만 있는 존재가 아니라, 세계를 움직이는 힘, 질서, 법칙을 알아냄으로써 스스로의 운명을 스스로 결정해갈 수 있다는 신조다. 이 신조도 형이상학적 색조를 띤 신조다.

역사가 사람을 만드느냐 아니면 사람이 역사를 만드느냐는 흔히 좋은 논쟁거리가 된다. 실제엔 아마도 그 둘이 다 진행되면서 상호작용하는 것으로 보아야 할 것이다. 그러나 어느 쪽을 더 믿느냐는 역사관·세계관의 문제일 것이다. 인간주체관은 사람이 역사를 만든다는 쪽의 신조에 더 무게를 둔다. 누군가의 말대로 '역사의 곡선은 인간의 곡선이다'라는 신조다. 그래서 인간은 그 온갖 취약성에도 불구하고 주체적·능동적으로 진리를 알아낼 수 있는 존재라는 신조다.

지금까지 논의한 지적 사회풍토는 사회 전반을 특징짓는 정신풍토다. 그에 따라 그 사회 전반의 지적 활동이 풍요해지기도 하고 빈약해지기도 하는 전반적 정신풍토다. 그리고 그 전반적 사회풍토는 그 사회의 각 영역, 각 집단의 정신풍토를 크게 좌우하며, 특히 다음에 논의할 학계풍토와 대학풍토도 크게 규제하는 힘을 가지고 있다. 따라서 우리가 진정 한국의 학문발전을 바란다면 사회풍토 전반의 개선책도 숙고해야 할 문제다. 재언컨대 책임은 우선 이 사회 지도층의 몫이다.

제 7 장

학계 풍토

한 사회에는 학구(學究)가 전문직업인 사람들이 있고 또 그 사람들의 조직들이 있다. 그것을 통틀어 학계(學界)라고 불러본다. 대학교수와 대학, 연구원과 연구소, 각종 학회(學會) 등이 이에 포함된다. 그 외에도 스스로 지식 생산과 전파에 관여하고 있다고 생각하는 사람들과 그 단체는 다 학계의 일원인 셈이다.

이런 학계에도 지난 세월에 길러진 어떤 정신풍토가 있고, 그것이 그들의 학구행위에 상당한 영향을 준다. 이 중 대학의 문제는 다음에 따로 논의하고, 이 장에서는 보다 넓은 학계 또는 학회의 문제를 생각해 본다. 특히 각 학문영역의 학회는 전공을 같이하고 자주 회동도 하는 학자들의 집합적 조직이라는 점에서 그 분위기, 관례, '전통'이 어떠하냐는 회원 학자들의 학구활동 여하를 크게 방향짓는다.

앞에서 언급했듯이 1960년대 후반과 1970년대 초반에 걸쳐 세계적으로 그리고 한국에서도 경제발전을 위시한 여러 발전의 문제가 최대의 시대적 관심이었다. 경제발전만 아니라 정치발전, 행정발전, 교육발전이라는 개념, 심지어 발전가치관, 발전윤리라는 개념까지도 등장했다. 나는 그때 학문발전 문제도 심각하게 다루어져야 한다고 주장했고, 이 문제에 관해서 국내·국제의 세미나에서 몇 번 발표도 했다. 그러나 어쩐지 학문발전 문제는 그저 교육발전, 대학발전이라는 문제의 논의에 곁들여 간접적으로 조금 다루어졌을 뿐, 그때 이후 지금까지도 우리 사회에서 그 개념, 이론, 전략, 그 어느 것도 심도 있게 논의해야 할 주제로 여겨지고 있지 않다는 느낌이 짙다.

나는 학문발전의 문제는 그 자체로서 정면으로 다루어야 할 중요한 문제라고 믿는다. 여기 논의는 이 문제에 관해 주로 정신풍토라는 관점에서 본 나의 생각이다. 다만 여기 논의와 비판은 일반적인 것이고, 각 학회에 따라 그것이 적용되는 경우도 있고 적용되지 않는 경우도 있을 것이라는 단서는 적어두어야겠다. 도리어 나는 여기 비판이 적용되지 않는 학회가 많기를 바란다.

학적 업적 대 학외적 업적

더 말할 나위 없이 학자의 학적(學的) 업적이란 그의 영역에서의 진리·법칙·이론의 발견이고 그것을 발표하고, 그 수긍성·타당성·참신성에 따라 평가받는 실적의 축적이라야 한다. 학자는 원칙적으로 그런 학적 업적에 따라 서로 평가하고 평가받고 인정받고 '칭송'도 되어야 한다는 것은 당연한 일이다. 그런 학적 업적을 쌓는 일이 그의 본무이기 때문이다. 그러나 우리 학계풍토, 그리고 넓은 사회풍토도 그런 학적 업적 내지 학적 수월성보다는 여러 학외적(學外的) 업적의 출중성에 따라 학자를 평가하는 풍토가 짙다. 그런 정도에 따라 학자는 학문탐구보다는 학외적인 일에 더 열중하게 된다는 것이 문제다.

우선 관변(官邊) 기타 여러 기관의 '벼슬'에 따라 학자를 평가하는 풍조가 너무 짙다. 벼슬은 그것이 아무리 긴요한 일이라 해도 학자에겐 학외적인 일인 것은 명백하다. 그래도 학자 중에는 기회만 있으면 벼슬하려는 사람이 꽤 많고, 남들도 그렇게 벼슬한 학자를 더 드러내고 더 인정한다. 옛날에 장관을 지냈다가 현직교수로 돌아온 사람에게도 거의 반드시 '김 교수'가 아니라 '김 장관'이라고 부르는 풍조 뒤에 그런 풍토가 엿보인다. 하다못해 대학 내에서도 학장 또는 학장을 지낸 사람까지도 공석상이 아닌 사석에서도 김 선생, 김 교수가 아닌 김 학장으로 부르고 불러주기를 바라고, 그러지 않으면 '실례'로 알고 '불쾌'하게까지 여기는 풍조도 없지 않다. 강연 모임에서 강사 교수를 청중에게 소개하고 칭송할 때에도 대개 어떤 연구를 하고 어떤 책을 써낸 사람이라는 소개보다는 무슨 학장, 무슨 총장, 무슨 장관을 지낸 사람이라는 소개가 앞선다.

학자가 어쩌다 학장, 총장, 장관 기타 어떤 벼슬을 할 수는 있고, 해야 할 때도 있다. 그러나 그것이 학자의 본분은 아니고 학적 업적도 아니다. 그렇게 벼슬에 있는 학자가 흔히 속으로는 자랑으로 여기면서도 겉으로는 '외도해서 미안하다'고 말하듯이, 그것은 확실히 학자로서는 외도다. 총장, 장관으로서 아무리 훌륭한 업적을 이룩했다 해도 그것이 학자로서의 학문적 업적은 아니다. 도리어 학문은 그동안 후퇴하는 셈이다. 학문이란 벼슬하기 위해서 하는 것이라는 옛날 관학관(官學觀)의 긴 그림자가 지금도 드리워져 있는 풍토다.

지난날의 역사를 청산한다는 것은 그렇게 어려운 일인 모양이다. 그러나 학문발전을 위해서는 어떻게든 청산해야 할 풍토다. 왜냐하면 학자가 벼슬하는 동안에는 필연적으로 그의 학구는 중절상태에 들어가게 마련이고, 그에 의해 더 축적될 수도 있었던 학계 전체의 학문적 축적도 그만큼 빈약해지기 때문이다.

우리는 앞에서 학문에는 추상(抽象)하는 창의력이 필요하고, 실무에는 구상(具象)하는 창의력이 필요하다고 했다. 그리고 추상의 창의력 소유자가 반드시 구상의 창의력 소유자는 아니고, 한 사람이 둘 다 겸비하는 경우가 있기는 하겠지만 드물 것이라고 했다. 어쩌면 정·관계에 전신이 학자들인 이들이 많이 포진하는 것은 학계에도 정·관계에도 그리 이득이 되는 것은 아닐지도 모른다는 생각도 든다.

학자의 학외적 활동에는 텔레비전의 토크쇼, 신문 기고, 관·공·사의 각종 위원회, 강연, 자문, 고문, 사회운동 등이 포함된다. 이것을 흔히 대학교수의 세 가지 사명으로 여기는 교육, 연구, 봉사라는 통념에 따라 그 중의 사회봉사라고 미화한다. 그러나 대학은 본래 그 교육과 연구 자체가 동시에 사회봉사 기능을 가지는 것이며, 앞의 예와 같은 직접적 사회참여는 교육과 연구의 시간과 노력에 지장을 주지 않는 한도 내에서 이루어져야 한다는 것은 당연한 일이다.

전공의 뜻을 사회에 펴기 위해 정 필요하면 가끔은 이런 일에 참여할 만하고 참여해야 할 경우도 있다. 그러나 학자·교수 중에는 학자·교수가 본직인지 아니면 텔레비전 프로그램, 위원회, 사회활동, 사회운동이 본직인지 분간하기 어려울 정도로 자주 '출연'하는 학자들도 꽤 있다. 어떤 교수는 아예 학교에만 아니라 학교 밖 시내에도 사무실을 차리고 있다.

이런 '출연' 프로그램에는 사회적 가시성(可視性)과 부수입이라는 유혹이 있다. 자주 출연하면 사람들이 더 알아주고 유명해지고 벼슬자리에도 유리하고, 약간의 때로는 꽤 많은 '출연'료와 부수입이 따르기도 한다. 그리고 전공하는 학문의 뜻을 사회에 편다는 명분도 따른다. 그래서 그 유혹이 강하다. 그러나 그런 출연 자체는 학구와는 거리가 먼 일이다.

우리 사회에서 정부 등 공공기관에서 각종 위원회, 자문 등에 학자들을 너무 자주 '동원'하는 것도 어찌 보면 문제 삼을 만하다. 예컨대, 교육부의 공무원들 자신이 숙의·계획·집행해야 할 일에 교수들을 자주 동원한다. 그럼으로써 교육부는 일을 덜게 된다는 이점, 학계의 중의(衆意)를 수렴했다는 명분, 심지어는 잘못 되었을 경우 '교수들이 한 것'이라는 책임전가의 구실도 얻을 수 있다. 그리고 더 심각한 것은 결과적으로 은연중 학자를 어용화하는 수단도 된다는 점이다. 학자는 사회기관, 특히 정부기관과는 반드시 적정한 거리를 유지할 수 있어야 한다.

학외적 업적에는 중·고등학교 그리고 대학의 각종 개론형 교과서의 저작도 포함된다. 유학 시절 언젠가 한 미국 교수가 미국 학계에서는 저명한 학자가 대학의 개론형 교과서는 쓰지 않으며, 하물며 중등학교 교과서는 논외라고 한 말이 생각난다. 일류 학자는 학문의 첨단을 개척하는 참신한 주제로 저작을 내고 그것으로써 학문적 인정을 받으려 하기는 하지만, 남들이 다 해놓은 것들을 이리저리 정리하는 것뿐인 개론형 교과서는 '한물 간' 학자가 하는 일, 학구보다 수익이 관심인 학자가 하는 일이라고 했다.

나는 처음엔 이 말의 뜻을 얼른 파악하지 못했다. 당시에는 교과서형의 유명한 책들을 경외의 마음으로 읽던 학생 처지에 있었기 때문이다. 그러나 그 후 눈여겨 살펴보니 내가 존경하는 교수들은 특수한 주제로 저서를 내기는 했지만, 개론형 교과서를 저작한 교수는 별로 없다는 것을 발견했다.

학자 중 누군가는 후학을 위해 개론형 교과서를 써내기는 해야 한다. 관심분야에 아무 교과서도 없는 경우에 더욱 그렇다. 그러나 그것은 어쩌면 왕성한 학구적 생산의 전성기를 지내고 완숙기에 들어선 학자가 해야 할 일일지도 모른다. 나도 1950년대에 세 권의 교육학 관계 교과서를 썼다. 그때 나는 풋내기였으나, 아무 데도 교재가 없어 '할 수 없이' 초고속으로 써냈다. 요새 서점에 가 보면 똑같은 서명, 대개는 대학강의 명칭을 그대로 딴 똑같은 서명으로 수많은 저자들이 제각기 써낸 책들이 서가를 메우고 있는 것을 본다. 어딘지 책 같지 않고, 상표가 다른 비누 곽의 진열 같아 보인다. 반면 특수한 제목의 전문서적은 그 수가 적다. 어딘지 학구의 후진성을 보인다. 교과서형 개론서는 교육용·상업용은 되지만, 학적 업적은 아니다.

또 하나는, 학자에 대한 학문적 수월성 자체보다는 그의 인간관계에서 드러나는 인물·인품·인기 등을 기준으로 학자를 평가하는 경우다. 물론 학문적 수월성이 있으면서도 인물·인품이 좋고 예의 바르고 인화도 좋고 덕망도 있다면 더 말할 나위 없이 좋다. 그러나 그것은 아무리 좋아도 학외적 기준에 의한 평가다. 덕망 있고 인기는 있어도 학적 성취가 빈약하면 학자로서는 낙제다. 반면 약간 인물이 고약하더라도 탁월하고 참신한 학적 성취가 있다면 그 사람은 학자로서는 훌륭한 학자다.

심리학에서 꽤 유명한 스키너(Skinner)라는 학자가 있었다. 그는 갓 박사학위를 마친 약관의 학자로서 심리학회에서 발표를 했는데, 끝난 후 대학교수인 어떤 회원이 질문을 했다. 스키너는 그 질문을 듣고 나서 '그런 무식한 질문이 어디 있느냐! 당신은 나의 박사학위 논문을 읽지 않아서 그런 무식한 질문을 하는 모양이니 그것부터 읽고 오라'고 면박을 주었다는 일화가 있다. 고약한 성격이다. 그러나 그의 '행동분석이론'과 그것을 응용한 '행동수정이론'은 심리학에서 금자탑 가운데 하나다. 성격은 고약하지만 사람들은 학자로서는 그를 존경했다.

학덕이라는 말이 있지만, 어쩌면 학자에게 남다른 덕망이 있고 원만하고 인기가 있을 것을 기대하는 것은 좀 무리일지도 모른다. 학자는 직분상 많은 것에 의심을 품고, 많은 것에 반대하고, 많은 것을 부정하고, 반증이 없는 한 많은 것을 억세게 주장하고, 많은 시간을 인간관계에서 떨어져 혼자 연구실에 파묻혀 있어야 하는 것이 학자의 길이기 때문이다. 학자이면서 많은 사람에게 인기가 있는 사람은 아주 비상한 성격의 소유자이거나 학문적으로는 별 볼일 없는 사람일지도 모른다. 물론 학자에게도 인간으로서의 기본적 도덕성과 정서는 요구된다. 그것마저 없으면 대학이나 학회의 일원이 될 수가 없다. 그러나 파렴치범이 아닌 한, 그 기본적 도덕성과 정서 이상은 학자적 수월성의 기준이 될 수는 없다.

대화 대 독백

학문이란 근본적으로 대화(*dialogue*)다. 독백(*monologue*)이 아니다. 한 사람은 말이나 글로 생각을 발표하고, 다른 사람은 그것을 들어주고 읽어주고, 그 옳고 그름을 평가해서 그 타당성을 긍정 또는 부정하면서, 서로 진리에 접근하는 사회적 상호작용 과정이 학문이다. 남에게 알리지 않고 남의 평가도 기피하는 독백은 깊은 산 속에서 혼자 중얼거리는 독백처럼 학문일 수가 없다. 학문은 사람과 사람 사이에서 말로써 주고받는 지적 상호작용이다. 그런데 우리는 학계에서 대화보다 독백이 많고, 지적 상호작용이 너무 부족하다.

물론 학구과정의 첫 단계는 독백이고 독백일 수밖에 없다. 혼자 의심을 품고, 혼자 고민하고, 혼자 그 풀이를 궁리하는 고독한 침잠의 과정이 있게 마련이고 또 있어야 한다. 그때 학자는 외로운 독백을 계속한다. 그러나 학구과정의 완결과 그 결실은 나 아닌 타자(他者)와의 대화, 사회적 교호(交互)의 장(場)에서 맺어지고 또 거기에서 맺어져야 한다. 학문이란 될 수 있는 대로 많은 사람들이 공감·공유할 수 있는 객관적이고 보편적인 것을 찾으려는 노력이기 때문이다. 실은 첫 단계의 독백도 마음속에서 나 아닌 가상적(假想的) 타자와의 대화로 진행되는 경우도 많다. 그것은 독백 속의 사회적 교호작용인 셈이다.

어떤 저명한 공학자가 자기 전공영역의 학술지에 실리는 논문 중에 그것을 한 사람이라도 읽어주는 논문은 5%가 될까 말까 하다고 술회하는 것을 들은 적이 있다. 나머지 95%의 논문은 인쇄되고 출판은 되었지만, 아무에게도 읽히지 않은 채 망각 속으로 폐기되고 만다는 말이다.

이 말은 여러 가지로 해석할 수 있다. 첫째는 그 학술지 자체가 실질적 권위가 결여되어 애당초 사람들이 읽을 생각을 안 하는 경우다. 둘째는 그래도 읽어보려는 사람은 있는데, 많은 논문들이 읽어도 무슨 말인지 알 수 없거나 재미가 없어서 아예 덮어버릴 수도 있다. 셋째는 남의 것을 눈여겨 읽어주는 버릇, 그리고 이어 그것으로서 학적 대화를 할 생각이 애당초 없는 경우가 있을 수 있다.

첫째, 둘째의 경우는 학술지 논문의 질 관리의 부실이 문제다. 학회에 따라 차이가 있겠지만, 일반적으로 학회지 논문의 질 관리는 아예 없던지 아주 느슨한 편이다. 거기에는 한편 앞서 논의한 학적 기준보다 인간관계를 중요시하는 풍조도 작용한다. 시원치 않다고 매섭게 잘라버리면 인간관계가 상한다는 심리다.

또 한편으로는 모든 대학에서 거의 일률적으로 논문 편수를 교수업적 평가기준으로 삼고 있는 탓도 있다. 제출한 논문을 자르면 유일한 승진 길을 막는 격이 되기 때문에 여간해서는 자르지 못한다. 나는 임용·승진과 관련해서 논문편수에 너무 무게를 두는 교수평가에 찬성하지 않는다. 논문을 참작하려면 어떻게든 그 양보다 우선 질을 평가해야 한다.

셋째의 경우에는 좀 복합적인 원인이 있다. 광복 후 국학영역을 제외한 거의 모든 학문영역은 거의 황무지였기 때문에 외국 서적, 외국 학술지 의존도가 클 수밖에 없었고, 국내 논문은 읽을 거리도 읽을 겨를도 별로 없었으며, 있어도 읽을 보람이 별로 없었던 시절이 있었다. 남의 논문을 잘 읽지 않는 것은 그때 길러진 버릇일 수도 있다. 또는 그것을 읽어서 반응하면 인간관계만 상한다는 심리 탓일 수도 있다. 또는 피차 간섭은 하지도 않고 받지도 않겠다는 학문적 폐쇄성이 원인일 수도 있다. 어떻든 간에 학문발전을 위해서 대화가 드문 독백들의 집합은 지양되어야 한다.

대화와 관련되는 또 하나의 문제는 객관적 비판 대 인신관여(人身關與)적 비판의 문제가 있다. 논문이나 저서의 비판은 그 힐난도 칭찬도 논문의 내용 그 자체에 대한 비판이라야 하며, 거기에 저자나 발표자의 인신사항을 개재(介在)시켜서는 안 된다는 것은 비판의 원칙이다. 한 진술은 그것을 누가 말했느냐에 따라서 그 진리 가치가 달라지는 것은 아니다.

가령 '이것은 연필이다'라는 말을 학용품 가게 주인이 말하면 더 진리고, 어떤 어린아이가 말하면 덜 진리가 되는 것은 아니다. 누가 말했건 진리는 진리고 허위는 허위다. 진술 그 자체로 시비를 가려야 한다. 모든 말, 모든 진술은 그것을 말한 사람의 입을 떠나는 순간 객관적·공공적 소유물이 된다. 그 진술은 말한 사람의 인적사항, 예컨대 박사냐 박사가 아니냐, 유명인사냐 무명인사냐, 도덕군자냐 패륜아냐와는 관계가 없어진다. 박사의 말이라면 표면적 신빙성이 더 있을 수는 있다. 그러나 비판하는 사람의 의무는 바로 그런 표면적 신빙성 여부를 초월하고, 모든 인적 사항은 벗겨버리고, 논문의 논지 그 자체의 타당성 여부를 가려내는 일이다.

그러나 우리는 이 원칙을 무시하는 경우를 아주 자주 본다. 한 사람이 '매국노가 무엇을 지껄이느냐', '사회학자가 아닌 자가 사회이론을 운운하는 것 자체가 틀렸다'와 같은 인신관여, 인신공격(人身攻擊)으로 비판을 시작하면, 상대방은 '너는 이러이러한 비행을 저질렀으면서', '너는 심리학자도 아니면서'라고 맞대꾸한다. 이것이 심해지면 토론이나 비판이 논문의 논지는 제쳐놓고 인신공격의 이전투구로 변한다. 그런 인신공격의 이전투구는 권력 싸움이 진리 희구를 앞서는 국회 같은 데에서는 모르되, 학문적 토론·비판에서는 금물이다.

반대로 논문 논지보다 인신찬양(人身讚揚)을 앞세우는 경우도 많다. 저서나 논문의 논평에서 '수십 년 학문적 공적을 쌓아온 이 저자는…', '평소 내가 존경해온 학덕 높은 이 저자는…', 심지어는 '무슨 무슨 총장을 역임하고… 장관을 역임한 저자는…' 등 인신찬양으로 논문평가를 채색하는 경우도 많다. 저자와 논자 간의 인간관계를 위해서는 좋을지 모르나 이 역시 학적 토론과는 거리가 멀다.

한편 비판받은 사람의 자세에도 문제가 있다. 내가 말한 논지를 누가 틀렸다고 비판하면 그것을 즐거워할 사람은 없다. 다소간에 불쾌한 것이 인지상정이다. 그러나 그것이 같이 진리에 접근해가는 길이며, 약간의 불쾌는 스스로 극복하고 비판에 마음을 여는 개방성이 학자에게 요구된다. 그것이 학자로서의 너그러움일 것이다. 공자도 '나의 잘못을 지적해주는 사람은 나의 스승'이라고 했다.

비판(批判)의 '비'는 친다는 뜻도 있지만, 보인다, 보여준다는 뜻도 있다. '판'은 가른다, 가린다는 뜻이다. 즉, 비판이란 시비를 가려서 보여준다는 뜻이다. 토론(討論)의 '토'도 친다는 뜻도 있지만, 찾는다, 더듬는다는 뜻도 있다. 비판도 토론도 흔히 그렇게 해석하듯이 치고받고 하는 싸움이 아니라, 같이 더듬어가고 같이 찾아가며 그것을 같이 보여주는 공동탐구, 상호계몽의 뜻으로 해석해야 한다.

시비를 가린다는 것은 '비'(非)만 드러내 보여주고 문제삼는 것이 아니라, '시'(是)도 드러내 보여주고 찬성하고 칭찬해 주는 것을 뜻한다. 우리는 저작이나 논문의 비판에서 인신관여적 인신찬양은 잘 하면서도, 정작 그 논지 자체의 적절성이나 수월성을 인정하고 칭찬하는 데에는 인색한 편이다. 그러려면 먼저 그 저작이나 논문을 철저하게 읽고 이해해야 할 부담이 선행해야 하기 때문에 참된 인정과 칭송이 드문지도 모른다.

학자는 흔히 칭찬·칭송에 초연한 것 같으면서도 실은 인사치레가 아닌 진정한 인정과 칭찬에 예민하다. 학자도 동료와 사회의 그런 인정과 칭찬으로 더 학구의 힘을 얻는다. 어떤 의미에서는 권력과도 치부와도 거리가 먼 학자라는 직분에는 그의 학문적 업적에 대한 진정한 사회적 인정과 칭송이 유일한 세속적 희구라고 해도 좋을 것이다. 그런 뜻에서 참된 학계에는 참된 학적인 상호비판만이 아니라 참된 학적 상호인정, 상호부조, 상호격려가 있는 정도에 따라 그 학계는 더 활발하게 발전해갈 것이다.

법칙 탐구 대 사실 수집

학문은 진리의 추구다. 진리란 가능한 한 보편적으로 타당한 이치·법칙이며 또 그런 법칙들이 모여 형성하는 이론이다. 법칙도 이론도 애당초 경험의 세계, 사실의 세계에 그 뿌리를 두고 있고 또 그래야 한다. 그래서 학문탐구, 특히 과학적 탐구에는 경험, 관찰, 실험, 조사에 의한 사실 자료가 필수적이다.

그러나 사실 자료수집 자체가 학문이나 과학은 아니다. 학문이라고 일컬으려면 그런 사실들을 잇는 법칙·이론이 있어야 한다. 그렇게 사실들을 이리저리 연결하는 법칙·이론 없이는, 사실들은 그 자체만으로는 아무 의미도 소용도 없다. 그저 번잡한 잡동사니에 불과하다.

학문·과학의 주된 기능은 사실·사건이 왜 그런지를 설명하는 데 있고, 수긍할 수 있게 설명하려면 반드시 법칙·이론이 있어야 한다. 천둥번개는 무섭기는 하지만, 그 자체만으로는 무의미하다. 그래서 아이는 '왜 천둥번개가 쳐?' 등 귀찮을 정도로 묻는다. 그 정확한 답은 그리 쉽지 않다. 그래서 엄마는 궁한 김에 '사람들이 나쁜 짓을 많이 해서 하느님이 화가 나서 번개와 벼락을 치는 거다'라고 답한다. 그러면 아이는 이 세상에는 '사람이 나쁜 짓 하면 하느님이 화낸다', '하느님이 화나면 번개 친다'는 법칙이 있는 것으로 알고 그 설명에 일단 수긍한다. 좀더 자라나면 그런 법칙으로는 만족하지 않는다. 사실에 비추어 수긍할 수 있는 법칙을 바란다.

우리는 신문이나 학술논문에서도 설문서, 실제조사 등에 의한 숱한 사실자료에 접한다. 투표율이 얼마다, 그것이 연령별로 어떻게 몇 % 로 분포되어 있다, 노인 인구가 몇 % 늘었다, 텔레비전 시청률이 얼마고 연령별·계층별로 이러저러하게 다르다 등 꼭 통계청의 통계연보처럼 사실자료가 나열되어 있는 경우를 자주 본다. 그러나 이런 사실들은 그 자체만으로는 무의미하다. 때때로 어떤 고분에서 새로운 토기가 발견되었다는 사실을 두고 '학술적 가치가 높은 발견'이라고 대서특필로 보도하는 경우가 자주 있다. 그러나 새로운 토기의 발견은 신기하기는 하지만, 그 자체만으로는 아무 의미도 없고 학술적 가치는 더더구나 없다.

가령 그 토기가 옛날 어떤 왕조에서 무슨 제사에 쓰였고, 그 제사가 왕조 경영과 어떤 관계가 있었고, 왕조 흥망과 어떤 관계가 있었고, 나아가 그런 관계가 어떤 보편적 법칙이 될 수 있는지 등이 밝혀져야 비로소 의미가 있고 학술적 가치가 생긴다. 그러나 대개의 경우 사실이나 통계만 나열해놓고, 그 해석과 설명은 독자의 추측에만 맡겨버리든지, 해석이나 설명이 있어도 그것이 실증 아닌 추측이나 가설에 불과한 경우가 대부분이다. 그리고 대개는 그런 추측이나 가설을 토대로 '정책제안'을 하는 경우도 많다. 이것은 학문·학자의 본래 있어야 할 모습은 아니다.

우리가 가보지 못했던 외국을 어쩌다 여행 가면 보는 사실, 듣는 사실 만사가 신기하고 희한하고 또 궁금한 것도 많다. 그것이 관광(觀光)의 재미다. 그러나 학문이 관광은 아니다. 신기하고 희한한 사실들이 학문이 되는 것은 아니다. 학문은 바로 그 '궁금한 것', 그 사실들이 왜 그런지를 푸는 데에서 발생한다. 즉, 보는 것, 듣는 것이 다른 무엇에 이어져 있는지를 알아야 학문이 된다.

특히 사회과학 영역에서는 법칙·이론탐구의 연구보다 사실수집형의 연구, 그 사실들의 해석이나 설명은 아예 없거나 빈약한 '조사연구'가 너무 많다. 그것은 엄밀히 말해서 '연구'는 아니다. 가끔 우리는 설문서에 의한 조사연구에서 욕심껏 많은 질문을 해서 많은 자료를 수집해놓고, 그것을 어떻게 처리해야 할지 주체를 못하고, 그 대부분은 그저 나열만 해놓거나 아예 버리고 마는 것을 자주 본다. 그리고 거기에 적지 않은 연구비도 들어갔을 것이 뻔하다. 사실 수집 자체만으로는 아무리 방대해도 연구도 아니고 학문도 아니다. 그런 시간과 비용은 좀 아끼고, 작건 크건 이론탐구, 법칙탐구에 더 많은 노력이 경주되어야 할 것이다. 학문·과학의 발달과정은 원시적인 '전'(前) 과학적 사고방식에서 시작해서, 다음에 사실적 자료의 중요성의 인식을 거쳐, 마침내 이론탐구의 관심으로 성숙해간다고 하겠다.

관찰, 조사, 실지답사를 통해서 얻는 여러 자료에는 재미있고 신기한 것도 많다. 우리가 생전 가보지 못한 외국에 가보면 만사가 신기한 것과 같다. 그러나 그것은 학문상의 신기가 아니라 관광상의 신기일 뿐이다. 신기한 사실 뒤에 그것에 이어지는 어떤 이치·법칙을 알아야 더 재미있고 더 신기한 것이 된다. 어떤 사실을 아는 것만으로도 쓸모가 있을 때가 있다. 가령 어떤 지역에 텔레비전 보급률이 낮다는 사실을 알면 텔레비전 상인들이 판매전략을 세우는 데에는 유리할 것이다. 그러나 그런 장사꾼의 쓸모가 학문적 쓸모는 아니다.

기초연구 대 응용연구

기초연구 대 응용연구의 문제는 자주 거론되는 문제다. 모든 학문에서 기초연구와 응용연구의 경계는 실은 좀 애매하다. 나는 흔한 구분 기준과는 달리 내 나름으로 그 둘을 구분하는 기준이 있다. 즉, 호기심 때문에 발동되는 연구는 기초연구고, 실용적 필요에서 발동하는 연구는 응용연구라는 구분이다. 실용적 필요가 크고 다급할수록 그것은 응용연구다. 그러나 이 구분도 때로는 막연하다. 기초연구로 시작한 것이 어마어마한 실용성을 낳을 때도 있고, 응용연구로 시작한 것이 여러 가지 다른 연구에 넓게 활용되는 기초를 제공하는 수도 있다.

우리는 지금도 거의 모든 학문분야에서 응용연구가 훨씬 우세하다. 자연과학에서도 그렇고, 사회과학에서도 그렇고, 교육학이나 심리학에서도 그렇다. 이것은 그동안 당장에 급한 해결을 요구하는 허다한 문제들에 시달리는 발전도상국가로서는 어쩌면 불가피했던 일이다. 그래서 지금까지도 정부의 연구비나 기업 등 기타 단체의 연구비 지원도 기초연구는 불요불급으로 기피하고, 응용연구에만 치중하는 경향이 짙다. 이런 불평이 자연과학, 사회과학, 인문학 영역에서도 빈번하게 나온다. 해결해야 할 실제 문제가 많은 사회에서는 어쩔 수 없는 대세라고는 하지만, 이젠 거기에 심각하게 반성해야 할 문제가 있다.

실제적 문제의 해결책을 모색하는 응용연구는 그 결론으로 대개 일련의 해결책, 전략, 요령을 건의하고 제안한다. 그러나 대부분 경우 그런 제안들이 그저 합리화된 선입견일 뿐, 연구내용 자체에서 논리적으로 유도·설명·예언되는 제안은 못 되는 경우가 대부분이다. 왜냐하면 사실만 풍성하게 늘어놓았지, 문제의 현상을 설명하고 예언할 수 있는 명확하고 실증적인 법칙적 관계는 그리 밝히지 못하고 있기 때문이다. 연구자가 그런 것은 '후일의 연구과제'라고 단서를 붙이고 꽁무니를 빼는 경우도 많다.

아마도 한국에서 그리고 세계적으로도 특히 사회과학분야에서는 온갖 초미의 실제적 문제들을 해결해야겠다고 쏟아 부은 천문학적인 응용연구비가, 실제로 효과 있게 활용된 제안을 연구해낸 부분은 그 5% 밖에 안 된다 하더라도 도리어 다행일 것이다. 실제 문제의 해결을 위해서는 거기에 많은 '연구비'를 쏟아 붓지 말고, 그저 관계되는 실무가들의 중지를 모아 최선의 판단으로 그 해결책을 강구하는 것이 더 경제적이고 현명할는지도 모른다.

우리는 여기에서 앞서 논의한 진리의 생태학을 다시 음미해볼 만하다. 즉, 진리란 자신을 겹겹의 그럴듯한 거짓으로 양파처럼 둘러싸고 그 속에 숨어 있으면서, 자기를 이용하고 써먹으려고 접근해오는 자에겐 한 겹의 그럴듯한 거짓을 진리이듯 보여주고, 그것을 좋다고 허겁지겁 진리로 알고 가지고 가버리게 하며, 그저 진리 자체를 좋아하고 사랑하는 사람에게만 좀더 속겹 가까이로 들어오게 한다는 기제를 말한다.

이 말은 결국 진리를 찾으려는 사람은 될 수 있는 대로 모든 선입견을 배제하고, 실용 실무의 세계와는 적당한 거리를 유지해야 한다는 말이 된다.

탐구 대 주창

또 하나, 탐구(*inquiry*) 대 주창(主唱, *advocacy*)의 문제가 있다. 해결해야 할 급한 문제들이 많은 사회에서는 사람들은 서로 충고하고 충고 받기에 바쁘다. 따라서 학자들의 활동도 자연 '이 세상은 이렇게 되어 있다'는 탐구의 활동보다는 '이 세상은 이래야 한다'는 주창의 활동이 더 많아지게 마련이다. 그간 우리의 연구, 특히 사회과학 영역의 연구에서는 이 세상이 어떻게 되어 있느냐를 탐구하고 밝히기보다는 이 세상은 어떻게 해야 하느냐를 주장하고 주창하는 연구가 더 많았다고 볼 수밖에 없다.

이 책에서 내가 펴고 있는 여러 논지에도 탐구의 진술이 없지는 않지만, 주창의 서술이 더 많다는 것을 내 자신이 시인하고 이 말을 한다. 그러면서 나는 여기에서 주창은 좀 덜 하자고 주창하고 있는 셈이다.

'세상은 이렇다'는 흔히 존재(存在) 또는 사실의 진술이고, '세상은 이래야 한다'는 당위(當爲), 규범, 또는 가치의 진술이라고 한다. 둘 다 학문의 관심사다. 그러나 과학적 탐구, 특히 사회과학적 탐구는 가치 문제에 휘말리지 않고 '가치 중립적'이라야 하느냐 아니냐라는 찬반 논의가 많다. 학구에서 규범적 가치의 문제는 여러 관련에서 중요한 문제다. 특히 무엇을 연구할 것이며, 그 결과를 어디에 어떻게 현명하게 활용할 것이냐라는 연구동기와 연구활용에서는 규범적 가치관이 작용하고 있고 또 작용해야 한다고 나는 믿는다. 그러나 연구활동, 연구과정 자체가 규범적 전제에 휘말린다면 객관적 탐구에 이익 될 것은 하나도 없다.

학자들의 많은 주창들은 규범적(規範的) 당위의 주창이기보다는 실은 처방적(處方的) 당위의 성격을 띤다. 즉, 이미 합의된 규범적 목적을 달성하기 위해서는 이렇게 저렇게 해야한다는 처방적 당위인 경우가 많다. 영어로 말하면 규범적 당위인 ought가 아니라 처방적 당위인 must의 경우다. 병은 치료해야 한다는 규범적 당위를 전제로 하고, 그 병을 고치려면 이런 처방약을 먹어야 한다는 경우다.

학자는 제각기의 영역에서 그런 처방을 자주 주창한다. 이것은 앞에 말한 응용연구에서도 그리고 연구가 아닌 일반 논설에서도 그런 처방적 당위를 자주 주장한다. 그러나 그것은 앞에서 언급한 응용연구의 약점을 범하기 쉽다. 즉, 현상들의 법칙적 관계는 명백히 밝히지 못한 채, 추측과 가설로 처방하는 돌팔이 의사 격인 주창이 되기 쉽다는 것이다.

이런 처방에 더 주의해야 할 문제가 있다. 그것은 앞장에서 언급한 바와 같이, 이론과 실제와의 사이에서 학자가 아는 것은 추상적 · 일반적 이론이고, 그것을 실제에 적용하려면 구상(具象)해야 할 특수한 많은 조건들을 고려에 넣어야 한다는 점이다. 그러나 이런 구상 작업은 대개 학자의 능사가 아니고, 도리어 실무가의 능사다. 따라서 학자가 섣불리 현실의 특수조건들을 추측해서 처방하기보다는, 실무가가 이론을 잘 이해한 다음 그가 더 잘 알고 있는 현실의 특수조건을 감안해서 처방을 내리는 것이 더 타당하고 쉬울지도 모른다.

미국의 한 저명한 교육학자가 한국에 와서 그의 교수이론을 강연했다. 강연 후 질의시간에 어떤 교사로 보이는 사람이 "그러니 교실에서 교사는 어떻게 해야 합니까?"라고 질문했다. 이론에 따른 구체적 처방을 물은 것이다. 나 같으면 곧 이러이러하게 해야 한다고 여러 개의 처방을 늘어놓았을 텐데, 의외로 그분의 답은 "그것은 학자인 나에게 질문해야 할 문제가 아니다. 그것은 교사 자신이 생각해내야 할 문제다"라는 것이었다.

나는 그것을 약간 당돌하고 무례한 답이라고 생각했다. 그래서 끝난 후 그분에게 좀 추궁해 보았더니, 그의 진의는 무례가 아니고 도리어 교사의 실무가로서의 전문성과 권리를 존중하는 뜻이었다. 학자인 내가 이래라 저래라 할 수도 없고, 그러는 것이 도리어 실무가인 교사에게 실례라는 것이다. 좀 괴팍해 보이지만 학자와 실무가의 역할을 분명히 구분한 분이었다.

물론 모든 학자는 이 사회가 가야 하는 방향과 그 방향으로의 현명한 행동에 대해서, 그의 전문적 지식과 사고가 관계되고 필요하기도 한 범위 안에서는 남과 사회와 국가에 진언하고 주창할 수 있는 권리가 있고 그럴 의무도 있다. 학자는 사회의 진운(進運)에 심각하게 관계된다고 생각되는 문제에 관해서는 자기의 전문지식이 시사하는 바에 따라 해야 할 말은 해야 한다. 아인슈타인이 2차 대전 발발 전에 원자탄의 가능성과 위협을 심각하게 고려해야 한다는 서한을 루스벨트 대통령에게 보냈다는 것은 유명한 이야기다. 그러나 그런 주창이 학자로서의 제일차적 본무는 아니다. 그리고 적절하고 뜻있는 주창 자체도 탐구가 있은 다음에야 가능한 일이다.

보편적 대 한국적

이 문제는 앞장에서도 다루었다. 그러나 한국 학계에서 자주 등장하는 문제고, 이 장의 체제상 빼놓을 수도 없는 문제이기에 여기에서 약간 반복해야겠다. 즉, 한국적 사회학, 한국적 정치학, 한국적 교육학 등 한국적 이론을 찾아야 한다는 주장에 관한 것이다. 나는 이런 주장에 별로 찬성하지 않는다.

우리는 여기에서 한국은 외침(外侵)의 긴 역사에 시달렸고, 특히 일제에 의한 철저한 망국을 경험했기 때문에 정치적 이유로든 심리적 이유로든 한국적 정체성의 발견·형성·견지가 절실한 갈망이었다는 사실을 참작해야 한다. 또한 자연과학에서는 덜해도, 사회과학과 인문학에서는 그 대상과 자료부터가 토착적·한국적 성격이 강할 수밖에 없다는 사실도 감안해야 한다.

그러나 누누이 말했듯이, 학문이란 이론의 집합이고, 이론이란 보편적으로 타당한 법칙들의 집합이며, 법칙이란 보편화·일반화할 수 있는 현상간 연결을 뜻한다. 더 넓게 보편화될 수 있는 이론일수록 더 이론다운 이론이 된다. 학문의 의도는 바로 그렇게 넓게, 더 넓게 적용될 수 있는 법칙과 이론을 찾아내려는 것이다. 한국적 이론이 아니라 세계적 이론을 발견하고 형성하는 것이 한국 학자의 야심이라야 한다. 그래야 더 학문다운 학문, 더 학자다운 학자다.

혹 서양 이론이 한국에 적용되지 않는다면, 그것은 서양 이론이라서가 아니라, 그 이론이 한국의 현실까지도 감안한 충분한 보편성을 지니지 못한 '좁은' 이론이기 때문이다. 이럴 때 한국 학자의 야심은 대신 '좁은' 한국적 이론을 만들어내는 일이 아니라, 한국도 서양도 아프리카의 현실도 다 포섭할 수 있는 넓은 이론의 창출이라야 할 것이다.

앞장에서도 언급했듯이 이론은 추상적인 것이기에 그것을 현실에 적용하려면, 마치 어떤 보편적인 물리법칙 방정식 속 변수에 어떤 특수한 상수를 대입해야 하는 것과 같이, 특수조건들을 이론에 '대입'해야 한다. 따라서 서양 이론이건 한국 이론이건 간에, 어떤 이론을 현실에 적용해 보았을 때 그것이 현실에 적용이 잘 안 된다면, 거기엔 몇 가지 가능성이 있다. 하나는 이론 자체가 잘못된 또는 좁은 이론일 가능성이다. 또 하나는 이론은 옳은데, 변수에 부적절한 상수를 대입했을 가능성이다. 이것은 앞서 말한 추상적 법칙의 구체적 구상화(具象化)를 잘못한 경우, 이론이라는 골격에 살을 잘못 붙이고 옷을 잘못 입혔을 경우다.

전자의 경우는 이론을 보충 내지 재구성해야 하고, 후자의 경우는 이론을 나무랄 것이 아니라 구상(具象)에서 대입한 특정 조건들, 입힌 옷들의 어디가 잘못되었는지를 재검토해야 한다. 이론의 실제화·구체화가 그리 호락호락 되는 것은 아니다. 거기도 창의력이 필요하다.

이론은 보편적일수록 좋다. 그러나 실제는 특수하고 한국적일수록 좋다. 한국의 교육이론은 보편적일수록 좋다. 그러나 한국의 교육실제는 한국적일수록 좋다. 우리의 한국적 정체성을 만족시킨다는 정서적 필요와 모두의 보편적 진리를 추구한다는 학문적 필요는 전혀 별개의 문제다. 한국의 학문탐구 성숙성은 그 학자들이 될 수 있는 대로 보편적 진리를 찾아가려는 세계의 학자들과 그 항로를 같이하고, 그 보편적 진리가 한국만이 아니라 가능한 한 넓은 세계에 적용될 수 있도록 노력하는 정도에 따라 한국의 학문탐구는 그 성숙도가 고양될 것이다.

긴 세월 별 심각한 반성 없이 타성적으로 길러진 한국 학계의 정신 풍토에는 여기에 거론한 것 이외에도 반성해야 할 관례들이 더 있을 것이다. 한국에서 학문이 국제수준 이상으로 가능하려면 학자·학회·학계도 가끔은 스스로의 풍토를 분석하고 성찰하는 기회를 가져야 할 것으로 믿는다.

제 8 장

대학 풍토

학문하는 사회기관은 많지만, 그 중에서도 대학은 한 나라 학문의 중추기관이다. 따라서 대학들이 어떠하냐는 그 나라 학문발전 정도의 지표가 된다. 대학들이 시원치 않으면 그 나라 학문도 시원치 않다는 말이다. 한국의 대학이 어떤 모습이냐에 관해서는 그동안 수많은 논자들의 숱한 논의가 있었다. 그리고 그런 논의의 주조(主調)는 대개 극히 비판적이고 자학적이기까지 하다. 여기에서 나의 논지도 그런 주조에서 크게 벗어나지 못한다.

한국 대학은 그동안 문자 그대로 무섭게 팽창했다. 더 옛날은 고사하고, 1960년대 초등학교에서 중학교 진학률이 약 40%였는데, 지금은 고등학교에서 대학 진학률이 80%를 상회한다. 지금 대학은 그때 중학교보다도 배나 더 흔하고, 어쩌면 지금 총장·학장은 그때 중학교 교장만큼이나 흔하다는 말이다. 지금 대학들은 대학이라면 으레 '상아탑'을 연상하던 때와는 딴판으로 다르고, 서로도 천차만별로 다르고 또 서로 크게 달라야 하는 것인지도 모른다. 따라서 여기 대학풍토의 논의가 적용되는 대학, 적용되어야 할 대학은 혹 종래의 상아탑이라는 이름이 붙을 만한 비교적 소수의 대학이라야 할는지도 모른다.

그러나 대학이라는 이름이 붙어 있는 한, 여기 논의의 많은 부분이 모든 대학에 적용되리라고 생각한다. 더구나 모든 대학들은 긴 역사에서 각기 조금은 서로 다른 특성을 지니게 되면서도, 또 한편 좋은 것이건 나쁜 것이건 많이 서로 모방해서, 많은 공통점을 가지고 있다고 보아야 한다.

예전에 십여 년간 미국 어느 대학에서 총장을 지낸 사람이 이런 술회를 한 것이 기억한다. 즉 자기의 십여 년의 관찰에 비추어보면, 대학생에는 세 부류가 있다. 첫째는 대학을 성인유치원(*grown-up kindergarten*)으로 알고, 다른 아이들도 가니까 덩달아 가서 그저 재미있게 지내는 곳 정도로 생각하는 학생들이다. 그 수는 약 20%다. 둘째는 대학을 졸업장 공장(*diploma mill*)으로 보고, 주로 어떤 직업에 취업하기 위한 자격증을 따는 것이 관심인 학생들이며, 그 수는 제일 많아서 약 70%다. 나머지 10% 정도의 소수 학생이 그야말로 진리 사랑(*love of truth*) 때문에 대학에 온 학생들이라는 것이다. 아는 것이 재미있고 진리를 사랑하고 공부하는 것 그 자체를 즐기는 학생이 너무 적다는 한탄이었다.

지금 한국 대학생들의 분포는 어떻게 되어 있을까? '진리 사랑'의 학생은 얼마나 될까? 고교 졸업생 중 수능고사 성적의 상위권은 거의 다 법학과, 경영학과, 의예과, 한의예과, 약학과 등 실무 학과에 몰리는 현상으로 미루어 보면, 그 수는 10%보다 훨씬 적은 것이 아닐까? 혹 '성인유치원' 학생은 20%보다 훨씬 많은 것이 아닐까? 나머지 '졸업장 공장' 학생들도 대부분 어떤 특정한 직업 능력 연찬(研鑽)의 내실보다는 그저 허울 좋은 졸업장에만 더 관심이 있는 학생들이 아닐까? 한국의 대학풍토, 대학 속의 분위기, 관례, 전통, 역할기대체제가 학생들을 그런 학생이 되도록 조장해온 것은 아닐까?

우리는 여기에서 몇 가지 서글픈 사례부터 들어야겠다. 그렇게도 고된 입시준비의 세월을 넘어, 세칭 일류대학에 입학한 어떤 학생이 '진리 사랑'의 학생이었던지, 큰 포부와 기대를 가지고 대학에 다니기 시작했는데, 1학기를 지내는 동안 허탈한 환멸을 느껴 자진 퇴학하고 외국 유학을 갔다는 사례를 나는 두셋 알고 있다. 또한 미국의 저명한 대학에 재직하던 한국인 교수가 뜻하는 바 있어 재산까지 다 처분하면서 한국의 일류대학으로 전직했는데, 그 후 재직 2~3년 동안 깊은 회의에 빠져 끝내 미국으로 돌아간 사례도 나는 서넛 알고 있다. 그들이 왜 한국의 대학을, 그것도 일류라는 대학을 버리고 떠나갔을까? 그 이유는 뻔하다. 한국 대학의 정신풍토가 싫었던 것이다.

한국 대학엔 대학원도 많고 매년 수많은 박사를 배출한다. 그러나 한국 대학 자체가 그 교수채용에서, 국학 영역을 제외하고는, 외국박사를 선호하고 한국박사를 기피하는 자체 모순에 빠져 있다. 일류 한국대학의 박사보다 이름도 잘 모르는 미국 대학 박사를 선호하는 경우도 많고, 한국박사는 그 실력의 검증도 별로 없이 아예 미리 제쳐놓는 경우도 많다. 자기들이 길러낸 박사를 자기들이 불신하는 것이다. 왜 불신할까? 그 이유도 뻔하다. 한국 대학의 풍토를 스스로도 서로 불신하기 때문이다.

어쩌다 미국 대학에 들러보면, 웬만한 대학에는 으레 한국 유학생이 수백 명씩 무리 지어 있는 것을 보게 된다. 그러나 일본 유학생은 좀처럼 찾아볼 수가 없다. 왜 그럴까? 여러 가지 이유가 있겠지만, 하나는 일본은 벌써 그 옛날 세계 2차대전이 끝나기 전에 서로 믿을 수 있는 고급두뇌를 일본 대학 자체가 길러낼 수 있는 대학체제와 그럴 수 있는 풍토를 갖추었다는 말이다.

서두에 언급한바, 2004년 IMD의 세계 60개국 대학 경쟁력 비교에서 한국 대학은 59위, 실질적으로 꼴찌로 평가된 사실은 서글프다 못해 참담하기까지 하다. 왜 그렇게 꼴찌로 매겨졌을까? 한국 대학생의 자질은 외국 대학생에게 결코 뒤질 리가 없다. 교수진도 이제는 국내, 국외의 쟁쟁한 대학의 박사학위 소지자도 많아 그 자질과 자격도 결코 외국 대학의 교수들에 뒤지지 않는다. 학과에 따라서는 그 교수들 거의 모두가 세계 명문대학의 박사들로 구성되어 있는 학과도 많다. 그런데 인터넷, 핸드폰은 세계 1위고 경제는 10위인데, 왜 대학은 59위일까? 그 답은 명백하다. 한국의 대학풍토의 잘못이다. 씨는 좋은데 밭이 나빠서다.

한국의 대학풍토는 여러 가지로 거론될 수 있다. 여기에서는 그 몇 가지만을 문제 삼는다. 즉 ① 학사 방만성, ② 유락 문화, ③ 대학자치의 오해, ④ 교육과 연구의 갈등, ⑤ 폐쇄성, 그리고 ⑥ 자기만족 풍조의 문제다. 이 중 대학학사의 방만성과 학생들의 유락 문화의 문제는 앞서 제 2장에서 이미 거론했기에 여기에서 긴 논의는 생략하되, 대학풍토 논의의 체제상 빼놓을 수 없는 심각한 문제이기에 그 제목은 적어놓고 몇 마디만 간단히 더 부언해야겠다.

학사 방만성

학사(學事)의 방만성은 한국의 대학풍토의 가장 큰 문제다. 그것이 한국 대학의 경쟁력을 세계 60개국 중 최하위인 59위로 평가한 가장 큰 원인일 것이다. 그 때문에 한국 대학은 남의 눈에도 자신의 눈에도 '적당히' 공부해도 되고 '적당히' 가르쳐도 되는 대학답지 않은 대학으로 비쳐지고 있다.

노는 날이 많고 휴강도 잦고, 공부도 시험도 쉽고, 숙제도 별로 없고, 그나마 남의 것을 베껴 내도 별로 들키지 않고, 들켜도 벌칙은 별것 아니고, 학기 대부분의 시간을 놀거나 아르바이트나 고시준비에 보내도 된다. 학생은 한번 대학에 들어가면 졸업은 따 놓은 당상이고, 교수는 한번 교수가 되면 실질적 종신제고, '책임시간'만 하면 '해방'이고… 등, 엄한 학사규칙을 지켜야 하고 눈코 뜰 새 없이 바쁜 외국의 대학생이나 대학교수에 비하면 너무나 동떨어진 방만성이다.

이런 방만성의 역사적 연유야 어떻든 간에, 한국 대학이 대학다워지고 진정 학문하는 곳이 되려면 이 방만성은 기필코 청산되어야 한다. 뿌리 깊은 방만성이라 그 청산·시정이 그리 쉬운 일은 아닐 것이고, 거기엔 거의 혁명적 조치가 필요할지도 모른다. 어떤 탁월한 리더십이 출현해서 대학 집단성원들의 개혁의지를 고취하고 결집시키면서 그 개혁을 추진해 가는 날을 기다릴 도리밖에 없는 것인가?

유락 문화

학생들의 유락(遊樂) 문화는 학사 방만성의 당연한 결과다. 유락 문화는 한국 대학이 청산해야 할 두 번 째로 큰 비학문적 풍토다. 적당히 공부하고 적당히 가르쳐도 되기 때문에 놀고 즐기고 마시고 떠들 수 있는 자유시간이 많아질 수밖에 없다. '오리엔테이션', '엠티', 개강 파티, 운동회, 축제, 종강 파티 등 놀기에 더 바쁘다. 공자도 여간한 군자가 아닌 소인은 한가하면 객쩍은 짓만 한다고 말했다. 물론 학생들도 가끔은 쉬고 놀 수 있어야 한다. 그러나 한국 대학생에겐 그럴 시간이 너무 많고, 그 유락 활동도 생산적이기보다는 전날 밤의 숙취로 강의를 빠지거나 건성으로 듣는 것처럼 소모적이고 파괴적인 경우가 많다.

학생들 유락 문화의 역사적 연유는 둘째치고, 대학이 정말 학문하는 곳이 되려면 이 또한 기필 시정되어야 할 학생문화다. 이것도 술 중독을 고치기 어려운 것처럼 쉬운 일은 아닐 것이다. 이런 개혁이 이루어진다면, 지금처럼 대학 대문밖에 서점 등 문화시설은 거의 없고, 술집, 노래방, PC방, 양장점, 화장품 가게들만 즐비한 풍경은 사라질 것이기 때문에 그 상인들이 개혁에 거세게 반대하는 데모나 로비를 벌일지도 모른다. 그렇지만 그 청산은 이루어져야 한다.

대학자치의 오해

제2장에서 잠깐 언급한 19세기 독일의 대학형은 그 후 많은 나라에서 대학의 모델로 삼았다. 그것을 당시 독일의 교육부 장관인 훔볼트가 선도했기 때문에 사람들은 훔볼트형 대학이라고 부르기도 했다. 훔볼트가 독일 대학에 도입한 두 가지 원칙이 그 매력이었다. 하나는 학문의 자유(*academic freedom*)였고, 또 하나는 대학기능에 교육과 동시에 연구(*research*)를 도입한 것이었다. 여기 논의는 그 중 학문의 자유에 관한 것이다.

당시 유럽 여러 나라들은 거의 다 전제적 왕조였고, 왕조들은 체질상 왕조의 현상 유지를 위협할 수 있는 새로운 지식과 이론을 찾고 그것을 전파하는 학자라는 존재에게 대개 억압적이었거나 냉담했다. 왕조가 예술가는 많이 도와주었지만, 학자를 후원하는 일은 드물었다. 이런 시대적 배경에서 훔볼트가 무엇을 가르쳐도 좋다는 '가르치는 자유'와 무엇을 배워도 좋다는 '배우는 자유'의 원칙을 내세운 것은 확실히 괄목할 만한 혁명적 생각이었을 것이다. 대학에 연구기능이 도입되면서 자연히 무엇을 연구해도 좋다는 '연구의 자유'도 여기에 포함되었다.

왕조 아닌 민주국가로 시작한 미국의 대학들은 이 학문의 자유라는 원칙을 재빨리 도입했다. 유럽의 다른 나라들도 정치정세의 변천과 더불어 그 모델을 따랐고, 20세기에 이르러서는, 철저하게 독재국가가 아닌 이상, 세계 모든 나라에서 학문의 자유는 대학의 원칙이 되었다.

대학의 자유, 자율, 자치는 다 비슷한 개념이다. 그것은 다 교학(教學)의 자율·자치를 뜻했을 뿐이지, 교수·학생들의 대학 경영·행정의 자치를 의미하지는 않았다. 그것이 훔볼트의 아이디어다. 즉, 대학자치는 가르치고 배우는 교학(教學)활동과 그것에 직접 관계되는 사항, 예컨대 교과과정, 교수내용, 교수방법, 평가방법, 학생의 선발과 지도와 졸업 등 교수 또는 교수회가 결정해야 하는 사항을 아무런 외부의 강제·간섭 없이 결정할 수 있는 자유를 의미했다.

대학에서 교수들의 자율·자치는 교학에 관한 사항에서 시작하고 거기에서 '끝난다'. 즉, 교학과 그 직접 관련사항이 아닌 상황, 예컨대 대학의 행정, 재정, 경리 등은 교수들의 전문 소관사도 아니고 자율사항, 전문사항도 아니다. 물론 학생과 학생회의 자율사항도 아니다. 그것은 대학 통치기구 그리고 그 권한을 이양받은 총장과 그 행정진의 책임사항이다.

우리는 앞에서 독일형 대학에서 학문의 자유는 철저하게 보장하지만, 대학경영의 실질적 권한은 정부에 있었고, 미국형 대학에서는 그 역시 학문의 자유는 보장하지만, 대학경영의 권한은 이사회와 총장에 있다는 것에 언급했다.

한국 대학의 현실에서는 이 구분이 마구 흐려지고 혼동되고 침범되고 있다. 정부는 지금도 대학의 교육과정, 학생선발에 간섭하고 있고, 한때는 평가방법, 학생지도 방법도 간섭한 적이 있다. 이것은 대학의 교학 자치의 침해다. 그러나 반대로 교수들, 때로는 학생들까지도 학내 '민주주의'를 빙자해서 대학행정에 간섭하고 때로는 단체행동을 벌인다는 것은 대학자치의 과대해석이다. 민주주의가 무정부주의도 아니고, 대학자치가 역할분담이 없는 혼돈을 의미하지도 않는다. 사실 자기 본무에 충실한 교수나 학생은 그렇게 과다한 자치를 주장할 관심도 시간도 여유도 없다. 물론 모든 대학 구성원은 관심사항에 관해서 의견을 말하고 건의할 수 있어야 한다. 그러나 모두가 다 입법자, 집행자, 간섭자가 되려고 한다면 그 대학은 표류할 수밖에 없다. 우리에겐 역할 분담, 책임 분담 의식이 필요하다.

또 한편 어떤 사회집단에도 문자 그대로의 자유・자율이란 있을 수 없다는 사실에도 깊은 인식이 있어야 한다. 자유는 언제나 책임을 동반하는 자유고, 자율은 법과 도덕의 규율 안에서의 자율이다. 자율은 언제나 규율을 수반해야 한다. 책임・책무를 다하지 못하거나, 법과 도덕을 벗어날 때엔 누군가는 그 책임을 물을 수 있어야 한다. 그럴 수 있는 규정이 없는 한, 교수는 휴강의 자유는 없고, 학생에겐 결강의 자유는 없다. 이 말은 동시에 자율의 과정과 성과는 필요하면 언제나 자신을 공개할 수 있어야 한다는 것을 뜻한다. 법과 규정에 비추어 언제나 '하늘을 우러러 한 점 부끄럼 없는' 공명성과 투명성이 있어야 한다는 말이다.

항용 자율・자치의 명분이 실은 개인이나 집단의 자의(恣意)와 비리를 은폐하기 위해서 주장되는 경우가 있다는 것도 경계해야 한다. 그래서도 자체 공개의 태세가 필요하다. 방만을 자행하고 비리를 저질러도 밖에서 간섭하지 못하게 하는 구실로 자율・자치가 주장되기도 하기 때문이다.

대학자치라는 장막 뒤에서 이사회, 총장, 교수, 학생들이 갖가지 비리를 일삼고 있는 경우를 우리는 너무 자주 본다. 이것은 자유・자치의 오용(誤用)이고 악용이다. 더구나 한국의 많은 학과와 대학이 그렇듯이, 집단성원 대부분이 동향, 동창, 동지 등 동류의식이 강한 집단의 경우에는 그런 비리를 서로 덮어주고 감춰줄 가능성이 더 짙어진다. 뿐만 아니라 그런 폐쇄적인 동류집단의 자율은 동류교배(*inbreeding*)로 인한 침체와 위축과 퇴행의 원인이 되기도 한다.

대학자치가 치외법권을 의미하지는 않는다. 대학도 학과도 언제나 자신을 공개할 수 있어야 하고, 교수도 그의 사생활을 제외한 공무생활 사항은 언제나 스스로 공개할 수 있어야 한다.

한국의 대학엔 대학자치라는 기치 때문에 경찰 파출소가 없다. 대학은 경찰출입을 송충이처럼 꺼리고 심지어 무법으로 여긴다. 그래서 경찰도 대학에 들어가는 것을 꺼리고, 심지어 극심한 난동이나 범죄행위 때문에 대학이 요청해도 경찰은 여간해서는 안 들어가려 한다. 난동이 벌어져도 대개 대학에서는 대학 자신이 경찰을 부를 생각도 못 하고 안 한다. 그리고 속수무책으로 난장판을 당한다.

이런 대학과 경찰의 상호 기피현상은 지난날의 불행한 역사가 빚어낸 관행이기는 하지만, 곰곰 생각해보면 민주법치국가로서는 실은 아주 기이한 현상이다. 경찰도 민주국가에서는 정치(政治) 사찰 아닌 공안(公安) 유지가 주 업무일 것이다. 그리고 대학이 공안의 밖에 있을 수는 없다. 우리는 미국의 대학에는 캠퍼스 폴리스가 있다는 것을 알고 있다. 대학 내 교통질서, 공공질서, 공안질서를 유지하기 위해서다. 그리고 돌발적 긴급사태가 아닌 평상시에는 학생·교수가 폴리스와 친구처럼 지내는 장면을 자주 목격한다.

오늘날 대학은 옛날처럼 오붓한 가정 같은 학원이 아니라, 캠퍼스도 넓고 학생·교수도 때로는 수만 명이다. 언제 어디에서 무슨 일이 벌어질는지 모르는 큰 도시와 같다. 덕치(德治)만으로는 질서를 유지하기가 어려운 곳이다.

지난날 학원과 경찰은 불행한 관계에 있었다. 일제 시대도 그랬고, 긴 독재정권 시대에도 그랬다. 학원의 질서유지보다는 정치적 사찰과 탄압이 경찰 개입의 목적이었다. 더구나 학원 데모의 역사는 그 관계를 더욱 악화시켰고 소원하게 했다. 그러나 이제 민주체제에서는 생각이 바뀌어야 한다. 물론 '덕치'가 좋다. 그러나 덕치만으로 안 되는 경우를 위해서 최소한의 경찰 순경 아니면 청원경찰이라도 학원에 있어야 하는 것이 아닌가? 대학 자치가 치외법권은 아니기 때문이다.

보다 근본적으로, 민주국가에서는 여러 집단의 자유·자율이 그 중핵 원리지만, 동시에 상호 견제(*check and balance*), 즉 서로 따지고 견제하고 균형을 잡아가는 것이 또 하나의 핵심 원리다. 민주체제에서는 대통령이 아무리 훌륭한 인물이고 훌륭한 말을 해도 그를 그대로 전적으로 믿지는 않는다. 그래서 입법·사법·행정의 삼권분립으로 그를 견제한다. 민주국가에서는 언론도 제 4의 견제세력이다. 몇몇 나라에서는 입법부도 상·하원으로 나누어 상호 견제하게 한다.

신학자 니버(Niebuhr)가 '민주주의는 사람들의 선(善)으로 향하는 역량 때문에 가능하고, 사람의 악(惡)으로 향하는 성벽 때문에 필요하다'고 말한 것은 명언이다. 사람에겐 선의 역량과 악의 성벽이 공존한다는 말이다. 대통령에게도 선의 씨와 악의 씨가 다 있고, 장관·총장·교수에게도, 그리고 이렇게 말하고 있는 나 자신 속에도 선의 씨와 악의 씨가 다 있다. 도덕군자에게도 악의 씨는 숨어 있고, 희대의 흉악범에게도 선의 씨는 조금은 숨어 있다는 말이다. 그 악의 씨들이 언제 어떻게 발동할는지 알 수 없기 때문에 법이 필요하고 상호 견제가 필요하다.

'국가의 양심'이라고 자처하는 대학과 대학교수도 예외는 아니다. 대학교수도 그렇게 언제나 반드시 깨끗하고 믿을 만한 존재가 아니라는 사례의 보도를 근자에 우리는 너무 자주 듣고 읽는다. 일부 교수는 1주일에 하루만 대학에 출근한다는 보도, 교수사회에서의 논문 표절 빈도가 '위험수준'이라는 보도, 심지어 국제 학술지에 실린 논문을 고의로 날조했다는 충격적인 보도, 일류대학에서 교수들의 연구비 횡령·착복은 다반사라는 보도, 그런 교수 서넛이 거액 횡령으로 구속까지 당했다는 보도, 사이버 대학들이 등록비만 내면 출석 미달자, 시험 미

응시자, 과제 미제출자에게도 무더기로 학점을 주다가 적발됐다는 보도 등이다. 누군가 이런 보도 사례는 빙산(氷山)의 일각(一角)이라고까지 말했다. 혹 그것이 그렇게 교수사회에 꽤 넓게 퍼져 있는 어떤 도덕적 해이를 드러낸 것이라면, 거기엔 대학자치를 잘못 해석하고 있는 풍토의 탓도 크다.

대학자치도 밖의 누군가에 의한 평가와 견제를 받아야 하고, 또 대학교수도 그것을 기꺼이 정정당당하게 받을 수 있어야 한다. 그 평가자가 정부건 학생이건 동창이건 산업계건 언론이건 또는 어떤 평가기관·감사기관이건 간에, 밖의 평가와 견제에 스스로를 기꺼이 노출시킬 수 있는 용기가 있어야 한다. 그것이 대학발전의 자양이 되기도 한다.

아리스토텔레스가 '요리 맛의 최적·최후의 판단자는 요리사가 아니라 그 요리를 먹어보는 사람이다'라고 한 것을 읽은 적이 있다. 이것도 당연하지만 명언이다. 대학의 교육과 연구의 '맛'의 최적·최후의 판단자는 교수가 아니라 학생이고 외부 사회다.

또 누군가 세계사에서 전쟁을 하느냐 마느냐를 순전히 장군들의 결정에만 맡겼더라면, 그 전쟁 횟수는 수십 배가 되었을 것이라고 했다. 전쟁 같은 중대사는 그 전문인 장군만 아니라 장군이 아닌 사람들의 의견과 상호견제 속에서 결정되어야 한다는 말이다. 대학이라는 중대사도 대학과 교수들의 전횡에만 내맡길 수는 없고, 대학·교수의 자율·자치도 적절한 외부의 평가와 외부와의 상호 견제 속에서 이루어져야 한다는 말이다. 대학과 교수도 그런 평가와 상호 견제에 스스로를 공개할 수 있는 공명성(公明性)을 유지할 수 있어야 그 자율·자치도 유지할 수 있다.

교육과 연구의 갈등

홈볼트의 또 하나의 공적은 교육과 동시에 연구를 대학의 본질적 기능에 포함시킨 일이다. 미리 확실히 이해해두어야 할 것은, 그에겐 대학의 연구기능은 연구 자체를 위해서가 아니라, 보다 질 높은 대학교육을 위해서였다는 점이다. 그는 교수와 학생이 머리를 맞대고 같이 연구를 진행하는 과정이 교수에겐 최선의 교육방법이고, 학생에겐 최선의 학습방법이라는 견지에서 연구에 역점을 둔 것이지, 반드시 연구성과 자체 때문은 아니었다는 점이다. 이 점은 좀 후에 다시 부연한다.

역사적으로 오늘날과 같은 형태의 대학은 유럽에서 직업교육 기관으로 출발했다. 12~13세기 이탈리아 볼로냐 대학, 살레르노 대학 그리고 좀 후에 프랑스의 파리 대학은 주로 신학, 법학, 의학 등 직업능력을 기르는 교육기관이었다. 연구는 대학이나 교수의 본질적 기능은 아니었고, 해도 좋고 안 해도 좋은 교수 개인 취향의 문제였다. 물론 교수가 되기 전에 개인적인 자체 연찬과 연구는 있어야 교수가 될 수 있었고 또 그런 자체 연찬을 계속할 것이 기대되기는 했겠지만, 잘 가르치는 교육능력만 있으면 됐지, '연구업적'을 따지지는 않았다.

19세기 이전 서양문화사에 빛나는 수많은 학자들의 학문적 소산은 대학교수의 산물이기보다 개인 학자의 산물이었고, 거기에는 대학교수가 아니었던 학자도 많았다. 그리고 대개는 귀족계급으로 생계와 시간의 여유도 많았고, 기본 교양은 학교가 아닌 개인교수를 모셔서 또는 찾아가서 쌓는 것이 보통이었다.

계몽운동의 18세기와 산업혁명의 19세기를 거치면서 세상은 개명되고 정치에도 서서히 민주화 바람이 불고, 특히 급속하게 팽대하는 지식세계와 더불어 지식에 대한 욕구도 팽대함에 따라 사정은 달라졌다. 대학에 지식추구의 욕망이 쇄도하면서 대학도 팽대해 갔다. 지식추구 욕망의 만족은 더 한층 높고 많은 지식의 갈구로 이어지게 마련이다. 또한 한참 제국주의시대에 지식이 안겨주는 국력 · 국부에 대한 관심 때문에 정부가 대학을 대하는 태도도 옛날처럼 냉담할 수도 없었을 것이다. 이런 시대적 상황에서 훔볼트의 교육 연구 병행의 아이디어는 크게 환영받을 만했고, 세계의 대학들은 교육과 연구를 대학기능의 두 기둥으로 삼게 되었다. 한국의 대학들도 그 둘을 대학의 기치로 하고 있다.

대학의 기능으로 흔히 교육, 연구, 사회봉사 셋을 꼽는다. 여기에서 봉사기능도 좀 밝혀야겠다. 훔볼트의 대학 기능관에는 교육과 연구 이외에 봉사는 따로 없었다. 사실 원칙적으로는 있을 필요가 없다. 충실한 교육과 생산적 연구가 바로 크게 사회에 이바지하는 사회봉사이기 때문이다. 굳이 셋을 내세운다면 사회봉사는 교육과 연구의 부산물로만 해석하는 것이 대학의 본연이라고 나는 생각한다.

대학기능에 사회봉사가 첨가된 것은 미국 대학 덕분이다. 미국의 저명한 대학들, 이른바 아이비리그 대학들은 대개 훔볼트형의 교육과 연구 두 기능으로 시작했다. 그러나 미국 대학에서 중요한 비중을 차지하는 주립대학들은 앞에서 잠깐 언급했듯이, 거의 다 주 정부가 주의 광활한 토지 일부를 주립대학에 할애해서, 그 일부를 대지로 하고 나머지를 처분해서 거기에 대학을 짓고 대학운영기금을 마련하게 한 '농공대학'이 그 효시다. 그 농공대학은 미개척의 황무지를 개간하고 개척해가야 하는 지역사회 주민들을 도와주고, 곁들여 그럴 젊은 학생들을 길러내는 것이 목적이었다. 이제는 거의 없어진 것으로 알고 있지만, 1950년대까지도 밖에 나가서 주민의 교육훈련을 도와주는 '외부봉사'(*extension service*)가 대학의 중요한 임무였다.

이렇게 미국 대학사에 도입된 대학의 사회봉사기능은 그간 한국과 같은 발전도상국가에서는 본 받을 만한 아이디어였다. 정부 등 공공기관이나 기업체는 초미의 문제 해결에 도움을 얻을 수 있고, 교수는 부수입의 수단도 되었기 때문이다. 그러나 한국 대학의 경우 제 2장에서 논의한 것처럼 사회봉사의 아이디어는 너무 과대 해석되어 실제로 과대 봉사로 이어지고 해야 한다. 사회봉사 때문에 교육기능, 연구기능에 손상이 가는 경우가 많기 때문이다. 대학의 제일의(第一義)는 교육과 연구고, 그 자체가 대학 본연의 사회봉사다.

교육과 연구 중에서는 대학과 대학교수의 제일의는 교육이다. 대학과 교수는 우선 학생의 교육을 위해 존재한다. 학생의 등록금을 받고 있다는 단순한 사실로도 계약적·도덕적으로 이것은 필연이다. 교육이 먼저고 연구는 그 다음의 문제다. 훔볼트의 아이디어도 연구는 교육효과를 올리기 위한 방편이었다. 이 기본적 전제가 한국 대학에서는 여러 가지로 너무 무시되고 있다.

우선 앞에서 언급한 각종 학사의 방만성과 학생들의 유락 문화에도, 대학에는 교육이 아니라도 연구와 봉사 기능이 따로 있다는 구실 때문에 대학의 제일의는 교육이라는 신념이 부족했던 탓도 없지 않았다. 그만큼은 학사 방만성에 대학당국과 교수의 책임도 크다. 그만큼은 교수도 대학 학사의 방만성을 조장했든지 방조했든지 좌시했던 셈이다. 연구활동 때문에 또는 연구를 구실로 교육이 허술해진다면 그것은 대학의 본의에서 크게 어긋난다.

훔볼트는 교수와 학생이 연구프로젝트에 같이 매달려 같이 진행하는 것이 교수에게는 최상의 교육방법이고 학생에게는 최상의 학습방법이라는 이유 때문에 대학에 연구기능을 도입했다. 이런 견지에서 대학원 학생이건 학부 학생이건, 학생의 참여가 없는 교수의 연구는 대학에 들어와서 대학에서 진행될 성질의 것이 아니라는 말이 된다. 나는 이 견지에 찬동한다. 교수 혼자 하는 연구는 집에서 제 돈 들여 해야 하는 것이지, 학교에서 학교시설로 교수자격으로 받은 공적인 연구비를 써가면서 할 연구는 아니다.

학생이 교수와 1 대 1로 얼굴 맞대고 연구를 같이 계획하고, 같이 문헌을 뒤지고, 같이 자료수집하고, 같이 실험하고, 같이 통계처리하고, 같이 보고서를 쓰고, 같이 발표하는 동안에, 학생은 강의시간에 배운 것에 관한 생생한 실제 경험과 현실감을 가질 수 있고, 학습동기도 고양되고, 교수로부터 부지불식간에 학문의 묘미와 연구의 '비결'도 터득할 수 있으며, 나아가 교수의 학문적 '스타일'과 학자로서의 생활철학에도 접할 수 있게 된다.

나는 1950년대에서 1970년대에 걸쳐 주로 외원기관의 연구보조로 이것저것 꽤 여러 가지 조사연구, 실험연구를 진행했다. 그 모두가 혼자의 힘으로는 벅차기도 했지만, 그 계획, 조사, 통계처리 등을 다 학생들과 같이 진행했다. 그때엔 대학원생이 없거나 아주 드물어서 주로 학부의 2, 3, 4학년생 중 희망자들과 같이 씨름했다. 학생들은 기꺼이 참여했다. 새로운 것을 배우고 새로운 경험을 한다는 기대 때문이었을 것이다. 토론도 하고, 같이 계산기도 두드리고, 겨울이면 연구실 난롯가에서 고구마도 같이 구워 먹었다.

하나 재미있는 발견은 내 통계학 강의에서는 숙제문제 풀이를 자주 틀리는 학생도 연구실에서 실제 문제와 씨름하고 있을 때엔 거의 오류가 없다는 사실이었다. 과제의 현실성이 정신을 더 예리하게 한 셈이다. 지시나 협의를 할 때 강의시간에서보다 훨씬 주의집중력도 강한 것을 역력히 볼 수 있었고, 그래서 나도 더 신이 났다. 또한 보통 때 말이 없고 평범해 보이던 학생도 번쩍 귀담아 들을 만한 제안을 많이 하는 것에도 자주 놀랐다.

후일 대학교수가 된, 그때 같이 연구실에서 일하던 학생이 이런 지난날의 술회를 한 적이 있다. 밤늦게까지 조용한 연구실 전등 아래에서 자료를 정리하고 계산기를 두드리고 한 다음, 집에 가느라 정적에 잠긴 캠퍼스의 어두운 가로수 사이 희미한 가로등 아래로 혼자 뚜벅뚜벅 걸어가노라면, 문득 제가 무슨 대학자나 된 것 같은 기분이 들어 혼자 으쓱해지곤 했다고 술회했다. 학생이면서 그 나름으로 학구의 기쁨을 체험했던 것이다.

대학에서의 석사논문 그리고 박사논문도 실은 학생의 작품이 아니라 교수·학생의 공동작품으로 간주되어야 한다. 교수가 학생의 연구계획서나 좀 검토하고 나머지는 학생에 떠맡기면서 끝에 가서 논문심사만 하는 것이 학위논문이 아니다. 학위논문은 그 연구의 계획, 진행, 보고서 작성에 일일이 같이 관여하고 협의하고 수정하면서 산출되어야 하는 공동작품이고, 논문심사는 다른 교수들에게 그 결과를 보여주고 평가를 받는 비교적 형식적인 절차인 것이 정당한 관례다.

나는 1960년대 어느 해 석사논문을 좀 무리하게 8명을 지도했다. 앞의 말대로 그 지도를 공동연구로 여겼고, 연구계획서를 논문 당 평균 네 번씩 협의하면서 고쳐 쓰게 했고, 연구도구·연구방법에도 간여하고, 최종 논문은 평균 여섯 번씩 상담하며 고쳐주어 다시 쓰게 했다. 많은 학생들이 초등학교 때부터 지금까지 그렇게 철저하게 작문 교정을 받아보기는 처음이라고 했다. 그 중 한 학생은 하도 자주 다시 쓰기가 지겨워서 '내가 다시는 석사논문을 쓰나봐라'라고 푸념했다는 말이 들려오기도 했다. 나도 지칠 대로 지쳐 그 겨울방학엔 몇 주 동안 늘어졌다. 그 후 다시는 7~8명이나 되는 다수의 논문지도는 안 하기로 했다. 대학에서 이루어지는 모든 연구, 교수의 연구도 학생의 학위논문 연구도 다 사제동행(師弟同行)의 소산이라야 한다고 나는 믿는다.

교수의 채용과 승진에서 이른바 연구실적 편수 일변도로 교수평가를 하는 대부분의 대학의 현행 관례에도 나는 반대한다. 교수실력, 잘 가르치는 실력이 먼저고 연구실적은 그 다음이다. 연구실적 일변도의 평가는 갖가지 폐해마저 낳고 있다. 제일 큰 폐해는 학생을 가르치고 개별적으로 지도하는 일이 소홀해지고 연구에만 치중하는 풍조다. 이것은 다시 교수·학생간의 소원·소외를 몰고 온다. 또 억지로 짜내고 급조된 연구가 많아서 연구논문의 질이 저하한다. 자주 힐난되는 논문 표절사건도 그 때문에 자주 발생하는지도 모른다.

논문의 학회지 게재를 연구업적의 한 평가기준으로 삼고 있지만, 그 학회지의 질 관리가 대부분 극히 미흡한 것이 현실이다. 학회지 편집자들도 논문 게재 여부에 제출자의 취직과 승진이라는 '생사'가 달려 있기 때문에 그 학문적 가치의 높낮음에 관계없이 쉬 게재 거부를 하지 못한다. 그래서 학회지들이 필요 이상으로 두꺼워진다. 자연 '태작'(駄作)이 많이 실리기 때문에 차차 독자들이 읽을 흥미도 잃어간다. 그래서 국내 학회지가 미덥지 않기 때문에 SCI 또는 SSCI에 국제적으로 인정된 학술지에 게재된 논문을 기준으로 삼는 경우가 있으나, 한국에는 그렇게 인정받은 학회지는 현재 자연과학에 9종, 사회과학에 단 2종밖에 안 된다고 한다. 그리고 그 인정·평가의 타당성에 의심을 품는 사람도 있다. 결국 논문은 관계되는 심사자들이 직접 책임있게 심사하는 길 밖에 없다.

보다 원칙적으로 채용과 승진에 관계되는 교수평가는 교육능력을 필두로 해서 연구능력, 관리능력, 교수윤리 등 종합적으로 평가하는 전인적(全人的) 평가라야 한다. 약간은 주관적일 수밖에 없다하더라도 그것이 결국은 타당한 평가다. 이런 전인적 평가는 미국 대학에서는 많이 관례화되어 가고 있다. 여기에서 우리는 앞에서 언급했듯이 옛 독일 대학에서는 교수가 되려면 5~7년, 때로는 10년을 사설강사로 지내야 하는 제도를 다시 음미해볼 만하다. 그 긴 세월 사설강사는 학과 교수와 학생들 사이에서 충분한 전인적 평가를 받았던 셈이다.

우리의 교수채용에서도 채용 전에 그런 전인적 평가를 할 수 있는 어떤 시보(試補) 기간이 있어야 할 것으로 나는 제안한다. 대학교수는 한낱 학위와 몇몇 논문과 형식적인 면접만으로 채용·승진을 결정하기에는 너무 막중한 직분이다.

나는 한국 대학들처럼 모든 대학들이 다 교육과 연구를 병행해야 할 필요도 당위도 없으며, 모든 대학교수가 다 교육과 연구를 병행해야 할 필요도 당위도 없다고 믿는다. 물론 대학교수는 누구나 계속 학문의 첨단을 소화하는 자체 연찬을 계속해야 한다. 그러나 그 연찬이 반드시 연구비를 들여 연구작업을 하고 연구논문을 써내야 하는 연구프로젝트일 필요도 당위도 없다.

유능하게 교육만 하는 교수도 있을 수 있고 또 있어야 한다. 연구만 하는 연구교수도 있을 수 있지만, 교수인 한 그 연구에는 어떤 모양이든 학생이 참여해야 한다. 나는 연구라는 명분 때문에 교수의 이른바 책임시간을 일률적으로 9시간으로 한 현재 관행도 다시 생각해봐야 할 것으로 안다. 그렇게 하고 싶은 교수나 연구프로젝트가 없는 교수는 12시간 15시간도 강의할 수 있고, 연구프로젝트에 시간이 더 필요하면 6시간 3시간 강의도 할 수 있는 신축성이 있어야 한다.

애당초 한국의 대학들은 너무 서로 비슷하다. 모두가 다 종합대학이든지, 아니면 종합대학을 지향하고 있으며, 모두가 교육과 연구를 다 지향해야 할 것으로 알고 있다. 한국 대학 전체로서는 교육과 연구가 병행되어야 한다. 그러나 개별 대학이 다 그럴 필요도 없고, 그럴 수도 없다. 교육을 위주로 하는 대학들이 있을 수 있고 또 있어야 한다.

나는 '연구중심 대학'이라는 개념에 좀 거부감을 느낀다. 교육을 제일의 중추기능으로 해야 하는 대학이 문자 그대로의 '연구중심 대학'일 수는 없다. 모든 대학은 어디까지나 교육중심이고, 연구는 그 보조·부수·병행 기능이다. 굳이 쓴다면 '연구중심 대학'이란 사전 계획으로 지정하거나 자처해서 붙일 이름이 아니라, 대학의 풍성한 연구실적의 사후 평가로써 자연히 사회가 그렇게 공인하고 부르게 되는 이름이라야 한다.

폐쇄성

폐쇄성에 관해서는 앞의 사회풍토의 논의에서도 언급했다. 여기에서는 한 대학 내 그리고 여러 대학간의 폐쇄성을 반성해본다. 그 원인은 결국 사회 전반의 폐쇄적 풍토에 연유하는 것이기는 하지만, 대학 내에도 기필 청산되어야 할 갖가지 폐쇄성이 짙다고 아니 할 수가 없다. 이것도 한국 대학이 극복해야 할 심각한 풍토다.

한국 대학의 폐쇄성은 우선 그 교수 채용의 관례에서 드러난다. 표면상 공채형식을 취하고는 있으나, 대개의 경우 채용 천거를 하는 학과에서는 재임 교수들이 동창을 선호하고 동류를 선호하고 때로는 동향을 선호하는 관례가 짙다.

특히 세칭 일류대학에서는 본교 출신 선호가 더 심하다. 구실은 일류대학인 자기 대학 출신이 더 우수하다는 것이다. 그러나 대개의 경우 정말 그러냐는 별개 문제다. 역사가 짧은 신설 대학에서는 자기 졸업생을 채용할 수 없으나, 학과에 두세 명의 교수가 생기면, 다음 교수로는 으레 그들의 동창을 천거한다. 왜 그리 고집하느냐고 물으면, 그것이 학과 내의 인화에 도움이 된다고 대답한다. 기존 교수 두셋이 교수후보에 합의가 안 되면 갈등도 생긴다. 그 갈등이 교수후보의 실력평가에 관한 이견 때문이기보다는 대개는 은연중 동창·동향이나 아니냐의 갈등인 경우가 많다.

팽창 중에 있는 지방대학에서는 부득이 타 대학 출신 교수를 채용하는 경우가 있으나, 그럴 경우에도 그 지방 출신을 선호하는 경향이 짙다. 심지어 재임교수들이 졸업한 그 지방 고등학교 출신을 고집하는 경우도 있다. 타향, 타교 출신은 발붙이기 어렵다는 평판이 나 있는 대학도 있다. 문제는 이런 관례를 따르는 것이 인정이고 인사라고 믿고 있는 풍토다. 그 결과는 새 물이 흘러들어 오지도 않고, 고인 물이 나가지도 않는 점점 썩어 가는 웅덩이와 같아진다.

1930년에서 1950년까지 20년 동안 시카고 대학 총장을 역임한 허친스(Hutchins)는 재임 몇 년 만에 시카고 대학을 일약 세계의 명문대학으로 끌어올린 명총장으로 이름 나 있다. 그에겐 몇 가지 원칙이 있었다. 그 하나는 '각 학과에 서로 다른 학파의 학자들을 초빙해서 갈등을 조성하라'는 것이었다. 다양의 상충(相衝)과 그 종합에서 발전이 생긴다는 신념이다. 한국 대학의 관례와는 너무나 거리가 멀다. 그러나 다양성이 발전의 원동력인 것만은 확실하다.

기왕 얘기가 나왔으니, 그의 다른 대학경영 원칙도 적어본다. 그 하나는 각 학과에 국적이나 학파에 관계없이 그 분야에 세계 최고의 학자를 불러들인다는 원칙이었다. 대학, 학과는 결국 그 교수 여하에 달려 있다는 소신이다. 또 하나는 학문과 학문이 교차하는 학제간(*interdisciplinary*) 강의와 연구를 장려한 것이다. 학문간의 벽을 헐든지 열든지 하자는 말이다. 학부의 학과라는 틀을 없애고 학생들이 자유롭게 여러 분야의 강의를 들을 수 있게 한 통합학부라고 번역할 수 있는 'university college'의 아이디어도 그의 발상이다. 하버드를 위시한 많은 '아이비리그'의 대학들이 이에 따랐다. 또 하나, 그는 'great book series'라는 고전(古典)교육 주창자로도 유명하다. 그는 고전 속에 동서고금을 관통하는 진리의 정수(精髓)가 숨어 있다고 믿었다.

한국 대학의 총장선임 관례는 더 짙은 폐쇄성을 띤다. 앞에서도 말했듯이 나는 교수들의 직선제에 의한 총장 선임의 관행에는 반대한다. 그 시비는 차치하고, 한국 대학에서는 정 부득이한 경우 이외엔 그 대학 재직교수 중에서 총장을 선임하는 것이 거의 철칙에 가까운 불문율이 되어 있다. 그것도 지방대학에서는 가능한 한 그 대학에 재직하고 있는, 그 지방출신, 그 대학 동문출신을 선호하는 것이 당연한 관례로 여겨지고 있다. 총장선거 막후에서 고향이 다르고 동창이 다른 교수들의 힘겨루기도 심하다.

2차 대전이 끝난 얼마 후 영국의 한 저명한 경제학대학원에서 한때 적국이었던 독일의 정치경제학자를 총장으로 모셔간 예는, 우리의 경우에 일본 학자를 한국 대학총장으로 모셔오는 격으로 상상조차 하기 어려운 일이다. 근자에 일본의 츠쿠바 대학도 미국 학자를 총장으로 초빙했다고 한다. 우리나라에서도 한국과학기술원, KAIST가 미국 학자를 총장으로 초빙한 선례가 생겼다. 그러나 아직도 거의 보편적인 총장 선임의 폐쇄성은 지난날 한국 대학 침체의 또 하나의 큰 원인이다.

미국의 대학에선 우리와는 반대로 총장을 대학 밖에서 초빙해오는 것이 불문율이다. 거기엔 한편 교수들의 학내정치(*campus politics*)를 사전에 방지하려는 의도도 있지만, 주요 목적은 '새 물결'의 유입이다. 밖의 눈으로 보아야 안의 장단이 더 확실하게 보이고, 교수들과의 학내 인사들과 지난날의 인연이 없어야 과감한 혁신을 계획하고 추진할 의욕이 생길 수 있기 때문이다.

그 폐쇄적인 일본에서 긴 세월 적자에 허덕이던 닛산 자동차회사가 파산 직전에 할 수 없이 용감하게 프랑스인 경영자를 초빙했고, 그는 여러 과감한 개혁으로 수년만에 회사를 흑자로 돌아서게 했다는 이야기는 한국 대학에 한 교훈이 될 만하다. 외국인까지는 아니더라도 국내에서만이라도 문은 더 넓게 열어놓아야 한다.

대학의 교학 프로그램에도 각종 폐쇄성이 짙게 작용하고 있다. 예컨대 나는 학부과정에서 여러 학과를 통합하는 학부제는 원칙적으로 옳다고 생각한다. 그것을 행정적 강압으로 강행할 제도는 못 되지만, 흔연한 찬의만 조성할 수 있다면 바람직한 대학 편제다. 나는 나아가 원칙적으로 대학의 전반적 무학과(無學科)제를 찬성한다. 그러나 한국 대학에서 이에 대한 흔연한 동의를 얻기는 거의 불가능하다. 학과의 폐쇄성, 상호 무간섭주의, '먼로주의' 때문이다.

대학의 학과는 본래 그 학과의 강의 수강을 희망하는 모든 학생을 가르치기 위한 '수업의 학과(*instructional department*)'지, 나의 학과 학생만 가르치기 위해서 구획을 짓는 '학생의 학과(*student department*)'도 아니고 교수의 학과(*faculty department*)도 아니다. 학과별로 가끔 학생들이 모이고 교수를 회동하는 것은 그저 학생지도 편의상의 이유일 뿐이다.

부전공, 다(多)전공 제도도 나는 찬성이다. 그러나 부전공제를 실시해도 대개 실질적으로 그 기회가 어렵게 되어 있기도 하지만, 부전공을 하러 들어오면 '우리 학생'이 아니라고 은연중 천대하고, 반대로 부전공을 하러 '나가면' 전공 배반이라고 백안시하는 경우도 있다. 폐쇄주의의 소치다.

한국 대학은 학과들 사이에 중복되는 과목들이 엄청 많다. 실질적으로 같은 과목을 서너 학과에서 제각기 다 강의한다. 구실은 각기 전공에 맞게 가르친다는 것이다. 그래야 할 경우도 없지는 않겠지만, 대부분의 동기는 역시 학과 폐쇄주의 때문이다.

나는 기존의 학문과 학문 사이의 학제간 학문, 학제간 연구에도 크게 찬동한다. 그것은 현대 학문의 한 중요한 조류다. 본래 여러 학문 영역은 임의적으로 정한 것이고 그 경계가 실은 아주 불분명하다. 같은 자연현상도 다 같이 물리학, 화학, 생물학, 수학의 대상이 될 수 있고, 같은 사회현상이 다 같이 정치학, 경제학, 사회학, 심리학의 대상이 될 수도 있다. 학제간 연구에서는 불가피하게 각 학문이 자신을 개방하고 다른 학문을 수용하고 서로 열려 있는 협의 · 협력이 필요해진다. 따라서 개방성이 적으면 실효성 있는 학제간 강의도 학제간 연구도 어려워지는 것은 당연하다.

무간섭주의는 같은 학과 교수들 사이에도 있다. 자주 같이 어울리고 놀고 술을 나누고는 하지만, 세미나 같은 데에서 '맞붙는' 경우가 아닌 일상시의 허물없는 대담에서는 서로의 전공관심에 대해서는 '노터치'하는 것이 에티켓이라고 여기는 풍조가 없지 않다. 인접해 있는 전공영역이기에 뭔가 알고 싶고 질문도 하고 싶고 따지고도 싶은 경우에도 쉽게 그 말을 꺼낼 수 없는 분위기다. 그런 말을 전공 침해로 여기기 때문이다. 학문이란 근본적으로 대화라면, 그리고 그 학문이 활성화되려면 대학, 학과, 교수 자신의 각가지 폐쇄성을 기필 어떻게든지 극복해야 한다.

자기 안주

한 대학교수가 최근 어떤 월간지 기고한 '대학구조개혁'이라는 특집에 기고한 글에서 다음과 같이 술회했다.

> 현장에서 대학의 변화와 개혁을 추진하는 가장 중요한 당사자는 교수들이므로 비록 가장 변하기 힘든 집단이기는 하지만 반드시 이들이 변화해야 한다.… 그러나 현 제도상으로는 교수들이 구태여 힘들여가며 스스로 개혁할 필요가 별로 없다. 한번 교수직을 받게 되면, 큰 하자가 없는 이상 평생직장이 보장되는데 왜 귀찮은 일을 욕먹어 가며 하겠는가? 기업이나 정부기관에서의 진급이나 발탁과 같은 제도가 없는 데다 열심히 일하나 안 하나 차이 없이 구성원으로서의 역할을 할 수 있는 분위기인데 왜 고생을 사서 하겠는가? 자기 분야가 가장 중요하며 자기가 가장 똑똑하다는 생각에 사로잡힌 구성원들에게 강제로 개혁을 하라면 이 요구를 순순히 받아들이겠는가?…

한국 대학의 교수들의 자기만족, 자기 안주(安住)의 풍토를 여실히 드러낸 글이다.

한국에서 대학교수직은 유례 드물게 '매력적인' 직장이다. 앞의 글대로 한번 발을 들여놓으면 '적당히' 지내도 아주 파렴치한 범행을 저지르지 않는 한 쫓겨나는 일이 없는 종신제다. 사회적으로 점잖은 계층이라고 존경도 받는다. 근무조건은 특히 느슨하다. 일주일에 9시간만 강의하면 되고, 나머지 시간은 실질적으로 자유로 간주되고 있다. 그것도 1년 52주 중 1학기 16주, 2학기 16주, 합계 32주만 강의하면 된다. 그나마도 이런저런 이유로 대개는 12주, 12주로 24주만 하면 된다. 1년의 반 정도도 못 되게 일하면 된다. 물론 강의 준비하고 성적 내고 등 약간의 부수되는 일들이 없지는 않다. 그러나 그런 일에 불성실해도 주변에서 잔소리는 좀 들을망정 쫓아낼 사람은 없다. 고등학교 교사는 주당 대개 18시간은 수업하고 나머지 시간도 학교에 붙어 있어야 하는 데에 비하면, 아무리 학위의 차이 때문이라 하지만 근무조건 차이가 너무 크다. 방학기간은 세계에 유례없이 길다. 그리고 대개 6~7년에 한 번 1년을 쉴 수 있는 안식년이라는 제도도 있다.

그 차이의 구실은 '연구'다. 대학교수는 나머지 시간에는 연구한다는 구실이다. 그러나 나머지 시간에 연구하건 말건 따질 사람도 없다. 체질상 연구하지 않고는 못 배기는 교수도 많다. 그러나 밖에 나돌아다니는 교수도 많다. 제2장에서 언급했듯이, 얼마 전에도 한 명문대학 총장이 기자회견에서, 일부 교수들은 주 5일제에 하루만 대학에 출근한다고 힐난했다. 그래도 따질 사람, 내쫓을 사람은 없다. 때로는 학교에 꼬박 붙어 있는 교수는 도리어 좀 '무능한' 교수고, 각종 위원회랴 강연이랴 자문이랴 '운동'이랴 부지런히 나돌아다니는 교수가 책망을 받기는커녕 도리어 유명교수로 여기는 풍조마저 있다.

강의 외 시간엔 연구해야 한다고 하지만 그 연구결과를 무섭게 따지는 것도 아니다. 연구비 받고 진행하는 연구에서도 연구비만 떼어먹고 연구논문은 안 내는 교수도 간간이 있고, 그럭저럭 적당히 써내는 교수도 꽤 있다. 그래도 별 추궁이 없는 것이 보통이다. 어떤 교수는 논문을 내기는 하는데, 그 내용이 스스로도 창피해서 가까운 교수들에게는 읽지 못하게 감추는 교수도 있다고 들었다. 이쯤 되면 연구는 허구다. 아무 짐이 안 된다.

그러면서도 보수조건은 선진국 대학교수 봉급수준에 결코 떨어지지 않는다는 것이 일반적인 정평이다. 어떻게 산정했는지는 모르나, 교수연봉이 4천만 원에서 1억 7천만 원 사이에 분포되어 있다는 보도도 있었다. 이것은 적은 액수가 아니다. 그 상위권은 미국에서도 드문 액수다. 최근 OECD의 보고에 따르면, 한국 초·중·고등학교 교사의 봉급이 30개 OECD 회원 국가와 19개 비회원 국가 등 49개 나라 중에서 최상위권인 데 비해서, 한국 교사의 연간 수업시간은 49개국의 평균에도 못 미친다고 했다. 미국 중학교 교사는 1,127시간 수업하는데, 한국 교사는 달랑 701시간이다. 그러면서 한국교육은 교육붕괴를 자탄하고 있다. 혹 한국의 대학교육도 비슷한 고(高)봉급·저(低)질 교육의 형편에 있는 것이 아닌가?

1950년대엔 교수봉급이 생계비에 턱없이 부족했다. 그래서 한편으로는 무섭게 아껴야 했고 또 한편으로 여기저기 다른 대학의 시간 강사료로 보충해야 했다. 가능하면 부인도 돈벌이에 가세해야 했다. 물론 다른 직장들도 봉급이 형편없었다. 나라 전체가 가난하니까 봉급 올려달라는 말도 나오지 못했고 불만도 삼켜야 했다. 그런 상황에서 교수들이 어떻게 그렇게 열심히 일했는지 지금 생각해도 신기하다.

1970~1980년대에 들어서 나라의 경제발전과 더불어 교수 봉급도 올라갔지만, 동시에 봉급 기대수준, 요구수준도 올라가서 교수사회에서는 계속적으로 봉급인상 요구의 목소리가 높았다. 그러나 언제부턴가 그런 목소리가 점점 잦아들었다. 절대 생계비 수요를 훨씬 넘어섰다는 증거다. 물론 이 대학 저 대학의 봉급수준을 비교하면서 상대적 불만의 소리는 가끔 들리지만, 대학계 전체로서는 명백히 봉급 불만은 퇴조했다. 그도 그럴 것이, 앞에 말한 것처럼 봉급 수준은 이미 선진국에 육박한다. 한 대학교수는 지금 교수들의 봉급을 4분의 1 정도 줄

이고, 그 액수로 교수를 더 채용해야 한다는 주장까지 하고 있다.

한국 대학교수의 자기안주 심리에는 그간 대학에 대한 정부의 각종 타율적 간섭의 책임도 크다. 타율의 풍토는 어디에서나 일종의 무력감(無力感)과 무책임감을 낳는다. 예컨대 대학입시는 본래 대학 자율 소관사다. 앞에서 말했듯이, 그런 자율의 시절에는 각 대학교수들이 입시방법 개선에 자발적·적극적 노력을 경주했다. 그랬던 것이 지난 30~40년간 정부가 대학입시방법을 획일적으로 좌지우지하기 시작한 이후로는 대학입시 연구·개선은 대학교수들이 어찌할 수 없는 일, 거기에서 손을 떼고 무위(無爲)에 안주할 수밖에 없는 일이 되어버렸다. 이제는 그것이 교수가 해야 할 일이 아니라 도리어 귀찮은 일로 여겨지게 이르렀다. 그런 무력의 안주심리는 다른 일에도 번져간다. 본래 타율은 무력·무책임의 풍토를 낳는다.

배불리 먹을 수 있고 일도 쉽고 책임도 없다면, 그처럼 안정되고 안주할 수 있는 직장도 드물다. 더구나 그런대로 존대도 받아가며 딴 일로 소일해도 된다. 이렇게 매력적인 직장, 자기만족과 자기안주에 머무르기 쉬운 직장은 대학밖에는 별로 없다. 그래서 박사학위 소지자로서 각종 연구원, 기업체에서 일하는 사람들은 틈만 있으면 대학으로 전직하려 한다. 그러나 이런 매력이 정말 대학교수직의 매력이라야 하나? 그리고 그런 속에서 안주해야 하나?

대학의 매력

나는, 대학교수직에서 그런대로 넉넉한 수입과 안주와 명예라는 매력 이상의 어떤 보람을 찾으려는 학자에게는, 대학의 매력은 근본적으로 학구의 매력, 교육의 매력이어야 한다고 믿는다. 따라서 그에게는 높은 학구 수준과 높은 교육 수준을 요구하는 압력과 역할기대가 높은 대학 그래서 그 속에서 그 자신이 학문적으로 더욱 성장을 할 수 있는 대학이 더 큰 매력이 된다.

높은 뜻을 가진 검객(劍客)은 느슨하고 시시한 도장을 찾아가지 않는다. 높은 검술을 엄하게 닦아야 하는 규율과 압력과 기대가 있는 도장을 찾아간다. 그런 곳이 없으면, 옛날 얘기에 자주 나오듯이, 깊은 산 속으로 검술의 비법을 알고 있다는 백발의 도사를 찾아가서 엄한 규율과 훈련의 세월에 몸을 맡긴다.

학문적 의욕이 있는 학자는 탁월한 학문적 기준과 규율이 있는 대학의 분위기에 몸을 두기를 원한다. 봉급도 봉급이지만, 그런 높은 학문적 기준과 규율의 명교수들이 많은 학과와 대학을 찾아간다. 그런 학과, 그런 대학이 정말 '명문'학과, '명문'대학이다. 명문대학이란 이른바 일류대학이라는 사회적 인기가 높은 대학을 의미하지 않고 의미해서도 안 된다. 명문대학이란 그 속에 들어가서 높은 수준과 규율의 석학과 명교수와 어울리고 부대끼고 씨름하면서 나 자신의 학문 수준을 높일 수 있는 기회가 있는 대학, 학과를 말한다. 방만하고 느슨한 분위기에서는 자신마저 방만해지고 느슨해지면서 무위도식(無爲徒食)의 자책감에 빠지기 쉽기 때문이다. 한 나라의 학문발전은 그런 학자들에 의해서 이루어진다.

이것이 너무 이상적인 이야기일까? 나는 그렇게 생각하지 않는다. 이상적인 이야기냐 아니냐는 차치하고, 우선 그것은 모든 직장에 요구되는 직업윤리의 문제다. 느슨하고 방만한 대학풍토에 안주한다는 것은 원칙적으로 말해서 비(非)직업윤리적이고, 애당초 대학에 잘못 들어온 학자라 해도 반박할 길이 없을 것이다.

한국 대학의 여러 많은 문제들은 결국 학구와 교육의 방만성과 안주성의 풍토를 극복할 수 있는 규율을 세워야 하는 일로 귀착된다고 해야 한다. 한국 대학의 소생(蘇生), 학문의 발전을 가능하게 하는 길은 대학과 교수들이 자기안주에서 벗어나서 스스로 엄한 규율을 세우고 그 규율 속에 스스로 몸을 맡기는 길밖에 없어 보인다. 여타의 교수대우와 근무조건의 개선, 연구시설의 확충, 연구비의 획기적 증가 등은 모두 다 부차적인 사소한 문제로만 보인다.

그러려면, 대학도 교수도 기꺼이 스스로 앞서 말한 '체크 앤드 밸런스' 속에 자신을 노출시킬 수 있는 용의와 용기가 있어야 한다. 거듭 말하지만, 모든 공적인 일에는 완전 자율이란 있을 수 없다. 자율은 책임을 수반하고, 그 책임을 누군가는 물어야 한다. 무책임 속에 안주할 수는 없다.

나는 교수평가제에 찬성한다. 물론 누가 어떤 방법으로 평가해야 하느냐 그리고 그 평가의 충실한 객관도, 신뢰도, 타당도를 어떻게 기약하느냐의 문제와 그 계속적인 개선연구의 문제는 남는다. 그러나 모든 인간평가가 필연 그렇듯이 그 최선의 노력을 해도 약간의 주관적이고 모호할 수밖에 없고, 한 치의 오차도 없는 평가란 심리측정이나 교육

평가 이론상 있을 수가 없다. 그것도 용인해야 한다. 학구의 매력, 교육의 매력에 깊게 젖어 있는 정도에 따라 교수에게는 그 만큼의 용기도 있어야 할 줄 안다.

제 9 장

한국 대학이 소생하려면

대학은 학문의 산실이고 지식인의 산실이다. 이 사회에 다른 산실이 없지는 않지만, 대학이 그 주종이다. 따라서 한 나라의 학문과 지식인의 질과 양은 그 나라 대학들이 결정한다. 그 역할을 맡고 있는 대학이 앞에서 논의한 것처럼 지금 안팎으로 비판의 대상이 되고 있다. 나는 학구의 본질, 학문과 관계되는 정신풍토에 관한 지금까지의 논의에서 그 개선의 몇 가지 방향을 간접적으로나마 시사했다고 생각한다. 그러나 이 장에서 한국의 대학개선 방향을 직접 제안하려고 한다.

한국 대학의 개선방안에 대한 논의도 제안도 그 동안 수도 없이 많았다. 여기 제안은 그런 제안들의 반복에 지나지 않을는지 모르나, 나의 견해를 정부, 대학, 교수에 대한 각각 세 가지씩의 제안으로 정리해본다. 각 제안의 이유나 배경에 관한 논의는 그 많은 부분이 앞의 여러 논의에 포함된 것으로 보고, 여기에서는 골자만 추리고 약간의 보충만 한다.

정부에 대한 간청

우선 정부에 대해서는 ① 대학의 자율을 대학에 과감하게 반환하고, ② 한국 대학발전의 큰 그림을 그리고, 그 방향으로 대학들의 점진적인 구조조정을 유도하고, ③ 대학에 대한 풍족한 재정지원과 동시에 제반 법과 규정의 준법 감독이 있기를 제안한다.

대학의 자율, 학문의 자율, 교육의 자율의 긴요성은 앞 논의의 여러 곳에서 강조했다. 대학도 초·중·고등학교도 학문도 교육도 정부에 의한 타율이 심해지는 정도에 따라서 그 질은 하락해간다. 그것이 1960년대 이래 한국교육의 역사고 한국 대학의 역사라는 사실을 이제는 위정자들이 직시해주고 과감히 자율신장으로 방향전환해 주기를 간청한다. 애원이라 해도 좋다. 대학의 자율은 대한민국헌법에도 규정되어 있다.

이것이 쉽게 결심할 수 있는 일이 아닌 것은 안다. 1960년대 이래 근 반세기의 타율행정이 관성이 되어 왔기 때문에 이제 거기에 스스로 제동걸기도 어렵게 되어 있고, 본래 정부 관료주의의 한 속성에 권한을 움켜잡기는 좋아하지만 내놓기는 싫어하는 습성이 있으며, 또 자율을 허용하면 무슨 혼란 무슨 변을 당할지 모른다는 불안심리도 있을 것이기 때문이다. 그러나 진정 대학과 교육의 내일을 생각한다면 정부는 이를 스스로 극복할 수 있어야 한다.

최근 《이코노미스트》는, 2차대전 전까지도 세계 지식층의 동경(憧憬)의 대상이었던 유럽 대학들이 점점 질이 떨어지면서 미국의 대학에 그 영광의 자리를 내놓았다고 논평했다. 지금 미국 대학은 세계 20개 최상급 대학 중 17개 대학을 가지고 있고, 세계의 노벨상 수상자의 70%가 그 교수진에 들어 있고, 과학·공학 논문의 30%와 최고 인용빈도 논문의 44%를 차지하고 있다. 그 유럽 대학몰락의 주원인은 대학들이 대부분이 국가재정으로 경영되고 있어서 국가의 실질적 통제하에 있기 때문이라고 했다.

이에 비해서 미국 대학의 재원은 국가재정지원만 아니라, 여러 문화재단, 기업체, 동창회, 수업료 등 다양하다. 그리고 그 방대한 국가재정지원은 앞에서도 언급했듯이 거의 대부분이 학생들의 장학금과 대여금을 통한 간접지원으로서 수업료라는 통로로 대학에 흘러들어 간다. 따라서 국가통제의 길이 원천적으로 배제되어 있는 셈이다. 정부의 통제 없이 대학경영을 할 수 있다는 것이 미국 대학의 발랄한 발전의 원동력이었다는 것이다.

한국의 대학에 생기를 불어넣으려면, 정부에게 자유·자율이 대학의 생명이라는 사실의 뚜렷한 인식부터 있어야 한다. 대학에 대한 국가의 풍족한 재정지원은 있어야 한다. 그리고 그것은 직접적이기보다는 간접적인 것이 바람직하다. 어느 경우든 대학은 정부의 각종 타율적 통제에서 벗어나 있어야 발전이 가능하다.

긴 세월 타율에서 갑자기 자율이 허용되면 약간의 혼란은 아마도 불가피할 것이다. 자율엔 자율의 경험으로 길러지는 자율의 능력이 수반되어야 하기 때문이다. 그러나 그런 혼란은 성장을 위해서 거쳐야 할 약간의 시행착오로 보아야 한다. 그리고 한국의 교사, 교수들이 그렇게 자율능력이 없는 무능자도 아니다. 그런 혼란을 최소화하려면, 자율을 점진적으로 증대해 가는 방안도 있을 수 있고, 자율에 따르는 법과 규정의 준수를 감독하는 기능을 강화하는 방안도 있을 것이다.

한국 교육 전체에도 자율이 신장되어야 하지만, 특히 대학에는 자율이 그 생명이다. 아니면 대학은 병든다. 대학에 관한 한 그 권위는 교육부에 있을 것이 아니라, 대학 자체에 있어야 한다. 대학이 교육부 시종의 위치에 있는 한, 누구의 눈에도 대학의 학문적·교육적 권위는 서지 못한다. 그리고 그 대학 권위의 실추가 한국 대학의 근본 병폐다.

예컨대 대학입시는 이제 완전히 대학자율에 맡겨야 한다. 공동으로 조정해야 할 사항이 있으면 대학들간의 협의에 맡기면 된다. 지난 50년 대학입시제도는 교육부가 이래라 저래라 하는 타율 속에 그 병은 점점 깊어지고 고질화되었다. 관료권위주의의 역기능은 벌써 옛날 사회학자 베버(Weber)가 엄중히 경고한 바 있다. 관료권위주의의 획일적 타율에서 자율로의 과감한 전환은 언제든 어느 정권에서든 이루어져야 한다. 그러기 전에는 다른 모든 정책, 구조조정, 특성화, BK 21 등 연구비 증액, 교수대우 개선, 시설 확충 등은 결국은 허공의 메아리 또는 밑 빠진 독에 물 붓기로 끝난다. 그렇다고 나는 가끔 들리는 교육부 불필요론을 찬성하지는 않는다. 교육부에 중요한 책무가 있기 때문이다.

정부, 교육부는 대학발전에 지대한 관심을 가져야 한다. 세계의 모든 정부가 그렇다. 정부는 우선 중지를 모아 한국 대학 발전의 큰 그림, 큰 방향, 큰 설계를 그려내고 그 방향으로 점진적으로 대학의 자체 변화를 유도해야 한다.

물론 대학에는 어떤 기본적인 항상성과 공통성이 있고 또 있어야 한다. 예를 들어 아무리 직업준비 위주의 대학이라도 대학이라는 이름을 붙이는 이상 응당한 교양과정은 필요하고, 아무리 멀티미디어 인터넷을 활용한다 하더라도 대학인 이상 그 교육과정(過程)의 어디엔가는 교수와 학생의 면 대 면의 인간적 상호작용은 기필 있어야 한다. 그러나 동시에 변화해가는 시대적 수요를 파악하고 소화하고 그 수요에 대한 적절한 교육적 대응 또한 필수다. 세계도 빨리 변해가고, 산업계도 학문도 빨리 변해가기 때문이다.

우선, 지금 고교에서의 대학 진학률이 80%를 넘는다는 그 많은 한국의 대학들은 다 너무 비슷하다. 전문대학은 예외지만, 4년제 대학은 거의 다 학부에 대학원까지 갖춘 종합대학, 아니면 틈만 있으면 그런 종합대학이 되려고 꿈꾸고 있는 '팽창주의' 대학들이다. 여러 전문대학들도 속으로는 4년제 대학을 꿈꾸고 있다. 학과들도 백화점처럼 서로 비슷하다. 시대적 수요에 맞춘다고 신설되는 학과는 있어도 폐지되는 학과는 거의 없다. 그런 수술을 감행할 지혜와 용기가 아무 데도 없고, 그것을 책무로 여기는 데도 없다.

최근 한국경제연구원의 연구에 따르면, 해당 직업이 요구하는 이상의 학력 과잉(過剩) 비율이 2002년에 거의 30%가 된다고 한다. 동사무소 직원모집에 석사·박사가 몰려오는 경우다. 대학 진학률 80% 중 30%는 별 경제적 효용이 없는 '과잉교육'이라는 말이다. 누군가는 이를 '학력 버블 사회'라고 했다. 대학교육을 그렇게 경제적 효용으로써만 평가할 것은 아니지만, 이런 사실은 생각해보아야 할 많은 문제를 함축하고 있다.

팽창주의가 그 하나다. 긴 세월의 팽창주의 때문에 한국의 대학엔 지금에 와서는 시대착오적인 군더더기가 많고, 대학교육의 사회적 적절성과는 관계없이 그저 졸업장 공장의 역할만 하는 학과도 많다. 팽창해서 종합대학이 되어야 대학의 '체면'이 서는 것은 아니다. 세계엔 한 영역의 '단과'대학으로 출중하게 명성이 높은 대학도 많다.

한국의 대학들은 거의 다 학사만 아니라 석·박사도 길러내고 있고 길러내려고 한다. 그것이 또 대학의 체면인 양 여기고 있다. 그 결과는 대학원생이 한 학과에 서너 명, 혹은 네댓 명이 고작인 학과가 허다하고, 그 교육의 질은 한국의 대학들 스스로가 불신하는 그저 학위 공장인 것이 대부분이다. 간혹 대학원의 존재이유로, 그래도 대학원생을 가지고 있어야 연구조교로 쓸 수 있다는 이유를 든다. 그러나 이것은 본말전도(本末顚倒)다. 대학원생 교육이 먼저지, 연구조교 인력 확보가 먼저는 아니다. 대학의 연구는 대학원생을 교육하는 한 방편이지, 대학원생이 연구의 수단이 되어야 하는 것은 아니다. 정 연구조교 인력이 필요하면 학부 3, 4학년 학생도 쓸 수 있다.

또 앞에서도 말한 것처럼, 모든 대학이 다 연구하는 대학일 필요는 없다. 또 모든 교수가 개인적 연찬은 계속해야 하지만, 반드시 다 연구비를 받아가며 연구프로젝트로 연구해야 할 필요도 없다고 나는 믿는다. 현대사회가 대학에 기대하는 인적 수요는 다양다기하다. 훌륭하게 교육만 하는 대학, 유능하게 교육만 하는 교수도 필요하다.

좀 극단적인 제안을 한다면, 한국 대학 전체의 구조는, ① 대학의 대부분은 중견 직업인이 목적인 전문대학(2년제, 3년제, 4년제)과 넓은 교양이 목적인 학과 없는 비교적 소수의 일반대학(2년제, 3년제, 4년제)으로 하고, ② 대학원도 대부분은 고급전문인력 양성을 위한 전문 대학원(*professional school*)과 비교적 소수의 연구 중심의 일반 대학원(*graduate school*)으로 하며, 그리고 ③ 대학간, 대학원간, 대학과 대학원 간의 학생 이동을 원칙적으로 개방하는 방향으로, 점진적 개혁이 이루어지기를 바란다. 긴 설명은 생략하지만, 이런 고등교육 구조는 고도의 지식사회라는 전망에서는 불가피하다고 믿는다.

현재 교육부의 대학구조조정 정책의 착상은 옳다. 명백히 한국의 대학은 이대로는 안 된다. 어떤 거듭남이 필요하다. 다만 그 구조조정 정책에는, 빠르게 감소하는 대학적령 인구의 전망만 아니라, 다른 여러 가지 개혁의 필요도 감안하는 장기적이고 종합적이며 획기적인 어떤 멋진 청사진이 먼저 그려져 있기를 바란다. 그야말로 중지를 모아 중지가 공감할 수 있는 그런 큰 그림을 그려내는 것이 교육부의 책임이다. 그리고 성급한 타율적 조정 압력은 최소화하고, 좀 시일이 걸리더라도 점진적으로 대학의 자율적 조정을 유도해야 한다. 특히 흔히 개혁으로 인해서 생길 것으로 예견하는 교수·직원들의 신분 위협에 대한 불안감을 사전에 불식시킬 수 있는 창의적 개혁안과 그 추진책이 필요하다.

정부는 대학에 대한 풍족한 재정지원이 있어야 한다. 한 논자에 의하면, 우리나라 고등교육 교육비의 총규모는 GDP 대비 2.7%로 OECD 국가 평균치 1.8%보다 웃도는 수준이다. 그러나 정부지원은 겨우 그 중 0.4%로, OECD 국가 평균치인 50%를 턱없이 밑돈다. 남들 나라는 고등교육비 100원 중 50원을 정부가 부담하는데 우리나라는 겨우 4원을 부담하고 있는 셈이다. 정부지원이 거의 없다시피 부족하다는 말이다. 공(公)교육비의 부족은 교육질 저하, 교육기회 불균등, 대학 격차 심화 등 각종 차질을 낳게 마련이다. 필연 대학의 국제경쟁력도 떨어지게 마련이다. 이것이 세계 상위 60개국 중 그 대학 경쟁력이 밑바닥인 59위라는 위상을 몰고 온 큰 원인일지도 모른다.

국가의 제반 재정수요에 국고는 으레 모자라는 법이다. 그렇다 하더라도 한국 대학의 소생이 정말 국가적 과제라고 인식한다면 국가의 고등교육 재정지원의 대폭적 증액은 불가피하다. 그것이 교육부 책임의 또 하나다. 그러나 정부지원의 대폭적 증액과 운영에는 세 가지 조건이 수반되어야 할 것을 제안한다. 아니면 증액의 효과는 크게 감소하고 되며, 각종 역효과를 낼 수도 있다.

첫째는 정부지원은 가능한 한 총액(*lump sum*)제로 하고, 세부적인 예산과 그 집행은 대학 자율에 맡긴다는 조건이다. 정부지원을 세세한 항목별로 묶어버리는 것은 각 대학에 특수한 조건에 맞지 않는 비효율과 낭비를 낳는다는 것은 정부지원 수혜 대학의 일반적 경험이다. 또 한편 세부적 항목규정은 정부 관료의 권력행사 수단, 대학 통제수단으로 사용되는 경우도 적지 않다. 정부관료로서는 그렇게 큰 덩어리로 주면, 대학에서 무슨 짓을 할는지 모른다는 불안감은 있을 것이다. 그러나 일단 대학을 믿어야 한다. 그리고 사후감사는 철저해야 한다. 대학자율에 대한 불안을 영영 품고 있는 한, 대학자율의 신장과 성숙을 기대할 수 있는 길은 없다.

둘째로 정부의 재정지원은 가능한 한 각 대학당국에 대한 직접 지원이 아니라, 어떤 중개기구를 통한 간접적 지원이기를 제안한다. 이것은 결국 정부의 재정지원에 직접 통제의 '끄나풀'이 달려 있지 않아야 한다는 말이다. 앞에서 언급한 대로, 영국 정부는 방대한 대학재정 지원을 직접 각 대학당국에 주는 것이 아니라, '대학지원금 위원회'(University Grant Commission)라는 중개기구를 통해서 준다. 대학들을 정부에 대한 종속관계로 두지 않으려는 배려다. 재언하지만, 미국 정부의 대학재정 지원도 대학에 직접 지급하지 않고 대부분 방대한 학생 장학금과 대여장학금이라는 통로를 통해서 간접적으로 대학에 흘러 들어 가게 한다. 그럼으로써 정부가 대학을 직접 컨트롤할 수도 없고, 대학이 비굴하게 정부에 굽실댈 필요도 없게 하려는 배려다. 대학의 자율을 보장하는 지극히 '절묘한' 국가재정지원 방법이다. 그것이 미국 대학발전의 큰 힘이 되었다고 자타가 평가하고 있다.

한국에서는 그런 중개제도가 아주 생소하다. 그러나 예외는 있다. 대학교수의 연구비 지원을 교육부가 직접 집행하지 않고, 그 사이에 중개기관으로 둔 학술진흥재단이 그 예외다. 이런 예가 예외가 아니라, 정부의 대학지원 전반에 적용되는 통례가 되기를 기대해본다. 대학자율의 궁극적 관건이 여기에 있다고 나는 믿는다.

셋째로, 앞의 두 제안에는 교육부의 사후평가 및 감사기능의 강화가 수반되어야 할 것을 제안한다. 대학도 교수도 다 언제나 성인(聖人)은 아니다. '정의의 역량과 부정의 성벽'을 다 가지고 있는 범상한 존재다. 고상한 동기와 목적을 가지고는 있지만, 가끔은 밖에서 들여다보지 않으면 속에서 무슨 짓을 할지 알 수 없는 것은 너 나 없이 다 같다. 불행히도 우리는 신문 등 미디어에서 사학재단의 각종 비리, 교수의 각종 부정에 관한 보도를 너무 자주 듣는다. 그런 상황에서는 앞의 두 제안이 위험한 제안으로 여겨질 수도 있다. 그러나 그렇다고 길은 자율의 기회를 주지 않는 데에 있는 것이 아니라, 자율을 주되, 대학들의 법과 규정 준수 여부, 스스로 설정한 목표의 달성 여부를 감사하고 평가하는 기능은 교육부가 가져야 한다. 그것이 납세자에 대한 정부의 의무이기도 하다.

그 감사·평가의 기능을 교육부 자체가 수행하느냐, 아니면 적절한 기관에 위임하느냐, 어떤 기준 어떤 방법으로 감사·평가하느냐, 감사·평가 결과를 어디에 어떻게 활용하느냐 등의 문제는 남는다. 그러나 정부는 그 기능을 견지해야 하고, 각 대학은 거기에 스스로를 공개할 수 있어야 한다. 그런 상황에서만 대학의 자율은 성장할 수 있다.

대학에 대한 제안

대학에 대해서도 세 가지를 제안한다. ①국·공·사립대학은 다 법인화하고, ②각 대학은 그 교육목적을 명확하게 정립하고 경영을 효율화하며, ③입학전형은 전인평가로 할 것을 제안한다.

첫째는 사립만 아니라 국·공립대학도 다 각각 법인화하고, 그 이사회가 대학경영에 관한 주요사항을 심의·의결하며, 이사회가 선임한 총장이 그 집행 권한을 행사한다는 제안이다. 근자에 일본에서 이런 국·공립대학 법인화를 착착 추진중이라고 들었다. 우리라고 못할 일은 아니다. 대학 법인화는 근본적으로 대학을 정부의 직접통제에서 벗어나게 하고 그 자율을 신장하자는 뜻이기 때문에, 긴 세월 정부타율의 습성에 젖어 있는 한국 고등교육에는 거의 혁명적 전환을 의미한다. 그 전환은 대학에도 어떤 충격파를 주겠지만, 교육부에도 그 권한을 축소하고, 경우에 따라서는 그 인원도 축소해야 하는 충격도 줄 것이기 때문이다. 그러나 그것은 다 대학자율의 신장을 위해서는 이겨내야 할 충격이다. 전체주의적 심성이 어쩌면 우리보다 더 강한 일본이 대학발전을 위해 '할 수 없이' 이 길을 택했다는 사실은 우리를 자극하기에 충분해야 한다.

근자에 교육부가 국립대학 법인화를 추진하려는 '숨은' 동기가 재정

절약이라고 들려온다. 어떤 논리에서인지는 모르나 이것이 사실이라면 그것은 법인화의 이유를 잘못 짚은 것이다. 대학 법인화의 근본취지는 대학자율을 보장하려는 데에 있다. 이사회라는 완충지대를 둠으로써 대학을 정부의 직접통제에서 벗어나게 하려는 데 있다. 세계 모든 나라에서 고등교육에 대한 국고지원 자체는 축소가 아니라 도리어 팽창일로다. 무엇보다 교수인원의 대폭증가의 필요에 비추어 정부 재정지원의 대폭증가는 필연적이다. 그리고 거기엔 교수의 직무에는 '책임시간'만 필수가 아니라, 학생들의 개인지도 시간도 필수고, 학과와 대학운영 참여도 필수고, 연구시간도 필수라는 인식이 정부에게도 교수에게도 수반되어야 한다. '책임시간' 수요만으로 교수인원을 책정해서는 안 된다는 말이다.

여기에 다시 명기해야 할 것은, 대학 법인화는 반드시 대학재정의 자율을 수반해야 한다는 점이다. 지금처럼 국고지원이 세세한 예산항목별로 묶여 있다면, 대학 법인화는 문자 그대로 유명무실이 된다.

반면 몇몇 국립대 교수들은 연금 등 기타 혜택의 불안을 이유로 도리어 대학 법인화를 반대하고 있다고 들린다. 그러나 한 국립대 교수는, 실은 그 '숨은' 동기가 공무원 신분이라는 '후광'을 버려야 하는 아쉬움에 있다고 관찰했다. 혹 이 말이 맞는다면, 그것은 일부 국립대 교수들이 긴 세월 관(官)에 의지하고 종속하고 그 후광에 안주함에서 아직도 벗어나지 못하고 있음을 뜻한다. 그렇다면 그 자체가 전통적 '관학관'에 사로잡힌 대학자율의 포기라고 해야 한다. 대학교수에게 공무원이라는 후광은 필요 없다. 도리어 교수는 언제나 자유로운 정신을 견지하는 야인(野人)이라야 하는 것이 아닐까?

이사회는 가능한 한 '깨끗하게' 공익을 생각하고 대변할 수 있는 인사로 구성하는 것이 원칙이고 이상이다. 대학교육은 공익사업이기 때문이다. 이 원칙과 이상에 최대한 근접할 수 있도록 이사를 선임할 수 있는 최선의 길을 숙고해야 한다. 그러나 어쩔 수 없이 결국은 선임하는 사람들과 선임받는 사람들의 양심과 양식이 성공의 관건일 것이다. 근자에 정부가 위임하는 여러 선임위원회처럼 그 위원들이 친여(親與) 인사로만 구성되고 정부의 입김이 그대로 통하는 조직이라면 법인화는 하나마나다.

나는 앞에서도 밝혔지만, 교수진에 의한 총장 직접선거에는 반대다. 총장선임에 어떤 모양으로든 교수들의 의견이 간접적으로 반영되는 길은 있어야 한다. 그러나 총장 선임 그 자체는 임명자인 이사회의 책임이고 권한이다. 한국 대학에선 총장선거가 가까워지면 또는 그 훨씬 이전부터도, 표면상은 아니지만, 이면에서는 '캠퍼스 폴리틱스'가 심하다. 총장만 아니라 학장 기타 보직자 선임도 캠퍼스 폴리틱스에 휘말리는 경우도 있다. 이상하게도 교수 개개인은 사석에서는 거의 다 총장 직접선거의 폐단을 개탄하지만, 집단으로 모이면 직선제 주장이 거세다.

앞장에서, 미국 대학들은 백해무익인 캠퍼스 폴리틱스를 미연에 방지하고 또 한편 캠퍼스에 새 바람 새 물결의 유입을 쉽게 하기 위해서 총장은 밖에서 영입한다는 것에 언급했다. 한국에서도 이제 그런 선례가 일기 시작했고 그래야 한다는 주장도 이젠 꽤 잦다. 대학에서 선거 만능의 풍조는 지양되어야 한다.

둘째, 나는 한국 대학들의 가장 심각한 문제, 그것 때문에 다른 거의 모든 문제들이 파생하는 원천적 결함은, 각 대학이 그 설립과 운영에서 어떤 독자적 목적을 명확하게 설정하고 있지 않다는 데에 있다고 본다. 그저 막연하게 '지도자 양성', '인재 양성' 등 통상적 의식 이상으로 어떤 교육을 할 것이냐에 관한 독특한 목적의식이 별로 없다는 말이다. 그것을 비전·이념이라고 해도 좋고, 철학·목적·목표라고 해도 좋다. 그 명확한 설정이 효율적 대학경영의 대전제가 되기 때문이다.

각 대학은 우선 제각기 추구하려는 고유(固有)의 교육목적을 명확하게 설정해야 한다. 이제는 한국의 대학들이 다 학자를 길러낼 수도 없고 그럴 필요도 없고, 다 석사·박사를 길러낼 필요도 없으며, 다 비슷할 필요도 없다. 고유 교육목적의 선택지(選擇肢)는 많다. 예컨대 백화점식 대학이냐 또는 탁월한 특정 단과대학이냐, 학부대학이냐 또는 대학원 병행대학이냐, 교육위주냐 또는 연구를 병행하느냐, 대형대학이냐 또는 알찬 소형대학이냐, 엘리트 양성이냐 또는 건실한 중견 양성이냐, 특정 전문역량이 주냐 또 넓은 교양이 주냐, 지식·기술을 강화하느냐 또는 사고력·비판력 또는 상상력·창의력을 강조하느냐 등이 명확하게 설정되어야 대학경영의 명확한 방향이 선다.

앞의 예에서 든 선택의 갈래는 다 제각기 그 존재이유, 존립근거가 있는 선택이다. 지금의 한국 대학처럼, 모든 대학이 모든 것을 겨누는 대학체제로는 뚜렷한 효율적 경영은 어렵다. 한국의 대학들은 너무 서로 비슷한 것이 우선 문제다. 가령 어느 대학이 어떤 뚜렷한 소신(所信)이 있어서, 고교성적이 우수한 학생은 지망해와도 거절하고, 중·하급 학생만 선발해서 어떤 특정영역의 탁월한 능력과 인격을 길러낼 자신만 있다면, 나는 그런 대학을 시시한 종합대학보다 높게 평가할 것이다.

제각기 특수한 색깔의 목적으로 독특한 대학을 경영하면서도 대학들의 연합체제를 구성함으로써 어떤 종합대학의 필요를 공동으로 충족할 수 있는 길도 모색해볼 만하다. 한국의 대부분 종합대학은 명색만 종합대학일 뿐, 실은 각기 그 속의 단과대학들 사이 그리고 학과들 사이에 벽을 쌓고 있는 그저 '섬'〔島〕들의 집합인 것도 문제다.

경영 효율화는 대학만 아니라 어느 공공기관에도 다 그리고 계속적으로 요청되는 문제다. 그러나 한국 대학에서는 여기에도 거의 혁명적이리만큼 깊은 반성이 필요하다.

누군가 대학교수는 가장 첨단적이고 신선한 아이디어를 찾고 가르치지만, 자신들 대학 자체의 쇄신과 변화에는 가장 보수적이고 반동적인 집단이라고 했다. 물론 보수적이라야 마땅한 경우도 있다. 그러나 필요하면 때로는 좀 고통스러워도 안주와 고집을 버리고 자체 재조정을 하는 개방성도 있어야 한다.

누누이 강조했듯이 대학 내 각종 방만성의 극복은 한국 대학경영의 제일의 급선무라고 해야 한다. 기강 해이는 어느 기관에서도 그 목적 달성에 도움이 되지 않는다. 이에 관해서는 앞에서 길게 논의한 바 있으니 여기에 그 이상의 논의는 생략한다. 다만 거기에는 그 극복의 합의된 의지를 환기할 수 있는 총장의 리더십 여하가 관건이라는 것만 부기한다.

한 대학 안에도 긴 세월의 타성이 낳은 군더더기도 많고 중첩도 많고 따라서 낭비도 많다. 이것을 바로잡는 일도 경영 합리화의 큰 과제다. 이것은 말은 쉽지만, 실제로는 매우 어려운 과제다. 어떤 강의는 신설하고 어떤 강의는 폐지해야 하고, 경우에 따라서는 학과를 통합하고 극단적으로 아예 폐과해야 할 경우도 있기 때문이다. 이 대학 내의 구조조정 문제에는 한층 더 탁월한 리더십이 필요할 것은 명백하다.

대학경영에서 총장 산하 각 보직자들, 특히 학장과 학과장의 선임방식과 그 역할에 관해서도 반성과 재조정이 있어야 한다. 종합대학에서 단과대학 학장을 교수 직선제로 선임하는 것도 나는 반대다. 그 이유는 총장직선제 반대 이유와 같다. 우리는 민주주의를 설해석 했던지 아니면 과대 해석했던지, 선거를 만능으로 생각하는 경향이 있다. 다수결이 반드시 현명하고 양심 있고 추진력 있는 장을 뽑아내는 것은 아니라는 사실, 그리고 대학이 성원들의 다수결로 운영되어야 하는 정치체(政治體)도 아니라는 사실을 좀 음미해야 할 것이다.

대부분의 종합대학에서 학과장의 역할은 인사, 재정, 교무운영 등에서 별 실권·권한 없는 심부름꾼 격인 일종의 명분적 직위에 불과하다. 그래서 학과장은 교수들이 돌아가며 하는 경우가 많다. 반드시 그래야 할까? 아예 학과장제를 없애던지, 둔다면 응당한 권한이 주어져야 할 것이다. 미국의 대학에서는 학장보다 학과장이 더 실권이 있다. 그 중의 하나는 학과교수의 근무상황 평가다. 물론 그의 평가가 재계약 기타 인사사항에서 유일하게 작용하는 평가는 아니다. 유능한 학과장은 8년, 10년 가까이 그 일을 맡기도 한다.

셋째로, 대학의 신입생은 전인평가(全人評價) 방법으로 전형·선발하기를 제안한다. 전면(全面) 평가, 다중(多重) 평가라고 부를 수도 있다. 이 제안은 대학 자체를 위한 제안이기도 하지만, 보다 더 한국교육 전체를 위해서 대학이 필히 해야 할 일로 제안한다.

전인평가는 대학 자체를 위해서도, 장차 가장 크게 사회적으로 공헌할 수 있는 유능·유덕한 인재를 뽑아들일 수 있는 방법이다. 머리만 좋다고 사회적으로 공헌할 인재인 것은 아니다. 머리만 좋고 지도력은 없다면, 그는 대학에서 배운 바를 사회에 쓸모 있게 활용하지 못한다. 머리만 좋고 사명감·책임감이 부족하다면 도리어 지능적 부정을 저지르기에 알맞다.

대학입시 여하는 문자 그대로 한국교육의 방향을 좌우하는 힘을 가지고 있다. 그래서 한국교육을 정상화할 수 있는 입시방안은 역대 교육부의 최대 최난의 과제가 되어 왔다. 지금도 그 요란한 왈가왈부가 계속되고 있다. 이 문제에 대한 나의 처방은 두 가지다. 하나는 대학입학전형 문제에서 교육부는 손을 떼고 완전히 대학자율로 맡겨야 한다는 것이다. 그것이 대학의 본연이고 헌법의 정신이기도 하다. 지난 40년간 교육부가 대학입시개혁안을 발표하고 시달할 때마다 입시문제는 더 악화되어만 갔다.

또 하나는 대학은 학력 위주, 필답고사 위주가 아니라, 그야말로 지·정·의·체를 고루 참작하는 전인평가방법을 계속 연구·개발해 가야 한다는 제안이다. 그런 전인평가 방법은 종래의 학력·필답 위주 방법보다 좀 까다롭고 주관적이기는 하다. 그러나 따지고 보면 논문형

시험의 채점도 주관적이고, 객관형 시험도 실은 어디에서 어떻게 출제하고 어떻게 채점하느냐에 따라 그 결과가 달라지는 주관적 테스트다. 흔히 주관적이라고 하는 방법도 그 객관도, 신뢰도, 타당도를 크게 향상시킬 수 있는 길은 있다.

하바드 대학에선 다양한 전형자료를 참작해서 네 가지 기준에 의한 평점의 종합으로 신입생을 뽑아 들인다. 즉, ① 학업성적, ② 과외활동 실적, ③ 스포츠 활동, ④ 성격 등이 그것이다. 성격으로는 주로 지도력, 사명감, 사회봉사의 증거를 참작한다. 따라서 하버드에는 공부만 잘하는 수재라고 반드시 들어가지는 못한다. 근 40년 전에 이런 방법을 주창한 하버드 대학의 한 교수는 '신의 눈으로 보나 인류복지라는 견지에서 보나 이 세계가 필요로 하는 사람은 머리만 좋은 사람이 아니다'라고 했다.

심리학의 측정이론에서는 예언적(豫言的) 타당도라는 개념이 있다. 한 테스트 내지 평가방법이 몇 년 후, 예컨대 2년, 4년, 8년 후의 어떤 성취도, 예컨대 졸업성적, 졸업 후의 여러 가지 사회적 성취 등을 얼마나 잘 예언하느냐를 예측하게 해주는 통계적 지수를 말한다. 하버드의 신입생 전인평가방법은 미국의 많은 대학들이 채택하고 있다. 그들은 오랫동안의 실제 연구를 통해서 전인평가 방법의 예언타당도가 학력위주 방법보다 훨씬 높다는 증거를 가지고 있기 때문이다. 전인평가 방법이 예언타당도가 높다는 말은 곧 그렇게 뽑아들인 학생들이 대학이 베푸는 교육을 최대로 잘 학습하고, 졸업 후에 그 대학교육의 가치를 최대로 발휘해준다는 말이다. 그것은 대학의 사회적 효능을 가장 크게 하고 대학에 더 큰 보람을 안겨준다는 말도 된다.

교수에 대한 호소

한 한국 대학교수가 '대학이 변하려면 우선 교수가 변해야 하고, 교수가 변하려면 총장이 변해야 하고, 총장이 변하려면 재단이 변해야 한다'고 말했다. 맞는 말이다. 그리고 그 분은 한국 대학교수처럼 자기안주에 젖어 있고 '자기가 가장 똑똑하다는 생각에 사로잡힌' 교수가 쉬 호락호락 자신을 바꾸기는 어려울 것이라는 관찰도 보탰다. 여기에 내가 호소하려는 제안도 그런 교수들에겐 결국 마이동풍(馬耳東風)으로 끝날 확률이 높다. 더구나 나의 다음 제안에 신기한 것은 하나도 없다. 아주 평범한 그러나 간절한 호소들이다.

나는 대학교수는 교육과 학구의 장인(匠人)이어야 하며, 장인에게는 세 가지 특성이 있고, 장인은 그 세 가지를 겸비해야 한다고 믿는다. 즉, 자기의 전업(專業)에 관한 ① 전문적 애착과 사명감, ② 전문적 식견과 기량, ③ 전문적 표준과 윤리가 있어야 한다고 믿는다.

명기(名器)를 빚는 장인적인 도공(陶工)은 그릇 빚는 일에 남다른 강인한 애착과 사명감을 가지고 있다. 자기가 만드는 그릇을 남들이 알아주고 그것이 돈이 되면 좋지만, 그런 명성이나 수입에는 별로 개의치 않고 오로지 아름다운 그릇 빚기 그 자체에 반해 있다. 그것이 자기의 인간실현의 길이고, 사회에 대한 자기의 사명으로 아는 사람이다.

또한 그는 그릇 빚기에 관한 남다른 전문적 식견과 기량을 가지고 있다. 무슨 흙을, 어떤 모양으로, 무슨 유약으로, 가마의 불은 어떻게 떼고 등 남다른 지식, 기술, 비결을 가지고 있고, 그것을 계속 연마해간다.

그리고 그는 자기가 하는 일에 높은 전문적 표준과 엄한 전문적 윤리를 자신에게 스스로 적용한다. 자기가 애써 만든 그릇이 남이 보기엔 멀쩡한 것이라도, 자기 마음, 자기 표준에 들지 않으면 사정없이 다 때려부순다. 다른 일에는 혹 게으르고 자주 술 마시고 때로는 행패도 좀 부릴지언정, 그릇 빚는 일에 관해서는 한치의 어긋남도 '적당히'도 얼버무림도 속임수도 스스로 용서하지 않는다.

이 셋이 장인의 길이다. 윗글에서 도공을 교수로, 그릇 빚기를 학구와 교육으로 바꾸면 장인적인 교수의 길도 스스로 드러난다. 그리고 그 셋이 교수에 대한 나의 호소다.

학구·교육에 대한 남다른 전문적 애착과 사명감은 어디에서 비롯하는 것일까? 워낙 학문분야도 다양하고 학자들의 성격구조, 적성구조도 천차만별로 서로 다를 것이기 때문에, 심리학에서 말하는 학자적 적성, 이론적 흥미, 수리·논리적 지능 등의 개념들이 여기에 별 도움이 되지 못한다. 여기에서는 그보다는 학구·교육활동에 심취하게 하는 성격적 조건을 가설적으로 추리해 본다.

한 대학교수가 이렇게 자기평가를 하는 것을 들었다.

> 나는 이런 저런 국제학술회 관계로 자주 외국에 드나들었지만, 그저 관광 때문에 외국관광을 나서는 경우는 별로 없다. 나는 여러 가지 경관 관광보다 집에 들어앉아서 여러 가지 아이디어 관광을 하는 것을 더 즐기는 편이다.

누군들 희한한 자연관광, 문화관광을 싫어할 사람은 없을 것이다. 그러나 그것 못지 않게 지식의 세계를 섭렵하는 것을 즐기는 그는 학자적 성격에 맞는다. 그렇다고 그가 골방 샌님은 아니다. 활달한 스포츠도 즐기는 분이다.

권력과 금력은 학자에게도 매력으로 작용할 수가 있다. 체질적으로 권력을 기피하는 학자가 더러는 있지만, 정당한 금력을 마다할 학자는 별로 없다. 그러나 정말 아이디어의 세계, 앎의 세계의 관광에 매혹된 사람에게는 권력과 금력의 매력은 여느 사람들보다 덜 작용할 것이다. 쉬이 권력과 금력의 매력에 말려들지 않고, 쉬이 그 힘에 순종·묵종·굴종하지 않는 기질이 조금은 있어야 아이디어 세계에 대한 애착이 더해질 것이다.

따라서 애당초 권력과 금력에 대한 관심이 더 큰 사람은 '시시하게' 학자의 길을 택할 것 없이 본격적으로 권력이나 금력의 길로 나서는 것이 자신을 위해서도 사회를 위해서도 더 대성하는 길이 될는지도 모른다.

학자란 약간은 고독한 사람이다. 때때로는 고독해야 할 사람이다. 연구실·실험실에 혼자 밤늦게까지 파묻혀 있기도 하고, 몇 달을 집중적으로 문헌조사하고 책 쓰고 하느라 가족과 함께하는 시간도, 친구와 어울리는 교분도 뜸해질 수밖에 없다. 뿐만 아니라, 그는 다소간에 약간은 반사회적일 수밖에 없다. 기존질서는 지나친 호기심과 회의, 부동의와 비판을 흔히 반사회적이라고 보기 때문이다. 학문의 길엔 이런 약간은 비사회적인 심리는 필연이다.

반면, 학문 자체가 독백이 아니라 대화라는 사회적 교호작용이며, 학자도 유능한 학자라는 사회적 인정(認定)은 내심 반기고 바란다. 따라서 그는 고독할 수만은 없다. 필연 사회적 연계 속에 있다. 문제는 세속과는 적정한 정신적 거리를 유지할 수 있는 것이 학자의 조건일 것이다.

자기 일에 대한 사명감은 어떤 도덕적 의식에서 비롯되기보다는 자기 일에 대한 강한 애착에서 비롯된다고 보아야 한다. 즉 애착이 사명감을 낳는다. 모든 직업은 사회적 효용이 있는 것이라야 한다. 도둑은 돈벌이는 되어도 직업은 아니다. 사회적 효용이기는커녕 도리어 해독뿐이기 때문이다. 모든 직업엔 다 그 나름의 사회적 효용이 있고, 모든 직업인에겐 그 나름의 사회적 효능감이 있다. 자기직업에 대한 사회적 효능감, 사회적 사명감은 그 일에 대한 애착이 깊은 정도에 따라 커지고 강해진다. 대학교수, 학자의 경우도 예외가 아니다.

대학교수에게는 남다른 전문적 식견과 기량이 있어야 한다는 것은 거의 말할 필요도 없는 췌언(贅言)이다. 물론 그것은 긴 세월의 연수와 연구와 교직경험에서 쌓인다. 다만 몇 가지는 첨언해야겠다.

하나는, 식견과 기량의 계속적인 자체 향상은 해당영역의 최첨단에 있다고 자처하고 그렇게 기대도 받는 대학교수에게는 거의 절대적인 필수라는 점이다. 지속적 자체 향상이 멈춰지는 순간 그는 대학교수로서는 퇴물이 되는 셈이다.

또 하나는, 대학교수의 전문적 식견과 기량에는 전공학자로서의 식견·기량만 아니라, 학생을 가르치는 교수로서 필요한 식견·기량도 포함되어야 한다는 점이다. 그런 교직적 식견과 기량을 위해서 굳이 교수방법이론이나 학습이론을 연수할 필요가 있다는 말은 아니다. 자신의 교수경험을 계속적으로 자체 성찰하면서 학생들의 학습과 성장을 극대화하려는 의식적 노력은 있어야 한다는 말이다. 아마도 이런 노력의 밑바닥에는 먼저 학생에 대한 애정이 있어야 하는 것인지도 모른다. 학생을 좋아하면 자연 그런 교육적 배려를 하게 될 것이고, 아니면 별 배려가 없을 것이기 때문이다.

그리고 또 하나, 전문적 식견·기량·비결이 축적되면, 전문가다운 어떤 라이프 스타일, 생활철학으로까지 심화되고, 학생들에게 인격적 감화마저 주게 된다는 점이다. 우리는 이런 경우를 가끔 고매한 학자, 대학교수에게서 느끼기도 하고 보기도 한다. 그럴 경우는 그는 학생에게 그저 교사(*teacher*)이기를 넘어 사부(師父, *mentor*)가 된다. 검객이 검도를 연마하기 위해 심산유곡으로 사사(師事)하려 찾아간 백발의 검도 달인은 검도의 신선일 뿐만 아니라, 모든 천지인(天地人)의 이치를 꿰뚫어 보는 신선이기도 했다는 옛날이야기도 이를 말한다.

장인적 학자·교수는 자신에게 높은 전문적 성취표준을 적용하며 엄한 전문윤리를 견지한다. 그는 낮고 쉬운 성취표준에 만족하거나 안주하지 않는다. 연구성과는 가능한 한 최상급이라야 하고, 교육성과도 가능한 한 많은 학생들이 높은 학업성취를 이룩하기를 바란다. 그에겐 그런 높은 표준의 성취가 곧 자기자신의 자아정체성의 고양을 의미한다. 그는 남의 눈은 둘째치고 자신이 자신의 눈에 껄렁한 존재로 보이기를 혐오한다.

그것은 대표적인 성취인(成就人)의 모습이다. 한때 심리학에서 성취동기에 관한 연구가 활발했을 때, 성취동기를 주로 경제적 성공에 관계되는 기업가적 성취동기로 좁게 한정해서 개념화한 적이 있었다. 그러나 성취동기는 보다 넓게 개념화할 수 있는 동기라고 나는 믿는다. 사업가에게만 아니라 예술가에게도 기술인에게도 학자에게도 정치가에게도 적용될 수 있는 동기다.

그런 성취인에겐 몇 가지 특징이 있다. 우선 스스로 현실적으로 가능한 가장 높은 성취기준을 스스로 자신에게 적용하고, 갖가지 난관을 거기에서 물러설 수밖에 없는 대상이 아니라 극복과 도전의 대상으로 간주한다. 그보다 더 근본적인 특징은 성취가 그 결과로 안겨주는 경제적 이득이나 사회적 명성보다는 일의 성취 그 자체에 희열과 보람을 느낀다는 점이다. 정말 기업가는 돈벌이가 목적이 아니라, 어려운 일을 '해냈다'는 성취감 그 자체가 목적이라고 한다. 그것은 성취동기가 높은 학자의 경우에도 매한가지일 것이다.

장인적 교수·학자는 혹 다른 개인윤리, 가정윤리, 사회윤리에서는 벗어나는 경우가 있어도 자기의 전문인 학구와 교육에 관한 전문윤리에서만은 대단히 엄격하다. 학문적 규율에 어긋나는 표절행위 따위는 물론 생각할 수도 없고, 제반 직무규정이나 규율준수에 어긋남도 적당히도 얼버무림도 속임수도 없다. 그런 행위는 바로 자아정체성의 파손을 의미하기 때문이다.

여기에서 다시 서글픈 사건, 세계를 속인 황우석 교수의 '줄기세포' 논문 '고의조작' 사건을 언급하지 않을 수가 없다. 외신들은 그것을 한국 특유의 '빨리 빨리 문화' 탓, 또는 정부의 지나친 국가 과시(誇示)욕의 탓이라고 비판했고, 그것이 날조임을 외국 아닌 한국학계가 먼저 밝힌 것은 그래도 다행이라고 했으나, 노골적으로 한국학계가 비윤리적·비도덕적이라고 매도하지는 않았다. 그러나 그렇게 매도한다 해도 변명의 여지가 없다. 지적(知的) 정직성은 학문사회의 최소한의 전문윤리이기 때문이다. 그리고 그 사건은 황 교수 개인만의 문제가 아니라, 어쩌면 한국 대학계, 학계의 보다 넓은 전문윤리의 해이(解弛)의 일환이라고 보아야 한다. 비전문윤리적이라는 점에서는 논문표절이나 논문날조나 '1주 1일 출근'하는 교수 등의 온갖 학사 방만성이나 다 같은 전문윤리, 직업윤리의 해이를 의미하기 때문이다.

전문윤리, 직업윤리는 직무에 대한 도덕적 의식인 동시에, 직장동료와 직업 자체의 사회적 향상에 대한 도덕적 의식을 포함한다. 내가 전문윤리를 지키지 않고 교수로서 부실하면, 나만 아니라 다른 교수들도 동류라고 무더기로 업신여김을 받는다. 나만 아니라, 그 직업 자체 그리고 동료에 대한 사회적 인식·평가의 하락에까지도 이어진다. 옛날 유럽에서 많이 조직된 길드(*guild*)라는 각종 동업자조직의 중요한 목적의 하나는 바로 자기들이 전문업의 사회적 인정을 지키기 위해서 동업자들의 직업윤리를 감시하고 보장하려는 것이었다. 한국의 많은 대학교수에게 그런 전문윤리가 좀더 살아 있었다면 한국 대학의 방만성은 조금은 덜했을 것이다.

나는 교수 각자가 참고만 하기 위해서라도 '학문윤리강령' 또는 '교수윤리강령' 같은 것을 누군가 또는 어떤 집단의 합의로 공식화하는 것도 고려해볼 만한 일이라고 생각한다. 기실 많은 교수들, 특히 신임 교수들은 이런 학문윤리, 교수윤리를 체계적으로 알아보고 몸에 익히는 경우는 별로 없고, 대개는 그들 학생시절의 경험과 동료들의 행동으로 미루어 단편적으로 짐작하고 모방하고 있을 뿐이다. 몰라서 윤리가 헝클어질 수도 있다. 미국 대학에서도 강제규정 아닌 참고사항으로 그런 시도가 있었던 것으로 안다.

나는 어떤 모양의 교수평가제는 있어야 할 것으로 믿는다. 누가 어떤 기준으로 어떤 방식에 따라 교수를 평가하느냐 라는 문제가 있고, 또 계속 연구·개선해 나가야 할 문제도 있으며, 평가결과를 어디에 어떻게 쓰느냐 라는 문제가 남는다. 그러나 다른 모든 직업인들은 반드시 어떤 모양의 평가를 받는데, 대학교수라고 그 예외일 수는 없고, 도리어 전문인·장인일수록 더 떳떳하게 그런 평가에 스스로를 열어 놓을 수 있어야 할 것이다.

대학이 변하려면 교수가 먼저 변해야 한다는 말은 진리다. 다만 그것이 어려운 것이 문제다. 관건은 한 편 교수 자신의 자체성찰과 또 한 편 다시 탁월한 아카데믹 리더십의 출현일 것만 같다.

아카데믹 리더십

나라에도 어떤 대통령이 나오느냐에 따라 나라의 경제가 크게 일어서기도 하고 꺾여 주저앉기도 한다. 어떤 사장은 다 쓰러져가는 파산 직전의 자동차회사를 몇 해 만에 크게 소생시키고, 어떤 사장은 멀쩡하게 잘 되던 회사를 빈사의 파산으로 몰아간다는 예도 우리는 알고 있다. 리더십의 관건적 중요성은 아마도 대학의 경우에도 매한가지일 것이다.

우리는 물론 자신들이 해야 할 일은 손에서 놓고 구세주가 나타나기만 바라는 메시아 콤플렉스에 빠져서는 안 된다. 리더십이 전부는 아니다. 자고로 나라에서나 기관에서나 큰 개혁적 변화는 '위'와 '아래'의 협동으로 이루어진다. 둘 중 하나만으로는 독재·탄압을 겪어야 하고, 다른 하나만으로는 폭동·혁명을 겪어야 한다. 둘 다 그 뒤끝은 깨끗하지가 못하다. 그러나 개혁으로의 협동적 의지를 고취하는 것부터가 리더십의 기능이라는 것은 부인할 수 없다.

한국 대학에도 탁월한 리더십, 탁월한 아카데믹 리더십(*academic leadership*)의 출현이 목마르게 기다려진다. 나는 그런 지도자를 대학의 지도자, 대학교육의 지도자, 학문·학계의 지도자라고 부르기보다 포괄적으로 아카데믹 리더십이라고 불러본다.

세계의 학문과 대학의 발전에는 나도 그 이름을 모르는 수많은 아카데믹 리더들이 있었을 것은 틀림없다. 그러나 나의 기억에도 역사상 몇몇 위대한 아카데믹 리더십이 각인되어 있다. 대부분 앞에서도 언급했지만 아카데믹 리더십이라는 견지에서 간단히 되새겨본다.

첫째는 기원전 300여 년의 알렉산더 대왕이다. 그는 중동아시아를 중심으로 광대한 강토를 지배한 군사·정치의 지도자였으나, 동시에 희대의 아카데믹 리더였다. 자신도 아리스토텔레스의 제자였던 그는 이집트에 학문의 도시 알렉산드리아를 세웠고, 세계 각지에서 수많은 학자들을 유인했다. 희랍문화와 유태문화를 중심으로 다양한 문물을 모아들였고, 장대한 박물관과 도서관도 건립했고, 도서관의 장서 수는 한때 70만 권을 넘었다. 그 박물관과 도서관 근처에 대학도 세웠다. 알렉산드리아는 당시 세계의 학문·문화의 집산지로서 서구문명을 영도하는 도시가 되었다.

연대를 내려와 미국 독립의 공도 컸던 미국 대통령 토마스 제퍼슨은 탁월한 정치가이기도 했으나, 동시에 철학, 과학, 문학, 예술, 건축 등 인간활동의 거의 모든 영역에 대한 관심도 조예도 깊은 아카데믹 리더였다. 그는 민주주의에는 계몽된 국민이 필수며, 이를 길러내는 대학은 정치·정부의 간섭 없는 자유·자율이라야 한다는 굳은 신념을 가지고 있었다. 그는 그의 신념을 상징하는 버지니아 대학을 세웠고, 그것이 그 후 미국 대학들의 한 귀감이 되었다.

앞에서도 언급한 독일 1800년대 초의 정치가며 문교장관이었던 빌헬름 훔볼트도 탁월한 아카데믹 리더였다. 그는 페스탈로치의 교육이념에 따라 독일 교육체제를 크게 쇄신했으며, 특히 베를린 대학을 신설하고, 가르치는 자유와 배우는 자유라는 아카데믹 프리덤의 개념을 공고히 하고 연구기능을 또 하나의 대학의 고유기능으로 도입했다. 그는 문호 괴테와 실러와도 친분이 두터웠다. 그 후 훔볼트 대학형은 세계대학들의 모델이 되었다.

1929년에 약관 30세의 나이로 시카고 대학의 총장이 되어 1951년까지 장장 20년간 총장직에 있었던 로버트 허친스도 희대의 아카데믹 리더로 내 기억에 남아 있다. 그는 취임 후 10년 만인 1940년대에 벌써 시카고 대학을 무명대학에서 일약 세계의 명문대학으로 끌어올렸다. 앞에서도 언급했지만, 세계 최상급학자 초빙, 교양과정 강화, 학과 없는 학부, 학제간 강의와 연구, 사상(思想) 교육을 위해서 역대 주요 고전(古典) 을 발췌한 '그레이트 북스'(*great books*) 등의 아이디어는 다른 대학으로 번져갔다.

우리 역사에서 아카데믹 리더로서는 조선조의 세종과 정조가 떠오른다. 두 분 다 여러 가지 치적으로 성대(盛代) 를 이룬 명군으로 칭송받지만, 나는 특히 문화적·학문적 영도자로서 그분들이 일군 치적에 주목한다. 세종은 말하자면 '왕립문화연구소'격인 집현전을 설치해서 각종 학술, 제도, 역사를 연구하게 하고 수많은 서적을 편찬했으며, 훈민정음 제정으로 문화발전의 초석을 세웠다. 또한 악률(樂律) 을 정리하고 천문(天文) 관측기기를 제작하는 등 오늘날 말로 예술과 과학에도 큰 업적이 있었다.

정조도 그 자신이 한문학의 소양이 비범했고 많은 저술을 펴냈으며, 특히 규장각을 확장해서 수만 권의 서적을 모아두고 학문연구의 기반을 넓혔다. 또한 앞에서도 언급한 초계문신 제도는 문신들의 학구 진흥책이었다.

비록 유교 일색의 시대적 배경 때문에 당시 학문이 오늘날의 기준으로는 도학적(道學的), 관학적(官學的) 색채가 짙을 수밖에 없었으나, 당시로서는 세종과 정조는 희대의 아카데믹 리더였다. 시대적 배경이 좀더 개방적이었더라면 알렉산더 대왕과 비등한 폭넓은 아카데믹 리더십을 발휘했을 것이라는 가상도 해보게 된다. 우리에게 언제 다시 이런 '명군'(名君) 이 출현할까?

나는 한국에서 여러 아카데믹 리더가 출현하기를 갈망한다. 그 아카데믹 리더는 어디에서 출현할 수 있을까? 앞의 예에서 보듯이, 대왕이나 대통령일 수도 있고, 교육부 장관 그리고 총장일 수도 있다. 영특한 대학교수에게는 학문적 리더십은 기대할 수 있으나, 그에게 행정실권이 주어지지 않는 한, 여기서 뜻하는 아카데믹 리더일 수는 없다. 우리의 경우 대통령이나 장관이 그런 아카데믹 리더라면 더없이 좋으련만, 어쩐지 그런 기대는 당분간 허망할 것 같다. 총장에게 그런 아카데믹 리더십을 기대하는 것이 그래도 현실적일 것만 같다. 대학 총장은 본디 아카데믹 리더라야 한다. 아카데믹 리더는 어떻게든 어디에서든 출현해야 한다.

현대사회에서 대형화된 복잡·다기한 대학이라는 기관의 총장에게는 다양한 자질이 요구된다. 줄잡아 말하자면, 학덕과 행정력과 정치력이라는 세 자질을 다 갖추어야 한다. 옛날 대학은 좀 지나치게 표현하면 작은 수도원이나 절간 같았다. 그 우두머리에게 필요한 것은 주로 존경받고 흠모의 대상이 될 수 있는 학덕이 거의 전부였다. 재정 걱정도 별로 없고 경영·행정력도 필요 없었고, 대내외의 정치력은 거의 필요 없었다. 앞서 언급했듯이, 훔볼트 시대의 독일 대학은 그 모든 '잡무'는 정부가 챙겨주었고, 총장은 학덕만 있으면 됐다.

지도자의 학덕은 예나 지금이나 어느 교학(敎學) 집단에서는 아카데믹 리더십의 제일의 조건이다. 앞에서 예로 든 알렉산더 대왕, 제퍼슨 대통령, 훔볼트 장관, 허친스 총장 그리고 세종과 정조도 그 자신이 남들이 쉬 얕볼 수 없는 학덕을 갖추고 있었다. 오늘날 총장에게도 그런 학덕이 요구된다는 것은 더 말할 나위 없다. 지식인은 자기보다 지덕이 덜하다고 생각되는 사람에게서, 다른 일은 모르되 지식과 교학에 관한 한, 이래라 저래라 지휘 받기를 싫어한다.

대학이 대중화되고 거대화하며 복잡한 조직으로 발전함에 따라 대학은 이제 그저 선비 같은 학덕만 높은 총장으로는 지탱하기 어렵고, 응당한 경영력, 행정력이 필요하게 된다. 목표를 명확하게 의식하고 그 목표를 최대한 효율적으로 달성할 수 있게 조직을 이끌어 가는 역량이 필요해진다. 문제는 학덕이 있는 많은 교수·학자들은 그에게 그런 역량이 있느냐 없느냐는 둘째치고, 그런 일에 관심도 적고 경험도 적다는 데 있다. 학덕과 동시에 경영·행정의 역량과 경험을 겸비한 학자를 가려내기란 그리 쉽지 않다.

총장의 아카데믹 리더십이 더 어려워지는 이유는 현대의 대학은 대형화하면서 학내에도 수많은 이해를 달리하는 집단들이 생기고, 대외적으로도 정부나 기업체 등과의 연계가 많아지면서, 많은 내외 집단들 간의 갈등을 조절하고 그들을 설득하고 그들의 협력과 지원을 종용하는 정치력도 요구된다는 데 있다.

때로는 학내 이 단과대학 저 단과대학, 이 학과 저 학과의 이해가 상충하고, 교수진과 사무진의 갈등도 있다. 총장은 그 조종자가 되어야 한다. 또한 우리가 자주 듣듯이, 미국 대학총장들의 직책의 반 또는 그 이상이 밖에서 대학의 각종 운영기금을 얻어오는 일이다. 그 피말리는 일엔 남을 설득하고 종용하는 비상한 정치력이 필요하다. 한국의 대학총장에게는 아직 그렇게 밖의 돈 얻어오기를 사람들이 별로 기대하지 않으니 좀 편한 셈이다. 다만 한국의 경우, 총장들은 중앙집권으로 막강한 정부기관, 교육부를 상대해야 한다. 그때 정부에 굴종하지도 않고 그렇다고 도도하다고 소외를 자청하지 않으면서 개혁의 의지를 펴나가려면, 총장의 비상한 정치력이 필요하다.

나는 모든 영역의 각계각층 지도자는 근본적으로 교육자고, 또 교육자라야 한다고 믿는다. 교육자가 아닌 지도자는 실은 그저 관리자일 뿐, 지도자는 아니다. 교육자로서의 지도자에게는 몇 가지 필수적 역량이 있어야 한다. 즉, 집단성원들에게 ① 꿈과 목적을 제시하고, ② 그 꿈의 실천적인 뜻을 밝혀 그 의지를 고취하고, ③ 믿을 수 있고 귀감이 될 수 있고, ④ 폭넓은 도량에, ⑤ 인간적 정감도 있어야 한다.

이는 다 유능한 교사에게 필요한 자질과 똑같다. 누군가 '지도자가 되기 전에는 자기성장을 주로 생각해야 하고, 지도자가 된 후엔 집단성원들의 성장을 주로 생각해야 한다'고 말했다. 모든 집단성원에게 꿈, 비전, 목적으로 향하는 동기와 의지와 역량을 고취해 주어야 한다는 말이다. 그것은 그대로 교육자의 정의(定義)다.

문제는 그렇게 학덕과 경영력과 정치력을 겸비하고 동시에 교육자적이기도 한 아카데믹 리더인 총장을 누가 선임해야 하고 어떻게 선임할 수 있느냐에 있다. 그것이 한국 대학개혁의 가장 관건적 문제일지도 모른다.

총장 선임방법에 관해서는 앞에서 이미 언급했다. 하나 확실한 것은 민주화 바람 이후 한국 대학을 풍미하는 총장의 교수직선제로는 학덕, 경영력, 정치력을 겸비한 총장의 선임을 보장할 수 없다는 것이다. 인기는 덕망과 다르고, 경영력과 정치력과도 다르고, 나아가 책임감, 사명감, 도덕성과도 다르다는 것을 우리는 너무 많이 경험했다. 그러나 독재시대의 관제 총장임명제도 문제가 많다. 그것이 내가 앞에서 대학법인화와 이사회의 숙의에 의한 총장 선임제를 제창한 이유다.

한국의 대학에 새 바람을 일게 하려면 학덕, 경영력, 정치력을 겸비한 아카데믹 리더십의 출현은 필수다. 그 탁월한 아카데믹 리더십은 어디에 숨어 있고 어떻게 찾아낼 수 있는 것일까?

제 10 장

지식인의 향로

앞의 아홉 장에서 긴 논의를 폈지만, 여전히 어딘가 중요한 문제를 빠뜨린 듯한 아쉬움을 느낀다. 그것은 대학과 대학인이 이 사회에서 학문을 하는 사람들, 즉 지식층, 지식인이 전부는 아니라는 느낌 때문이다. 이 나라의 학문의 향로(向路) 결정은 이 사회의 문인, 언론인, 예술인 등도 포함하는 더 넓은 지식인, 지식층의 역할이고 책임이기도 하기 때문이다. 따라서 자칭 타칭의 지식인(*intellectuals*), 지식층(*intelligentsia*)이 무엇이며 어떻게 처신해야 하느냐가 가장 기저적(基底的)인 문제일 것만 같다. 그것이 이 마지막 장에서 살펴보려는 문제다.

지식인이라는 말에는 일종의 광채가 곁들여질 때도 있지만, 반대로 일종의 멸시가 따르는 때도 있다. 지식인은 국력의 원천이고 국가의 양심이라고 할 때는 전자고, 지식인을 현실을 모르는 좀 얼빠진 몽상가라고 말할 때엔 후자다. 지식인이란 무엇이고 어떻게 처신해야 하나? 옛날엔 지식인을 선비라고 불렀다.

선비

옛날 선비에 사람들이 많은 찬사를 보낸다. 최근의 어떤 글에서 따온 다음의 찬사도 빛난다.

> 조선왕조 500년 이상을 이끌어 온 중심에는 언제나 '선비'라 일컫는 지성인 계층이 있었다. 그들은 시대를 꿰뚫어보는 예지의 소유자였으며, 부정과 비리를 용납치 않는 냉엄한 비판세력이었다. 나라가 위란에 처했을 때는 목숨을 초개처럼 내던진 의병이었고, 어쩌다 벼슬길에 나가면 서슬 퍼런 청백리였다. 그러나 그들의 진면목은 벼슬자리에 연연하지 아니하고 초야에 묻혀 산천을 즐기며 천지자연의 이치를 탐구하고 경세제민의 방안을 강구하는 모습에서 찾을 수 있다. 언제나 현실에서는 한 걸음 물러서 있는 듯하지만 실제로는 나라의 부강, 백성의 평안, 개인의 인격도야를 위한 구체적 방안을 궁리하느라 가슴을 태웠다.

읽기에도 시원하고 가슴이 후련한 찬사다. 많은 대목, 시대를 꿰뚫어보고, 비리를 용납하지 않고, 청백리였고, 나라의 위란에는 목숨을 초개처럼 내던졌다는 대목에는 숙연함마저 느낀다. 기실 많은 선비들이 의병장이었고, 의병 거사에는 모든 가산도 내던졌다.

그러나 이 글에는 생각해보아야 할 대목들도 꽤 포함되어 있다. 옛날 사정은 당시의 사회적 · 시대적 상황을 배경으로 해석해야지, 옛날 일을 오늘의 기준으로 해석한다는 것은 정당한 일이 아닌지도 모른다. 그러나 역사에 배운다는 것은 부득이 오늘의 기준으로 옛것의 시비를 가리면서 버릴 것은 버리고 얻을 것은 얻는다는 뜻일 수밖에 없다.

우선 조선조 500년에 이 찬사에 어울리는 선비들이 당시 지도계급 중에 과연 얼마나 있었을까? 선비는 옛 지도계급인 양반층이었을 것이고, 양반층은 다 글을 읽고 덕을 닦은 선비로 자처했을 것이다. 그러나 그렇게 훌륭했던 선비들이 왜 그렇게 피비린내 나는 긴 세월의 당쟁을 벌였고, 왜 특히 조선조 말기 100년간엔 이른바 '삼정(三政)의 폐해'로 불리는 극심한 부정부패와 수탈을 자행했으며, 왜 '시대를 꿰뚫어'보지 못하고 결국 나라를 망국으로 몰아갔을까? 적어도 당시의 그런 지도층의 선비 양반에겐 위 찬사는 어울리지 않는다. 앞의 찬사에 맞는 선비는 그리 많지 않았을 것이라는 말이 된다.

'어쩌다 벼슬길에 나가면'이라고 했지만, 실은 애당초 학문하는 목적이 벼슬길이 아니었던가? 공부해서 한양 가서 과거보고 등과해서 어사되고 판서되어 부귀영화 누린다는 그 많은 옛 이야기들이 실은 더 사실에 들어맞는 것이 아닐까? 정말 벼슬자리에 연연하지 않았을까? 그런 선비가 없지는 않았겠지만, 그 수가 얼마나 될까? 정말 위 찬사에 맞는 선비의 수는 아주 드물지 않았던가?

'초야에 묻혀 산천을 즐기며'라는 말은 '현실에서는 한 걸음 물러서 있는 듯하다'는 말과 함께 아주 마음에 든다. 학자에겐 그런 망중한(忙中閑)의 시간이 가끔은 꼭 있어야 한다. 그런 한가로운 시간에 도리어 창의력이 번뜩인다는 심리학설도 있다. 좀 후에 언급할 학문의 소외(疎外)이론, 곧 학문은 현실에 조금은 소외되고 떨어져 있어야 가능하다는 이론을 밑받침한다.

'경세제민', '나라의 부강, 백성의 평안에 가슴을 태웠다'는 대목에도 경의를 표한다. 모든 지식인은 그 전공분야가 무엇이든간에 자기의 학식이 관계되는 사회현실이 자기가 품고 있는 사회이상에 접근하게 하는 데에 관심을 아니 가질 수가 없기 때문이다. 한 걸음 물러서 있으면서도 사회현실에 가슴을 태우는 것은 지식인에겐 불가피한 그리고 불가결한 일일지도 모른다. 그러나 지식인으로서는 어떤 형식으로 '현실참여'를 해야 하는지는 또 다른 문제다.

조선조 선비들이 '천지자연의 이치를 탐구하고 경세제민의 방안을 강구했다'는 것에는 동의할 수 없다. 조선조의 학문은 주로 도학(道學), 오늘의 용어로는 윤리학이 중심이었고, 그것도 흔히 배타성이 강하다고 하는 주자(朱子)의 도학이 주종이었다. 도학에 '인격도야'의 방안은 많았다. 그러나 오늘날의 개념으로 '천지자연의 이치'를 탐구하는 자연과학은 별반 없었고, 있었다면 그것은 선비 아닌 중인인 장인들의 일이었고, 선비·양반들은 도리어 천하게 여긴 일이었다. '경세제민'이라고 하지만, 오늘날의 뜻의 사회학, 경제학, 정치학 등 사회과학도 별로 없었다고 해야 한다. 다만 조선조 말기 극단의 사회 피폐상을 목도한 실학파 학자들이 경세제민의 씨는 뿌렸으나 개화하지는 못했다.

보다 근본적으로 조선조의 학문인 유교는 처음 중국에서 건너올 때부터 관학(官學)이었다. 즉, 학(學)은 관이 되기 위한 그리고 관을 위한 학이라는 뜻에서 관학이다. 애당초 권력을 잡고 또는 그 가까이 가서 권력에 봉사하기 위한 적임자로서 선비가 되고 군자가 되는 것이 학문의 목적이었다. 그러나 그것은 당시의 선비, 학자, 지식인으로서는 피할 수도 없고 피할 생각을 할 수도 없었던 시대적·사회적 여건이었고, 따라서 오늘날의 기준으로 그들을 비판하는 것은 온당치 않은 일일 것이다.

그러나 현대 한국의 지식인이 옛 선비의 유습을 그대로 다 답습할 필요도 없고 당위도 없다. 그래도 아직 우리에겐 좋게든 나쁘게든 그 유습의 잔영이 짙게 남아 있어 보인다. 한국의 지식인은 이제 온갖 영역에서 지식의 생산과 그 활용이 기하급수적으로 팽창하는 이른바 지식기반사회라는 시대적 배경에서, 진정 학문이 가능하고 남부럽지 않게 만개하게 하려면, 지식인의 본질이 무엇이며 무엇이라야 하는지 가끔 깊이 자체 성찰할 필요가 있을 것이다.

독립적 사고

자유로운 정신의 독립적 사고, 그것이 나는 지식인의 본질이고 본령이어야 한다고 믿는다. 자유로운 정신이란 마음대로 드넓은 아이디어의 창공을 거리낌없이 비상할 수 있음이고, 독립적 사고는 다들 그렇게 말하지만 나는 그렇게 생각하지 않을 수도 있음을 말한다. 학문은 자유로운 정신의 독립적 사고가 유지되고 있는 정도만큼만 가능하고 그 정도만큼만 발전할 수 있다. 그러나 우리는 그러해야 한다고 말하기는 쉬우나, 실제에서 그것을 견지한다는 것이 그리 쉽지는 않다는 것부터 깊이 성찰해야 한다. 이 세상엔 탄압, 억제, 또는 회유, 매수로써 그것을 포기하게 하려는 세력이 너무나 많기 때문이다. 그래서 학문의 길, 지식인 본연의 길은 힘든 길이다.

우리는 세계문화사에서 무수한 사상가, 학자, 지식인들이 겪은 모진 수난들을 알고 있다. 소크라테스의 독배, 분서갱유부터 시작해서 바로 오늘의 현대사회에 이르기까지 그 예는 무수하다. 그렇게 우리가 알고 있는 유명한 지식인의 유명한 수난사례 이외에도 이름 없는 지식인들의 크고 작은 수난사례는 부지기수일 것이다. 수난까지는 아니더라도 여러 모양의 타율적 위협이 독립적 사고를 저해하고, 때로는 의식적·무의식적인 온갖 '자율'적 금제(禁制)가 자유로운 정신을 크게 혹은 작게 스스로를 속박하기도 한다. 개화된 현대에서 지금 이렇게 말하고 있는 나 자신도 그런 금제에서 완전히 자유롭지는 못하다.

대한민국 헌법에 학문과 예술의 자유, 교육의 자주성과 대학의 자율성, 양심과 언론의 자유가 규정되어 있다. 그것이 현실과 멀다는 것을 우리는 잘 알고 있다. 그래도 그 헌법규정이 있는 것은 극히 다행이다. 그렇지 못한 나라도 많기 때문이다.

지식인의 자유로운 정신과 독립적 사고가 지켜지느냐 못 지켜지느냐의 개연성은 일차적으로 외부의 정치적 · 사회적 여건에 달려 있다는 것은 명백하다. 자유민주사회에서는 왕조 · 독재사회에서보다는 자유로운 독립적 사고가 더 가능하고, 그래서 학문도 더 발달할 수 있다. 그러나 동시에 이차적으로는 지식인, 학자 자신의 개인적 성벽 여하에도 달려 있다. 물론 그 성벽 형성에는 가정, 학교, 대학, 사회 등 긴 세월의 사회 · 문화적 환경도 작용했겠지만, 결과적으로 그의 성벽은 그의 것이다. 같은 정치적 · 사회적 여건에서도 지식인 개인에 따라 자유로운 정신의 독립적 사고의 태세가 다를 수 있다. 그래서 민주사회에서도 철저한 순종(順從) 주의자가 있을 수 있고, 서릿발 같은 독재사회에도 회의(懷疑) 주의자가 나타날 수 있다.

정신의 자유와 사고의 독립성은 그것이 있느냐 없느냐 라는 문제가 아니라, 얼마나 있느냐 라는 정도의 문제일 것이다. 사람이 그가 속해 있는 특정 문화집단 속에서 자라나고 생활해야 하는 한, 아마 그 누구도 완전한 정신적 자유와 사고의 독립을 행사할 수 있는 사람은 없을 것이기 때문이다. 그러나 아무리 압제적인 독재로도 모든 사람의 자유로운 사고를 짓누를 수는 없고, 아무리 순종주의적인 사람에게도 독립적 사고의 순간은 있다. 그것을 얼마나 많은 사람이 얼마나 자주 견지하며, 사회가 그런 자유로운 정신의 독립적 사고를 얼마나 넓게 허용하며 장려하고 있느냐, 그 정도가 문제일 뿐이다.

자유로운 정신, 독립적 사고를 저해하고 억제하는 세력은 많다. 정치권력, 경제적 금력, 이념·종교적 압력, 풍토·관례의 압박, 그리고 스스로 자신에게 의식적·무의식적으로 가하는 자체 금제도 있다.

저해 세력

정치권력이 학문, 대학, 교육, 그리고 지식인에 대해서 가하는 압력, 간섭, 회유, '매수'는 예외라기보다 도리어 상례인 것은 우리가 익히 알고 있고 또 경험도 해왔다. 특히 독재국가에서는 예외 없이 그렇고, 또 헌법에는 학문의 자유, 대학의 자율, 교육의 자주성을 천명한 민주국가에서도 권위주의가 강한 정권이 들어서면 온갖 구실로 그 자율성·독립성을 침해하는 이른바 비(非)자유민주주의 국가도 흔하다. 지난날 그리고 지금의 한국도 그 범주에서 크게 벗어나지는 못한다. 애당초 굳이 헌법에까지 학문의 자유, 교육의 자율을 밝혀 놓은 까닭은, 본래 정치권력에게는 대학계·교육계·학계란 정치도구화하고 싶은 군침이 도는 영역이기 때문에 그 군침을 억제하려는 의도였을 것이다. 그러나 실제에서는 그 헌법정신이 자주 무시된다.

한 30년 전 한 연구소가 전국 초등학교 학생의 샘플로 학력을 조사 연구해서 그 보고서를 냈다. 며칠 후 당시 문교부에서 그 보고서의 반포를 금지하라는 불호령이 내려왔다. 이유는 초등학교 학생의 성적이 그렇게 나쁠 리가 없다는 것이었고, 그것을 문교부 나아가 정부비판이라고 보았기 때문이다. 서울대학교가 입시에서 본고사를 실시하겠다는 안에 대해서 정부가 맹렬한 제동을 걸었다. 그 정부행위는 명백히 헌법에 규정된 대학자율의 원칙에 위반되는 처사다. 항간에서는, 어떤 추리에서였는지는 모르나, 그것이 다음 선거를 대비해서 중·하층 학생의 가정들의 표를 의식한 처사라는 뒷공론도 돌았다.

정부의 압력은 여러 가지 형태를 취한다. 과잉규제의 각종 규정과 인허가 사항, 예산과 그 집행의 과잉감독과 감사, 각종 인사권 장악 등이 지난날 그 압력의 통로였다. 근자에는 경제발전으로 국고가 커지면서 대학에 대한 국고 보조금과 연구비 등 각종 지원금이 크게 증액되면서, 이제는 그런 재정지원이 강력한 압력의 수단이 되어 있다는 사실에 우리는 특히 주목해야 한다.

정부는 마땅히 학문과 대학에 지대한 관심을 가지고 크게 재정지원을 해야 한다. 세계의 유수한 나라들은 다 그렇다. 그러나 앞장에서도 밝힌 것처럼, 대학에 대한 정부의 정책적 관심과 재정적 지원은 양날의 칼이다. 학문발전, 대학발전에 복이 될 수도 있고, 화도 될 수 있다. 한쪽 날은 대학·학문의 자율성을 존중하고 그 독립적·창의적 사고를 촉진할 수 있고, 또 한쪽 날은 반대로 대학·학문을 정부에 묵종 또는 굴종하는 종속관계에 떨어지게 할 수도 있다. 어느 날을 쓰게 되느냐는 정치 이념체제와 집권자의 의지에 달려 있다.

국가재정이 커짐에 따라 한국정부도 돈이 많아졌다. 그 돈은 때로는 권력보다 더 무서운 순종·묵종·굴종을 강요하는 힘을 발휘한다. 힘으로는 안 되는 일도 돈으로는 쉽게 '꿀 먹은 벙어리'를 만들 수도, 꿀을 찾아 모여들어 심부름하고 아부하는 무리도 만들 수 있다. 기실 정부의 용역비, 연구비를 자주 받는 학자 중엔 그런 '꿀 먹은 벙어리'가 생길 수도 있다. 재작년 수도 이전에 반대하는 인사들이 그 위헌소송을 준비하면서 한 헌법학자에게 자문을 청했다. 그 학자는 '내가 아이디어는 말해 줄 수는 있지만, 내가 말했다는 것을 밝히면 안 된다'고 단서를 달았다. 그는 정부용역과 관계가 잦았다. 측은하기까지 한 '꿀 먹은 벙어리'였던 셈이다.

대학도 교수도 그런 돈의 힘을 알고 보조금·연구비를 받아야 하고,

그러면서도 자유로운 정신, 독립적 사고를 유지하고 주장할 수 있어야 한다. 대학, 교수, 지식인은 원칙적으로 정치권력과는 적정한 거리를 유지할 수 있어야 한다. '꿀 먹은 벙어리'가 정부에게도 실은 유리하지 않다. 정책이 잘된 것인지 못 된 것인지, 그 '피드백'이 없어지기 때문이다.

자본주의 사회에서는 금력이 독립적 사고의 또 하나의 저해세력이다. 금력의 매력이 전 사회 각계를 휩쓴다. 대학계, 학문계도 그 권외가 아니다. 더구나 지식기반사회, 지식산업사회라는 현대사회에서는 모든 영역에서 지식의 수요가 급증해가고, 그에 따라 교수 인력, 지식인 인력의 '사회참여'의 수요도 늘어간다. 각종 연구용역, 위원회, 자문·고문, 강연, 기고, 텔레비전 출연 등 교수들이 대학 밖의 일로 바빠진다. 여기에 문제는, 그것이 자원봉사고 무상이라면 모르되, 대개 거기에 상당한 '부수입'이 따라온다는 데 있다. 그리고 그 부수입이 한 매력인 것은 부인할 수 없다. 이런 각종 연구용역의 수요는 자연과학 영역에 제일 많지만, 사회과학 영역에도 적지 않다. 인문계엔 좀 뜸하지만 아주 없지는 않다.

현대 지식기반사회에서는 이런 사회봉사라는 이름의 지식인의 사회활동은 필연적인 사회적 수요이기도 하지만, 적절하고 절제된 사회활동은 지식인, 학자, 교수가 수행해야 할 마땅한 한 사회적 책임이기도 하다. 대학기능에도 교육·연구와 동시에 사회봉사가 표방되고 있다. 또 그렇게 사회와 접하는 것이 학구에 도움이 될 수도 있다. 그러나 앞에서 언급했듯이 문제는 지나친 사회참여가 학구와 교육이라는 본무 수행을 부실하게 하는 경우가 많다는 데 있다.

보다 심각한 문제는 은연중 그것이 학자의 자유로운 정신, 독립적 사고에 훼손을 가져올 수 있다는 점이다. 사회봉사에 보수가 있으면 그것은 일종의 상거래가 되고, 상거래에서는 대개 돈을 내는 구매자·고객이 '왕'이며, 돈을 받는 서비스 제공자는 여간 줏대가 세지 않은 이상, 대개 그 '왕'의 구미에 맞게 처신하게 마련이다. 텔레비전에 출연해서 그 텔레비전회사를 맹공격하는 사람, 어떤 회사의 고문이 그 회사의 비리를 들추어내는 사람, 정부기관이나 기업체의 용역을 맡고 있는 사람이 그 '고객'기관이 껄끄럽게 여길 비판을 하는 경우는 흔하지 않다. 대개는 '고객순응적'이고 독립적 사고는 접어놓게 된다. 그것이 잦아지면 자유로운 정신의 독립적 사고는 퇴화하게 마련이다.

사회풍조의 압력도 대단하다. 거기엔 사회의 전통, 통념, 종교, 관례 등의 압력이 포함된다. 학자, 지식인도 필연 동네, 직장, 학회, 고향, 민족, 국가 등 층층이 사회집단의 일원이고, 그 일원으로서 마땅한 언동을 할 것을 사람들은 기대한다. 그에게도 소속집단에서 사회적 추방을 받는다는 것은 때로는 죽음에 가까운 형벌일 수도 있다. 그러나 자유로운 정신은 그런 여러 집단압력에 대해서 자주 '아닌데 … 아니다' 라는 지적 항거를 하지 않을 수 없게 한다.

세계문화사를 빛낸 거의 모든 거장들, 사상가, 철학자, 자연과학자, 사회과학자들이 그렇게 항거했다. 그래서 무서운 형벌과 박해도 받았다. 갈릴레오가 지동설에 찬성했다가 종교재판에서 사형을 받을 위험에 처하자 할 수 없이 '지구는 돌지 않는다'고 말했다는 이야기는 유명하다. 그러나 그는 교회에서 파문당했고, 그의 사후 수백 년인 몇 해 전에 겨우 사면받았다.

프로이트는 남자아이는 엄마에게, 여자아이는 아빠에게 성욕을 느낀다는 오이디푸스 콤플렉스를 포함하는 그의 유명한 심리성욕이론에 착상하고 나서 그것을 학회에 발표할까 말까 꽤 오랫동안 망설였다고 한다. 당시 극히 금욕적인 청교도(淸敎徒) 사상이 지배했던 유럽에서 그 이론은 틀림없이 패륜아·이단자로 몰릴 것이 뻔하기 때문이었다. 결국은 결심하고 오스트리아 의사회에 발표했는데, 발표도중 청중인 의사들의 매도의 고함과 함께 강단에 구두짝들이 날아들었다.

이런 거장들이 아니고 이런 심한 박해가 아니라도, 군소학자들도 크고 작은 '박해'를 각오하지 않으면 안 될 때가 많다. 그 압력이 거세고 핍박이 거셀 것을 예측하고 자주 의식적·무의적 뒷걸음으로 퇴행할 경우에는 자유로운 정신도 퇴화해간다.

학술적 연구에서 우리는 항용 새로운 아이디어, 새로운 이론, 새로운 기술 등 새로운 것을 강조한다. 그러나 새로운 것은 때로는 희한한 신선미도 주지만, 많은 경우 사회의 여러 강한 세력의 기존 특수관심집단에 불안과 위협을 주면서 심한 저항을 받는다. 19세기 초 영국에서 새로 발명된 직조기계는 당시 수직(手織) 공업자들의 폭동을 낳았고, 20세기 후반 미국에서도 담배유해설에 대해서 담배회사들이 긴 세월 항거하면서 국회의 관계입법을 맹렬한 로비로 저지했다.

우리의 경우, 어떤 역사학자가 한 역사적 인물의 비리를 들추어내면 그 종친회가 들고 일어서는 경우를 가끔 본다. 근자 인터넷은 특수관심집단들이 언론자유를 질식하게 하는 익명의 무리들의 막말 매도장이 되어버린 감이 있다.

이런 각종 압력에 시달리지 않은 자유로운 정신의 독립적 사고가 가능하려면, 그래서 학문이 왕성하게 가능하려면 길은 두 가지밖에 없어 보인다. 하나는 사회풍토의 개선이고 또 하나는 이 모든 세력에 대해서 적정한 정신적 거리를 유지하려는 지식인의 의연성(毅然性)이다. 물론 둘 다 쉬운 길은 아니다.

또한 우리는 지식인 자신이 자신을 속박하는 금제(禁制)의 원인일 수 있다는 사실을 음미해야 한다. 때로는 위에 든 여러 외부에서 오는 압력·금제보다는 자기 스스로가 가하는 내면적 금제·금기가 더 원천적으로 자유로운 정신의 비상을 속박할 수 있다. 따라서 지식인은 가끔은 심도 있는 자체관찰·성찰·분석의 여유를 가지고 있어야 한다는 뜻이다. 가끔은 자신을 자신에게서마저 적정한 거리에 두고, 자신을

'객관화'할 수 있어야 한다.

그런 자체성찰은 때로는 아주 고통스러울 때가 있다. 특히 기존 질서, 기존 개념과 상충하는 어떤 창의적 착상의 경우엔 더 그렇다. 진화론(進化論)의 다윈은 장차 교회 신부가 되려고 공부했다. 해안탐사선 비글호로 항행중에도 바이블을 머리맡에 두었다. 그렇게 신심(信心)이 강한 다윈에게 항해도중 수집한 여러 생물자료들이 강하게 시사하는 진화이론은 뼈아픈 자체 성찰을 강요했다. 진화의 아이디어는 자기가 믿어 온 바이블의 교리에 정면으로 충돌하는 것이기 때문이다. 그래서 《종의 기원》 출판도 긴 세월의 고뇌로 몇 년을 연기했다. 그의 고뇌가 교회와의 충돌이기 전에, 우선 그 자신의 신심과의 외로운 자체 성찰의 싸움이었다. 그러나 결국 그는 자신을 객관화했다. 그러면서 그는 그의 진화론이 '살인과 같은 죄'를 짓는 것과 비슷하다고 자책하기도 했다.

프로이트는 인간의 성격을 원욕(*id*), 초아(*superego*), 자아(*ego*)의 상호작용으로 본 성격이론으로 유명하다. 쉽게 풀이해서 원욕은 여러 가지 욕심들이고, 초아는 그것이 함부로 발동하지 못하게 하는 바깥 사회의 것을 내면화된 여러 가지 규범들이며, 자아는 그 둘을 조정하면서 행동결정을 하는 사고·집행의 기관이다. 원욕의 많은 부분은 '몹쓸' 욕심이기 때문에 정 몹쓸 욕심은 스스로 억압해서 무의식 속으로 눌러 넣어버린다. 원욕만 아니라 초아를 구성하는 여러 도덕적·지적 규범 내지 금제도 깊이 내면화하면서, 행동장면·사고장면마다 일일이 의식적으로 그 규범을 챙기지 않아도 되게 많은 부분을 무의식 속에 눌러 넣어버린다.

문제는 여기에 있다. 배운 바, 내면화한 바의 도덕적·심미적 그리고 지적 규범들의 많은 부분이 자기도 모르게 무의식적으로 자기의 사고와 행동에 금제로 작용한다는 점이다. 그것이 보통 때는 괜찮지만, 특히 새로운 문제, 어려운 문제, 사회통념과 규범을 넘어서야 하는 창의적 사고가 필요한 문제에서는 도리어 방해가 되는 자체 금제로 작용할 수 있다는 데 문제가 있다. 자기가 배우고 알고 믿고 있는 지식과 규범 자체가 더 한층 새로운 지식의 탐구의 길에 도리어 방해가 될 수도 있다는 말이다.

창의력, 창의적 거장들에 관한 많은 연구들은, 그들이 문제를 풀려고 온 정신을 집중하고 있는 시간보다는 그 문제를 깨끗이 잊어버리고 쉬고 늘어져 있는 망중한(忙中閑)의 시간에 또는 잠 속 꿈결에서 창의적 아이디어가 번개처럼 번쩍 떠오른다는 사례를 수없이 예시하고 있다. 이에 관한 프로이트의 설명은, 정신집중시엔 의식적 사고가 진행되는데 거기엔 무의식적 금제가 작용하면서 문제해결을 방해할 수 있음에 반해서, 늘어져 있는 시간이나 꿈속에서는 그런 무의식적 금제도 많이 풀어져서 자유로운 사고의 비상(飛翔)이 좀더 가능해지기 때문이라는 것이다.

지식인은 때때로 고집스러움의 대명사가 된다. 자기가 생각하는 것이 진리라고 믿고, 그것에 대한 반증이 없는 한, 그런 고집은 미덕이다. 그러나 가끔은 자체개방, 자체분석은 있어야 하고, 특히 반증이 있을 경우에는 그것을 소화할 수 있는 정서적 개방성이 있어야 한다. 독립적 사고는 외부세력에서 자유로울 뿐만 아니라, 자기자신으로부터도 자유로울 수 있어야 한다. 사람은 어쩔 수 없이 그의 지난날의 경험이라는 한계 속에 갇혀 있는 수인(囚人)이다. 그러나 가끔은, 수인이 밖의 창공을 그리워하듯이, 정신적으로는 자신의 그런 한계를 넘어서려는 노력이 있어야 한다.

지식을 쓰는 사람, 지식을 찾는 사람

여러 논자들이 지식인(*intellectuals*)이란 무엇이며, 어떻게 처신해야 하느냐를 논한다. 앞에서 인용한 옛 선비에 관한 글도 그 예다. 앞에서 지식인의 본령을 자유로운 정신의 독립적 사고라고 규정하고, 자칫 그것을 저해할 수 있는 압력조건을 논의했다. 우리는 나아가 현대의 지식산업사회라는 특징적 구조 속에서 지식인의 처지에 관해서 더 생각해보아야 할 문제들이 있다.

현대 지식기반사회, 지식산업사회에서는 지식도 급속도로 팽창해 가고, 산업은 물론 다른 영역에서도 지식의 수요가 팽대해 가면서, 그에 따라 지식인을 길러내는 대학도 늘어나고 커지며 지식인의 수도 급격하게 증가한다. 옛날엔 동서양을 막론하고, 지식인이란 조선조의 선비처럼 극소수의 계층이었고 대다수는 무식층이었다. 조선조 중반 양반의 인구는 8% 내외였다. 그러나 오늘날 지식인을 글을 읽고 쓰고 꽤 많은 지식을 알고 있는 사람 정도로 정의한다면 한국의 경우에 인구의 90%를 넘는 고등학교 졸업생, 아마 60~70%는 넘을 넘는 대학 졸업생이 다 지식인인 셈이다.

그래서 그런 속에서 '지식인'을 들먹이고, 지식인을 자처하는 것은 때로는 시대착오적 오만이라고 비난의 대상이 될 수도 있다. 더구나 현대 지식산업사회에서는 산업인력의 거의 대부분이 지식인인 셈이다. 이제 지식인은 그저 많이 알고 있는 사람이라는 정의로는 안 된다.

이런 상황에서 여러 논자들이 지식인을 두 가지로 구분할 수 있다는 제안을 한다. 다 같이 지식인이라고 하지만, 거기에는 두 부류, 지식을 쓰는 사람과 지식을 찾는 사람이 있다는 것이다. 영어로 하나는 'live off ideas', 아이디어를 써서 먹고사는 사람이고, 또 하나는 'live for ideas', 아이디어를 찾아가고 반기는 사람이다. 보다 노골적으로 말하면, 하나는 지식을 파는 사람, 또 하나는 지식을 찾는 사람이다. 그리고 엄밀한 의미에서 지식인이란 지식을 써서 먹고살기는 하지만, 동시에 지식을 찾고 반기는 사람이라고 주장한다. 이것은 앞의 제 3장에서 말한 지식가치관의 논의와 비슷한 주장이다.

굳이 명칭을 다르게 한다면, 지식으로써 먹고사는 사람은 '지식인'(知識人), 그 중에서 지식을 계속 찾고 반기는 사람은 '지성인'(知性人)이라고 불러볼 수도 있을 것이나, 여기 논의에서는 그저 다 '지식인'으로 불러둔다.

현대 사회에서 통칭 지식인·지식층은 문자 그대로 지식산업에 종사하는 모든 사람들을 포함한다. 의사, 변호사, 회계사, 건축설계사, 기술자, 교사, 대학교수, 언론인, 문인, 예술인 등이 다 포함된다. 그러나 이런 직종에 종사하는 사람 중에는 동시에 지식을 찾아가는 마음의 여유와 시간과 설비 등 여건을 가질 수 있는 사람은 그리 많지 않다. 그럴 사람이 많을 필요가 없는 것인지도 모른다.

대학교수도 지식으로써 먹고사는 직업이다. 대학교수라고 다 언제나 새로운 지식을 찾아가는 일에만 열중할 수도 없고 그럴 필요도 없다. 알고 있는 지식을 잘 정리해서 학생들을 잘 가르쳐내는 것이 우선 그의 본무다. 앞에서도 말한 것처럼 그런 교수도 있음직하고 또 있어야 한다. 그것이 결코 하급의 일은 아니다.

그러나 이 사회, 우리 대학 어디엔가는 동시에 지식을 반기고 찾아

갈 수 있는 정예 지식인들이 소수일망정 있고 또 있어야 한다. 또한 그럴 수 있는 내외조건들이 마련되어 있어야 한다. 그것은 지식산업사회의 필수적인 명제이기도 하다. 그러나 바로 그런 지식사회에서 도리어 반지성적(反知性的) 풍조가 일고 있다고 경고의 소리를 높이고 있는 논자들이 많다.

근래 고교 졸업생의 대학진학 지망에서 염려스러운 추세가 엿보인다. 1950~1970년대까지도 우수한 고교 졸업생들이 물리학 · 수학 · 경제학 등 기초학문영역 학과와 법학과 · 의예과 등 실무영역 학과에 비교적 고루 비슷하게 지망해서 갔다. 그랬는데 근래엔 수능성적 최상위층 정수(精粹) 두뇌들은 '거의 다' 법학 · 경영 · 행정 또는 의예과 · 한의예과 · 치과 · 약학과 등 실무학과에 몰리고, 거기에 뒤처지는 학생들이 기초학문 영역을 지망하고 있다. 인기 실무학과 지망과 기초학과 지망 사이에 일종의 '단층'(斷層)이 형성되어 있는 셈이다. 돈의 매력 때문에 지식산업사회에 진입한 거의 모든 나라에 조금은 다 있는 추세이기는 하지만, 한국의 경우는 그 도가 지나치다. 어떤 사회적 대책이 절실한 추세다.

도리어 실무학과보다 기초학 분야에 지적 정수분자들이 더 진학해야 하는 것이 아닌가? 어떤 법조인 · 의사 자신들이 '학자 아닌 실무가로서의 변호사나 의사에게 최상급의 두뇌는 필요하지 않은데'라고 이 추세를 걱정하는 것을 들은 적이 있다. 이 추세는 한 반지성적인 사회풍조라고 해야 한다. 지식산업사회에는 지식을 쓰는 사람들만이 아니라, 소수라도 지식을 찾아가는 최고급 두뇌들도 있어야 한다. 지식을 써야 하는데, 그 지식 자체를 생산해가는 기제는 도리어 허약해지고 있는 것이 현대 지식산업사회의 한 자체 모순일지도 모른다. 그리고 우리의 경우 그 모순은 더 심하다. 다시 어떤 사회정책적 대처가 필요한 상황이라고 해야 한다.

현대의 지식인은 거의 다 직업·직장이 있다. 즉, 지식인은 어떤 직장에서 또는 어떤 '고객'과의 관련 속에서 지식에 관계되는 일로 벌어먹고 사는 사람들이다. 대학교수도 언론인도 변호사도 문인도 그렇다. 하기는 옛날에 공자의 학당에서도 제자들이 수업료를 냈고, 그것을 관리한 재정책임자가, 논어에도 가끔 그의 말이 인용되고 있는 자공(子貢)이라는 제자였다고 한다. 그러나 기업가건 공장직공이건 거리 청소부건, 모든 직업인에게 그의 직업이 다소간에 약간은 돈벌이 이상의 것이라야 한다. 특히 지식인에게 있어서는 더욱 그래야 한다.

옛날 지식인은 주로 먹고 살 걱정을 안 해도 되는 귀족계층이나 유한(有閑) 계층이었다. 서양도 그랬고 동양도 그랬고 우리나라 선비도 그랬다. 그럴 수 있는 시간과 마음의 여유가 있어야 해는 왜 하늘을 도는지, 인간은 어떻게 처신함이 옳은지 등 사물과 인생의 이치를 지그시 들여다보고 궁리할 수 있기 때문이다. 현대사회에는 그럴 여유가 있는 생득적 귀족·유한계급은 드물다. 대신 학교, 대학 기타 보수가 있는 직장을 마련해서 지식인에게 그럴 수 있는 시간과 마음의 여유를 보장함으로써 방대한 지식수요를 충당하고 있는 셈이다. 그렇게 보장된 시간과 여유는 '궁리'에 써야 하는 것이 지식인의 본분이다.

지식인은 그의 전문분야가 무엇이건 간에 전문적 지식추구와 동시에, 그 전문을 넘어서 그의 전문지식이 시사하는 사회전반의 운행방향에 대한 공공적인 관심도 가지게 되는 것은 불가결하고 불가피하다. 정치학이면 나라정치의 향방, 교육학이면 교육의 향방, 의학이면 의료의 향방 그리고 더 넓게 나라 전체의 향방에 관심이 없을 수가 없고, 권고, 비판, 경고가 없을 수가 없다. '아이디어를 찾는다'는 말은 동시에 그 아이디어가 이 사회의 바람직한 운행에 현실화되기를 희구한다는 뜻도 포함하기 때문이다. 직접적 사회참여는 지식인의 몫이 아니다. 그러나 사회비판은 예부터 지식인의 본령이었다. 우리의 옛 선비도 '부정과 비리를 용납하지 않는 냉엄한 비판세력', 당시 나름의 자유로운 정신, 독립적 사고의 세력이었다.

그러나 현대사회에서는 지식인들이 지식산업사회에 흐르고 있는 몇 가지 도도한 세력 때문에 도리어 자유로운 정신의 독립적·비판적 사고가 위축되고 있다는 것이 몇몇 서구지식인들의 자체 비판이다. 얼마 전에도 프레디(Furedi)라는 저자가 《지식인은 다들 어디로 갔는가》(*Where Have All the Intellectuals Gone?*)이라는 책을 펴냈다. 제목부터가 이 책의 발상처럼 약간 도발적이다. 그는 주로 서구와 미국의 대학과 학계를 대상으로 비판을 폈다. 다음에 몇 가지 추려보려는 그의 비판이 이른바 세계 최상급이라는 미국과 서구의 대학과 학계에 대한 비판이라면, 우리에게도 필연 적용이 되는 비판이 아닐까 하는 생각이 든다. 비판은 주로 지식인들의 지나친 직업화, 제도화, 상업화의 비판이다. 이들 비판은 바로 앞에서 독립적 사고에 관해서 논의한 바와 맥락을 같이한다.

직업화(*professionalization*)란 탐구보다 돈의 관심이 먼저고, 수입이 적으면 불만으로 일에 신이 안 나고, 수입이 넉넉하면 자기만족·자기안주·순응주의에 빠지는 풍조를 말한다. 아이디어를 찾고 밝히는 일보다 아이디어로 봉사하고 그 대가로 보수를 받는 일이 주관심이기 때문에, 전래 지식인의 비판기능은 무디어지고 '국가의 양심'이라는 명분도 흐려진다.

또 지나친 직업화는 좁은 전문화·특수화의 성벽도 낳는다. 사회비판에 필요한 최소한의 넓은 시야와 일반적 전망에는 관심이 없고, 제각기 좁게 벽을 쌓고, 그 속에서 각자의 이익에만 예민하다. 전공 밖에서는 통하지도 않는 지나치게 난삽한 전문용어만을 남발하면서, 남의 전문에 참견하지도 않고, 나의 전문에 남이 참견하는 것도 용납하지 않는다. 모든 학문은 결국 서로 연관되어 있는 자연현상, 인간현상, 사회현상의 일부라는 인식은 별로 찾아볼 수 없이 모두가 각개약진이다. 점점 더해가는 특수 전문화는 지식의 단편화를 가속시키면서, 지식인의 사회적 전망을 좁게 하고, 사회적 비판을 점점 더 어렵게 한다.

이렇게 된 뒤에는 현대 산업사회의 막강한 상업화(*commercialization*)의 힘의 영향이 크다. 현대사회를 흔히 지식'산업'사회라고 부르는 것 자체가 이를 상징한다.

지식산업이란 지식을 팔고 사고 지식으로 돈을 벌 수 있는 사회라는 말이다. 지식산업체들은 자체 연구소, 연구용역, 고문, 자문, 강연 등에 많은 지식인을 초대한다. 그 보수액수도 상당하고, 교수의 경우 사회봉사라는 명분도 있는 까닭에 여간해서는 거절하기 어려운 초대다. 그러나 사업체의 특수관심사에 대한 특수한 처방만을 해야 하기 때문에 특수화, 전문화, 협소화는 더 심화되어 갈 수밖에 없다. 그것이 도리어 기업체가 원하는 바이기는 하지만, 학문 자체는 더욱 넓은 일반적 전망을 잃는다. 은연중 더 심각한 문제는, 앞에서도 언급한 것처럼 '고객이 왕'이기 때문에 그 요구에 대한 묵종·순응주의가 길들여진다는 문제고, 따라서 지식인의 독립적 사고와 사회비판이 둔화할 수밖에 없다는 것이 문제다.

산업계는 대학교육에 대해서 기업의 수요에 맞는 '쓸모있는 학생'을 길러내 달라고 요구한다. 일단은 대학들이 받아들이고 소화해야 할 정당한 요구다. 그리고 실제로 그렇게 하려는 대학들의 노력도 있다. 그러나 한국처럼 정부마저 나서서 '수요자 중심교육', '소비자 중심교육'이라는 구호까지 내걸면서, 학문과 교육의 상업화적 사고를 부추기는 것은 문제다. 대학교육만 아니라 교육 전체는 물론 산업계의 수요와 '소비자'라고 이름 지은 학생의 욕구에 맞아야 한다. 그러나 대학 그리고 교육 전체는 이 사회의 다른 여러 가지 수요, 정치적·문화적·도덕적 수요와 요구도 참작해야 하고, 당장의 수요와 요구보다는 장기적 수요와 필요를 더 통찰해야 한다.

제도화(*institutionalization*)란 지식인이 지나치게 자신을 소속기관에 얽매고 있는 풍조를 말한다. 소속기관에 얽매어 있다기보다는 스스로를 소속기관에 얽매고 있다는 것이 더 정확한 표현일 것이다. 그 기관이 교수의 경우에 대학이고, 언론인의 경우엔 신문사고, 의사의 경우엔 병원 등이다. 옛날 지식인은 대부분 그런 직접 소속기관이 없는 프리랜서, 로너(*loner*), '고독한 늑대'였다. 그러나 지식산업이 발달하면서 사정은 달라졌다. 아직도 프리랜서가 더러 있기는 하지만, 대부분은 대학, 신문사, 병원 등 한 기관 또는 제도 속의 일원이 되어 있다.

기관의 일원인 이상, 그리고 거기에서 녹을 받아먹는 이상, 지식인도 그 제도·기관이 의도하는 목적의 달성에 최선 동참해야 하고, 그 제도의 모든 규정·규율을 지켜야 하며, 로너가 아니라 여럿의 인화에서도 마음을 써야 한다. 그것이 기관 일원의 의무고 동시에 권리다. 그러나 지나친 제도화는 은연중에 많은 문제를 수반한다.

우선 그 집단의 규정·규율에는 물론 따라야 하지만, 그 이외에 집단의 사고방식, 행동방식, 관례, 때로는 비리(非理)마저 그대로 맹목적으로 따르게 된다면, 그것은 때로는 소속기관의 여러 가지 역기능과 비리에 동조(同調)하는 일이 될 뿐만 아니라, 무엇보다도 독립적 사고를 스스로 억제하고 미비하게 할 것은 명백하다.

은연중 더 심각한 문제는 지식인이 자신의 자아정체성, 자신의 자아가치(自我價値)를 자신의 지식탐구의 과정과 그 실적에서 찾지 않고, 자아정체성을 소속기관에의 제도적 소속감에서 찾고, 자아가치를 소속기관의 명성에 의지하는 경우다. 탐구하고 그 실적이 있는 학자로서가 아니라 대학이라는 제도 속의 한 대학교수라는 사실에서만 자기가치를 의식하고 있는 경우다. 심지어 별 학문적 업적은 없이 그저 세칭 일류대학의 교수라는 사실로서만 스스로 더 학자답다는 우월감의 환상에 빠지며, 남들도 그렇게 대접해주는 경우도 있다. 이런 풍토는 자기만족, 자기안주의 심리에 직결되고 학구의 활력은 시들게 한다.

직업화·상업화·제도화에 관한 이런 비판은, 현대산업사회가 벌써 백 년 전에 막스 베버가 경고한 '비지성적 전문가'들만 양산하고 있다는 비판이다. 이것이 서구 지식인들의 자체 반성이라면, 그것이 지금의 한국 지식인에게는 얼마나 적용되는 것일까? 아니면 우리가 문제삼을 필요도 없는 딴 나라 이야기로 여겨야 할까?

적정한 정신적 거리

학문은 한 사회의 소외(疎外) 계층에서 주로 발달한다는 학문의 소외이론이 있다. 학문은 권력을 잡고 실무에 바쁜 사람들에 의해서가 아니라, 어쩌다 권력에서 밀려난 또는 권력을 멀리하고 기피하는 사람들에 의해서 발전했다는 주장이다. 이런 주장엔 상당히 수긍이 가는 점이 많다.

아마 우리의 경우 그 가장 대표적인 예가 조선조 말엽의 실학(實學) 사상의 대두일 것이다. 실학사상은 주로 당시 권력에서 밀려난 또는 그것을 기피한 남인(南人)들에 의해서 전개되었고, 양반에서 밀려난 중인(中人) 학자들이 이에 많이 가세했다. 현실의 실무와 이해관계에서 좀 떨어져 있어야 학문이 가능하다는 말이다. 석가는 대오(大悟)를 찾아 왕위를 버리고 홀로 고행길에 나섰고, 스님들은 속세에서 떨어진 심산유곡의 절간에서 도를 닦는다. 어쩌면 대학이라는 곳도 그렇게 속세에 좀 떨어진 곳, 떨어져야 하는 곳일지도 모른다. 여러 실무에 종사해도 좋을 나이의 청년들과 교수들이 스스로를 실무세계에서 소외하고 있는 절간 같은 곳이라야 하는지도 모른다.

소외(*alienation*)라는 말엔 여러 가지 뜻이 있다. 일상용어에서 소외란 그저 관계가 뜸해지고 버성긴다는 뜻이다. 그래서 외로움을 호소하는 경우다. 그러나 심리학에서는 소외를 한 병적(病的) 정신이상으로 보는 경우가 있다. 즉, 어떤 행동결정 상황에서 그 결정의 주체가 실은 자기자신이고 또 자기자신이라야 하는데, 그렇지가 못하고 또는 그렇게 생각하지 않고, 어떤 다른 힘에 의해서 자신이 좌지우지 당하고 있다고 생각하는 심리상태를 말한다. 극단의 경우, 자기가 어떤 악령의 지배를 받고 있다는 정신병적 망상에 사로잡히는 '미친' 상태에 이르기도 한다. 기실 소외의 영어 alien의 어원에는 외국의, 이상한, 미친 사람이라는 뜻이 다 포함되어 있다.

사회학에서도 소외는 바람직하지 못한 사회현상을 일컫는 개념으로 자주 사용된다. 정치에서 소외된 계층, 경제활동 주류에서 소외된 계층, 문화적 기회에서 소외된 계층 등의 표현들이 담고 있는 개념이다. 이런 소외가 사회전체에 번져 가면 사회전체가 무력감, 무목적감, 무윤리감이 지배하는 이른바 '아노미' 현상으로 이어지면서 사회붕괴의 조짐까지 생길 수 있다고 말한다.

그러나 건전한 생산적 소외도 있다. 현대사회에서 사춘기·청년기는 긴 소외의 시기다. 옛날의 전통적 농경사회 같으면 능히 시집·장가가고 직업을 가지고 독립하고 사회현실에 참여하여 그 단맛, 쓴맛을 다 맛볼 수 있는 나이인데, 고도화된 문명의 현대사회에서는 그럴 수가 없고, 갖가지 희한한 사회활동을 옆에서 구경만 하면서, 그 준비만 해야 하는 소외된 주변인(周邊人)의 신세가 사춘기·청년기이다. 그러자니 가끔 속상하기도 하고 답답해서 문제도 일으킨다.

그러나 그런 소외된 주변인의 시기는 동시에 고도로 복잡한 현대사회를 이모저모 탐색하고 학습할 수 있는 절호의 기회다. 당장 먹여 살려야 할 식구들도 없고 어떤 사회활동에 대한 이해관계도 책임도 없는 상황은, 시간과 마음의 여유만 아니라, 그래도 사물을 객관적으로 관찰하고 판단할 수 있는 '청순한' 시기다. 그런 탐색과 학습을 거쳐 대개 청년들은 건전한 자아정체성을 발견해가면서 내일의 향로를 계획해

간다. 사춘기·청년기는 건전하고 생산적인 소외의 시기, 주변인의 시기다.

지식인은 필경 그러한 영원한 청년, 영원한 소외인, 주변인이 되어야 하는 것인지도 모른다. 학자도 먹고 살 걱정을 하지 않아도 되고, 현실사회의 이런 일 저런 일에는 이해관계가 없고 책임도 없어야 자유로운 탐구의 시간과 마음의 여유가 생기고, 독립적·객관적 사고가 가능하며, '청순한' 국가의 양심을 지킬 수 있기 때문이다.

그렇다고 지식인, 학자, 교수는 사회에서 언제나 완전히 소외인, 주변인일 수는 없다. 학문도 교육도 하나의 사회활동의 한 영역이고, 동시에 다른 사회활동 영역들과 밀접한 사회적 상호작용 속에 있기 때문이다. 정치가 시원치 않으면 경제가 멍이 들고, 경제가 멍이 들면 학문도 시든다. 그러나 반대로 학문과 교육이 시들면 정치도 경제도 힘을 잃는다. 그리고 본래 학문은 그 자체가 독백이 아니고 대화며, 한 사회적 교호작용을 의미한다. 그런 교호작용은 학계 안에서도 이루어지고 동시에 학계 외부와도 이루어져야 한다. 학문은 사회에 어떤 책임을 지는 한 '사회적 계약'이기도 한다. 그것이 이 사회에서 학문이 존재하고 학문을 지원하는 이유다.

앞에서도 언급했듯이, 지식인이 자기의 전문·전공을 넘어서는 넓은 사회운행의 향방에 관심을 갖는 것은 필연이고 필수다. 지식을 쓴다는 일은 사회가 보다 잘 되라고 쓰는 것이고, 지식을 찾는다는 것은 그 탐구와 동시에 그 지식이 시사하는 방향이 사회에 현실화되는 것을 희구한다는 뜻을 포함하기 때문이다. 옛날 선비들도 '현실에서 물러서 있는 듯하지만 부정과 비리는 용납하지 않는 비판세력이었다'. 역사적으로 서양의 지식인도 비판세력으로 자처했다.

그 비판은 절대 좁은 편당적 비난은 아니다. 지식인의 비판행위가 일종의 정치행위라면 그것은 편당적으로 권력을 찾는 '권력의 정치'

(*politics of power*)가 아니라, 누군가의 말대로 진리를 찾아가는 '진리의 정치'(*politics of truth*), 보편타당한 진리를 찾아가려는 정치행위다. 또한 비판은 어디까지나 지적 비판이며 행동적 항거는 아니다. 지식인으로서 이 한계를 넘어서고 때로는 넘어서야 할 경우도 있지만, 단 그때만은 그는 지식인의 범주에서 벗어난다.

본래 지식인은 사회현실과의 관계에서는 갈등을 내포하고 있는 존재라고 해야 한다. 그것과 너무 가까워서도 안 되고, 그렇다고 그것과 너무 멀어서도 안 되는 내적 갈등을 안고 있다. '진리의 정치'에서는 지식인도 정치적 관심을 가져야 한다. 대학도 그 경영에 정부나 기업체로부터 많은 경제적 지원을 받을 수 있어야 하고, 교수도 그 연구에 외부의 풍족한 연구비 지원을 받을 수 있어야 한다는 것은 현대대학의 필수조건이다. 그러나 그러면서도 동시에 정부, 기업체, 사회관습 등 여러 사회세력에 대해서 어떤 적정거리를 유지하며, 또 유지할 수 있어야 한다. 대학과 교수에게도 그 거리를 유지하는 성향이 있어야 하고, 사회세력들에게도 그것을 보장해주는 아량이 있어야 한다. 그것이 학문발전의 필수조건이기 때문이다. 그 적정한 정신적 거리를 보장하는 일은 각종 사회세력의 책임이기도 하고, 동시에 지식인 자체의 책임이기도 하다.

머리말 서두에 밝혔듯이, 이 책의 동기는 '한국에서 학문이 가능한가'라는 약간은 도발적이면서 자괴적이기도 한 발상이었다. 이제 나의 답은 '가능하다'도 아니고, '가능하지 않다'도 아니다. 가능하다고 낙관도 할 수 없고, 가능하지 않다고 비관도 할 수 없기 때문이다. '가능해야 한다'가 나의 답이다. 어떻게든지 한국에서 각양각색의 무수한 학문의 꽃들이 현란하게 그리고 힘차게 개화할 수 있어야 한다가 나의 답이다.

기원 전 300여 년 전에 알렉산더 대왕이 고대 이집트땅에 세운 학문·문화의 도시 알렉산드리아에는 도시 중심에 400피트 높이로 솟아 있는 파로스(Pharos) 등대가 솟아 있었고, 그 정상에선 밤낮으로 활활 타오르는 횃불이 있어 밤이면 주위를 넓게 비췄다. 파로스 등대와 그 횃불은 지금도 학문, 대학, 지성의 상징으로서 많은 대학 기타 학술단체의 휘장에 그 모습이 새겨져 있다. 나는, 그 등대가 땅에서 솟아오른 것은 학문이란 사회현실에 뿌리를 두어야 한다는 상징이고, 드높이 솟아 있는 것은 학문이란 그러면서도 거기에서 조금은 떨어져서 높은 시야를 유지해야 한다는 상징이며, 그 횃불은 자유로운 정신이 불꽃처럼 비상하면서 세상의 진리를 널리 밝혀야 한다는 상징이라고 해석한다. 그 상징이 그대로 한국의 대학과 학계의 현실이 되기를 희구하면서 이 방담의 붓을 놓는다.

찾아보기

ㅅ

ㅇ

ㅍ·ㅎ